最小阻力之路

應用創造者思維，跳出「每天重複解決問題」的無力迴圈

羅勃‧弗利慈 Robert Fritz ——— 著

陳榮彬 ——— 譯

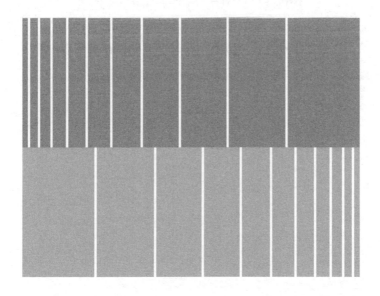

The Path of Least Resistance

Learning to Become the Creative Force in Your Own Life

編按：《最小阻力之路》於 1984 年問世，
甫一出版便廣受各界好評，暢銷國際。
作者在此次修訂版中，對內文進行大幅改寫及修訂，
以下為作者為本版另行撰寫的「新版序」。

新版序

　　當我開始爲這本書進行「小小的」修訂時，看起來還挺簡單的。我計畫加入一些新題材，並且將百分之二十的內容予以更新。但是每當我面對舊版的每一章時，我發現自己想要重寫的東西都遠比原本預計的還多。最後，舊版有百分之七十都被我修訂了。

　　因爲這是一本以「創造歷程」爲主題的書，我想要跟大家分享一個小故事。我並沒有那種急於改書的迫切感。對於舊版，我感到相當滿意。舊版的讀者甚多、賣得很好，也幫了許多人。但是，當我開始進行修訂時，我才發現自己已經有辦法說出一些四年前無法說的東西。書中含藏著一種洞見。相較之下，我發現自己的新洞見與舊版有所差異，而我想要寫出一本能夠把那個洞見表達出來的書。在創造的歷程裡，這是常見的事。事實上，若把這本書讀遍，你會發現這種差異可說是創造事物時最有用的驅動力之一。

　　當我一開始考慮要修訂舊版時，我並未感到很投入。在我坐下來開始修訂之前，修訂這本書就好像是把我的人生倒帶，回到一個截然不同的階段。然而，從我著手修訂的那天起，突然間我意識到，能夠重新闡述我的概念，把它們更新，是多麼不可思議的機遇啊！這又體現了創造歷程的另一個原則。在創造的歷程中，不管我們花再多時間思考，也不會知道結果爲何。總是有一些不可能預測得到的喜悅與挫折。這讓創造令人感到更爲興奮。

　　創造歷程是鮮活的。它是一種即興演出。它是一種形式與風格，令人

興奮，也是一件苦差事。就我所知，它也是人生中充滿最多力量，最爲個人的一件事。

過去十五年來，在爲人們提供所謂「創意科技」課程（TECHNOLOGIES FOR CREATING®）的過程中，我才有辦法寫出本書的很多內容。那些課程分爲基礎與進階兩類，並由我成立的 DMA 公司安排課程。

這些創造歷程的原則既重要且激勵人心，能幫人學會如何創造出自己一生想要的東西。世界各國都有提供「創意科技」課程的地方。學員來自各行各業，教育程度也各自不同。許多世界上最大的公司幫員工上「創意科技」課程，但即使是在客廳裡，也能爲一般人提供那種課程。不管是在教育機構，或者是在禁衛森嚴的牢獄中，也都能上「創意科技」課程。第三世界國家人民可以上到一般的「創意科技」課程，就連鄉間的非洲人，也有經過特別設計的「創意科技」課程可以上。

基於這個經驗，我可以提出自己的觀察結果：大部分的人都能學會如何創造事物。

「創造」與「創造力」這兩個詞彙經過我們的一再使用，早已變成陳腔濫調。身爲一個專業的創作人員（我是作曲家與藝術家），我不是很認同人們把那兩個詞彙誤用於不具創造性的活動。本書中所謂的「創造」與「創造力」來自藝術與科學的傳統，而非源自於心理學、人類潛能運動（human potential movement）、新世紀思維、管理訓練或者形上學——它們也都使用「創造」與「創造力」這兩個詞彙，只是涵義不同，定義也通常模糊不清。

學員們透過「創意科技」課程學會創作，就跟畫家學會繪畫，建築師學會設計大樓，作曲家學會作曲還有導演學會拍片沒兩樣。學員們所學會的，都是專業創作人員在一般生活中與職場上遵奉的創作原則。

　　「創意科技」課程讓人們透過實際創作來學會如何創作。課程焦點不只是在於幫學員達成他們想要的成果，也聚焦在他們的人生。大多數人不認為人生也是一種創造歷程，但是當學員把藝術創作的原則應用於他們的人生，人生也就開始改變了。

　　創造事物是一種會隨著時間而變好的技巧。跟其他任何技巧一樣，你也要花幾週、幾個月甚至幾年的時間才能熟悉它。基於此一理由，不管是這本書或其他任何書籍，最多也只能幫你開始而已。但是，只要能夠帶來真實而持續的改變，就是個好的開始。請你用這本書的原則來進行實踐。把書中的概念用於你自己的人生。開始把你人生的其他領域當作創作歷程來面對。

　　這本書提供了許多別處看不到的原則，但許多讀者都跟我反應，即便未曾看過或聽過那些原則，他們的直覺都能立刻認同。那些原則只是常識嗎？答案是肯定，也是否定的。那些原則都是你能輕易地能在自己的生活中觀察到的。你看得出我所描繪的許多結構與模式其實就潛藏在你的生活中。就此而言，你早已熟知它們。但這本書所描繪的另一個世界，則是涉及了那些結構的性質。過去我們大多沒有碰過結構這個主題，還有它對我們的人生能有什麼影響。許多人都認為這些洞見令他們大開眼界。當你開始探索結構的領域時，你就會發現生活中某些一再重現的模式具有特別的意義。你會開始了解那些模式是怎樣形成的，還有你為何會無法擺脫自己討厭的模式，並且學會如何塑造出一些新結構，進而帶來你想要的後果。

　　自從本書的初版問世後，我持續接到來自世界各地令人鼓舞的信件，許多人說他們開始可以像創作人員那樣過生活。在得知許多人的生命因為這本書而改變，為此我滿懷感激。

—— 羅伯・弗利慈

1988 年 10 月

目錄

人生的改變
由「結構」決定

這本書讓你能夠用截然不同的方式去面對人類成長的問題。過去在各種關於人類潛能的研討會中，心理治療師、心理學家和與會人士都有許多無法達成的目標，但這種新的技術卻能幫你達成……

六〇年代初期，在我還是波士頓音樂學院（Boston Conservatory of Music）專攻作曲的學生時，我就意識到作曲**不只是**持續運用我們所學到的和聲、對位、結構與形式等種種技巧。作曲這門藝術似乎有一種超越音樂之外的面向，我一方面受其吸引，同時也搞不清楚那到底是什麼。除了音樂學院裡學得到的東西之外，任何偉大的音樂作品都有一種看不見也無法言喻的特性。我很想知道那到底是什麼。

我逐漸開始觀察音樂、繪畫、雕刻、舞蹈、戲劇、電影、詩歌與文學等各種不同創作歷程之間的關聯，還有我認識的人如何把同樣的創作歷程應用於日常生活中。

身為一位作曲家兼音樂家，我發現創作歷程實在迷人不已，因為其中融合了許許多多的人性面，有知性的與靈性的、理性的與直觀的、主觀的與客觀的、技術性的與形而上的，也有科學的與宗教的。

許多人都認為會創作的人很神祕，因為會創作的人似乎能夠輕易地容忍矛盾事物的存在。然而對於創作者而言，那些東西並不矛盾，只是相反的必須持續求取平衡。就像騎腳踏車時必須不斷把重心左右移動，才能輕易保持平衡。創作者**同時存在**於許多宇宙裡，而每個宇宙都自有一套運作原則。當創作者進行創作時，許多截然有別的宇宙突然間交疊在一起，完美地結合。

鑽研時空連續性的物理學家越是深入探究，就越是對超驗的神祕經驗保持開放的態度。同樣的，每當創作者的個別宇宙交會在一起，形成某種單一實體，也就是他們的創作成果時，他們也會保持類似的開放態度。所以，身為作曲家的我當然就應該探索音樂以外的領域，探索人生的各個面向，藉此找出創造歷程的原則。

在探索創造力的時候，讓我深受吸引的，是兩個截然有別，但卻緊密

相關的領域：**形上學與自然**。六○年代初期，我開始研究各種形上學體系。研究之初，我抱持著相當程度的懷疑主義態度。我所發現的很多東西都充斥著教條與迷信，兩者都是我到現在仍不喜歡的東西。但是，我也發現某些原則是一旦我們遵奉之後，就能產生龐大精神力量的。其中一種基本原則，就是**我們的行爲與環境之間的關係**。

無論如何，信奉形上學的人想要找出支配宇宙的律則，如此一來，個人多少就可以掌握自己的人生處境。形上學的通則是這樣的：發掘宇宙的樣貌，並且採取相應的行動。這麼做，是希望能夠藉由行動來得到自己比較想要的結果——無論是精神性、物質性或者心理上的結果。我曾涉獵過各種形上學，多年後卻失去了興趣。

進行音樂與藝術創作的那幾年，其實我所做的跟形上學家們很像，也是一種了解宇宙的工作。我的結論是，**創作是通往我所認識的宇宙的最佳窗口**。

另一個讓我極感興趣的領域，是**了解大自然**。我常待在森林裡觀察各種循環，各種力量之間的關係，以及生長與腐壞的現象，還有自然要素如何彼此影響，形成一個相互關聯的體系。我發現自己可以把某些自然原則應用在音樂創作上，成爲我的作品結構，爲此我感到極爲興奮。因爲這些觀察心得，我才能夠發明新的音樂形式與結構，並且對傳統的形式與結構（例如奏鳴曲－快板形式）有了前所未有的理解。

取得音樂創作碩士學位後，我先後遷居紐約與洛杉磯，成爲音樂家。那些年，因爲有機會與世界上最有才華的人們合作，我對**創造歷程**又有了更深入的理解。成爲業界的一份子之後，我對音樂的看法跟我在音樂學院時截然不同。我看出了專業人士與音樂教師的最大不同：前者必須進行**持續性的高水準創作**，後者不用。專業創作人員必須達到的要求不同，因此

他們在創作歷程中所遵循的判斷標準也完全不同，較爲**實用**，並且有助於促成他們想要的創作結果。

到了一九七五年，我又搬回波士頓，常獲邀教人創作。我教人如何利用創作歷程，但當時我對於組織化的教學法還沒有概念，因爲我還是個很活躍的專業音樂家與作曲家。我打電話給幾個我認爲很厲害的人，建議他們見個面，設計出一個課程，教人學會如何創造自己想要的生活。我希望我的朋友們能開發出這個課程，好讓我推薦給別人。所以我再度打電話給他們，想知道他們開發出什麼，答案是他們見了面，吃了一頓很棒的義大利菜，但還沒有時間討論我心目中的課程。所以，最後我還是得自己來。

一九七五年，我第一次教課，之後我就無法自拔了。結果，我的許多學員都有辦法爲自己創造出奇蹟似的成果。

其中一位學員爲自己創造出**新的職涯**，成爲一家高科技公司的「內部」顧問。本來她在新英格蘭地區最大的電腦公司工作，但那是一個沒有前途的職務。她已經待了超過十二年。上「創意科技」課程期間，她決定自己想要做的，是一份可以偶爾出遊的刺激工作，與有影響力的人合作，有機會對她所參與的任何計畫提供重大貢獻，而且薪水很高。到了上「創意科技」課程的第四週，她就開始做新工作了。先前，她工作的公司裡並沒有她想要的那種職務。在創造的過程中，她構思出自己到底想做什麼，想要達成什麼成效，對公司有何益處。當她一開始跟部門主管說出自己的想法，主管說那不可能。她不退卻，持續研究她的計畫還有公司業務的發展方向。與主管談過的四天後，她與公司的資深副總裁見了面。一開始，副總裁看不出給她那一份新職務有何意義，但是她的準備很充分。她以極具說服力的方式說明她想要創造的新職務，因此他決定讓她如願。她在新的工作崗位上成效卓著，結果公司在一年內就派手下給她，還有大筆預算可以使用，

也很感激她的貢獻。

另一位「創意課程」學員是個汽車技工。他是一間大型修車廠連鎖店的員工，但想要遷居西南部，開一家自己的修車廠。這將會是他畢生最大的改變。一旦他知道自己的目標後，他就開始使用自己學會的技巧，把自己的希望轉化成具體有效的行動。他設法找到資源，建立起他需要的關係。不到六個月，他就跟別人一起在新墨西哥州聖塔菲市（Santa Fe）開了一家修車廠，生意好極了。

其他學員也越來越有辦法創造出自己想要的成果。其中有些人交了很棒的男女朋友，成為重要計畫的一份子，找到令人興奮的工作，職涯有了更好的機會，改善了健康，或者是增加了收入。儘管學員們所創造出的成果令人激賞，也許最大的改變並不在於他們能達成什麼，而是他們獲得了一種新的能力。這些學員已經有辦法創造出幾乎所有他們重視的事物。他們有意識地培養出這種能力。正因如此，他們才能夠用截然不同的方式來看待自己的人生。他們不會受制於當下的環境，而是知道，無論在任何環境中，他們都能創造出自己想要的東西。這不是一種因為興奮與激動而造成的自信假象，它是有真實根據的。他們之所能抱持這種態度，是因為有了創造的能力。學員們透過創造出一個個成就而學會了創造歷程的技巧。「創意科技」課程的最大成就，就是讓學員們學會了持續創造出他們認為重要的事物。

開始教課之後，沒多久我就創設了 DMA 公司，它是一個專門致力於傳授創作歷程原則的組織，後來我也開發出「創意科技」課程。

之所以選擇 D、M、A 這三個字母，是因為它們在猶太靈修卡巴拉（Kabbalah）裡面具有特別的含意。D 所代表的是創造力與創造性的智慧，M 代表一種專注而靈活的思維，A 則是生命力或者生氣（也就是所謂的普

拉納〔prana〕）。因此，我的意思是，結合了專注的思維以後，創造力能夠爲我們帶來生命力。換言之，另一個也許更棒的說法是：創造是人類精神的至高表現。

在這段期間，我開始訓練 DMA 公司課程的講師，並且持續探索任何能夠爲人生帶來持續性重大改變的事物。就目前而言，「創意科技」課程的講師已經有超過一千人，他們遍佈美國、加拿大、英國、瑞典、荷蘭、德國、法國與其他幾個歐洲國家，還有澳洲、非洲與印度。我在寫這本書時，已經有超過五萬個學員從我的課程結業。

一九七〇年代晚期，組織專家查理‧基佛（Charlie Kiefer）邀請彼得‧聖吉（Peter Senge）、彼得‧史特羅（Peter Stroh）與我共組創新顧問公司（Innovation Associates），致力於幫助人們利用創造歷程的原則來建立各類組織。創新顧問公司已經是組織發展領域裡的佼佼者。

到了一九八〇年，我又開發出一套新系統，它可以幫人觀察、了解、利用生活中的長期結構性模式。這對我來講是一個重大發現，因爲我發現這些模式似乎會造成種種可預見的慣性失常行爲與結果。我把這個研究領域稱爲「總體結構性模式」（Macrostructural Patterns）。

結構性研究總是令我入迷，不管是音樂結構、影像結構或者系統結構，特別是大自然與大自然秩序的結構。當我把結構原則應用在人類的發展現象之上，我發現，許多關於人類成長與潛能的傳統理論都只是強調有所侷限的模式，而且它們所達成的結果，往往與原先預設的結果剛好相反。這種新的結構性原則如今已經被應用在心理治療的領域，成果豐碩。經過這種總體結構模式的治療後，許多治療師的病人與客戶都表示他們的人生產生了劇變——而且這些改變往往是過去被認爲不可能的。

　　到了八〇年代初期，我建立了人類演化學院（Institute for Human Evolution），它是一個具有科學與教育性質的非營利組織，致力於深入探索、研發與創造結構性的人類發展研究方法，可以應用於心理學、心理治療、教育與組織發展等各種領域。

　　以我對於結構與創造歷程的研究爲基礎，我在一九八一年大幅修正了 DMA 公司的基礎課程。DMA 的講師們立刻就向公司表示，學員的生活開始有了更棒的成就與改變；更重要的是，這些改變不但是更爲基本的，也是更容易促成的。之所以會有這種新的狀況出現，是因爲基本結構改變了——學員們用不同的方式來面對人生，過他們的生活。

　　到了一九八四年，我又爲諮詢人員開發出一套新系統，藉此讓他們得以了解客戶的生活與組織的潛藏結構，並且予以改變。此一系統的成效卓著，它幫助人們適應影響力龐大的新結構性模式。這種諮詢方式就是所謂的「結構性諮詢」（Structural Consulting）。

　　DMA 公司的商用部門結合了「創意科技」課程與結構性諮詢，幫助許多公司發展出新走向，讓它們不再專注於解決問題，而是改以**創造**爲己任。這是一種能夠**促成改變**的最佳技術，不管是大型或小型組織都適用。

　　我們一方面持續深入探究創造歷程的各種可能性，也持續發展這種技術。如果有任何東西能眞正改變人類文明的面貌，應該就是所謂的創造歷程。越來越多人因爲實踐了「創意科技」課程裡的概念而改變了人生。一旦他們熟悉了自己的創造歷程，持續性的改變就會變成一種常態。一旦你學會了如何閱讀，那種能力就會永遠跟著你——就像一旦你學會了如何創造出自己認爲重要的事物，你也不會失去那種創造力。

　　這本書讓你能夠用截然不同的方式去面對人類成長的問題。過去在各

種關於人類潛能的研討會中，心理治療師、心理學家和與會人士都有許多無法達成的目標，但這種新的技術卻能幫你達成——它不只是幫你熟識創造歷程（光是這種歷程本身就深具革命性了），也促使你有能力改變人生的基本方向，培養出全然不同而且獨一無二的生活態度，也就是具有**創造性**的方向。

此外，這本書也會讓你對「結構」有另一番領悟。它不但是個人生活的關鍵要素，也是它是大自然秩序的**運行原則**。任誰都知道主宰著大自然的，是一種重要的結構性原則，然而卻只有少數人意識到如何應用它們。這個原則就是：**能量總是會沿著最小阻力的路面持續傳遞下去**，但是如果你想要透過改變而達成的目標並未朝著最小阻力之路前進，你的目標就永遠也不會達成。

讀完這本書之後，你就會學到如何**塑造**出生活中的新結構，藉此走上最小阻力之路，朝你真正想去的方向邁進。

第 1 部

創造的要素

創造歷程的各個步驟易於描述，但它們並未構成一個可以套用的公式，每一步驟代表著某種類型的行動。每次你創造出一個新成果，那都是一個獨一無二的創造活動。

第 一 章

最小阻力之路

一旦你創造出一個新的結構，你的生命就會興起一股
全面性的動力，就像河水的水力一樣，幫你達成你真
正想要的成就。直接通往那些成就的道路，就是最小
阻力之路……

路是怎樣形成的

波士頓是我的故鄉，去過的朋友常問我：「當年他們是怎樣規劃道路的？」波士頓看來似乎沒有都市規劃可言。城裡的道路都是用既有**牛徑**拓建而成的。

但是，這些牛徑又是怎麼來的呢？

在地面上移動的牛隻總是挑最容易的路走。當牛看見前方有一座山丘，牠不會對自己說：「啊哈！一座山丘！我一定要硬闖過去。」而是會一步步慢慢走，挑最容易行走的地方，也許還會避開岩石，走最不陡的路段。換言之，**山路的結構會決定牠的行為**。

每當牛隻通過同樣的區域，路就會變得比上一隻牛經過時更容易走，因為一條牛徑已經慢慢成形了。

因此，**山路的結構造成了牛隻在移動時的固定行為模式**。結果，波士頓的城市樣貌居然是十七世紀的牛隻走出來的。

順勢而行

一旦某個結構形成了，能量就會沿著這個結構的最小阻力之路往下傳遞。換言之，**能量會沿著最容易的路線前進**。

此一道理不只適用於牛隻，也適用於整個自然界。河水悠悠，流動時何嘗遭遇什麼阻力？當風吹過曼哈頓的水泥叢林時，也會經過最小阻力的路徑。還有各種電流，不管是在燈泡這種簡單設備，或者是在最複雜的電腦裡，走的也是最**沒有**阻力的路徑。

如果你看過慢動作攝影術拍出來的人行道影片，就會發現行人在忙碌

街道上走動時的模式──**他們會避免擋住彼此的路**。有時候，行人最省力的路徑是**一直往前走**，有時候是靠左或靠右，有時候是走快一點，有時候則是放慢速度，或者稍待片刻。

無論如今你走到了怎樣的人生境界裡，當初一定是沿著最小阻力之路走出來的。

生命的三大洞見

這本書建立在三大洞見的基礎上。首先是：你的生命就像一條河。**你所走的人生道路，都是最小阻力的。重點是**我們都一樣──不管是人類，或者自然界的所有事物。

也許你想改變某些生活領域裡的流動方向，例如飲食習慣、工作習慣、與人交往的模式、對待自己的方式，還有你對於生活的態度。雖然你可以在短時間內成功改變習慣，但你會發現自己最後還是回到了原來的行為模式或態度。這是因為你的人生已經被決定了，而挑選最小阻力之路是你**必須遵循**的自然法則。

另一個洞見也十分重要：**最小阻力之路是由你生活中的潛藏結構決定的。**就像波士頓周遭的地形決定了牛隻的最小阻力之路，河床決定了河流的路徑，你的**生活結構**也決定了你的最小阻力之路。不管你是否有意識到，這種結構都是存在的。不管是否有河水經過，河流的結構都是一樣。

也許你幾乎沒有注意到自己的生活裡有結構存在，也不知道它們深具影響力，理所當然地決定了你的生活方式。

許多人每天以一樣的方式過活，卻又常常感到無力與挫折。他們企圖做出重大改變，改變自己的情感生活、職涯、家庭關係、健康或是生活品

質，到頭來卻在不久後發現，他們又回到了老地方。他們又開始遵循那些根深蒂固的**舊有模式**。

也許他們會發現自己的生活中有些**表面上**的改變，但不知為何，似乎沒有實際上的改變。他們知道人生不只是他們所體驗的那樣，但卻不知道如何創造那種人生。

如果河床始終沒有改變，河水就會持續沿著它的路線流動，因為那是最自然的行進路線。如果你生活中的**潛藏結構**不變，你很有可能只能遵循人生的既有方向前進。

第三個洞見如下：**人生的根本潛藏結構是可以被你改變的**。就像工程師可以藉由改變河道地形來改變河流的路線，讓河水按他們的意願流動，因此只要改變你的基本生活結構，你也可以創造出自己想要的人生。

此外，一旦你創造出一個**新的**結構，你的生命就會興起一股全面性的動力，就像河水的水力一樣，幫你達成你真正想要的成就。**直接通往**那些成就的道路，就是最小阻力之路。

事實上，如果生活的潛在結構能有適當改變，最小阻力之路唯一能夠帶著你抵達的地方，就只有你真正想要達成的目標。

這三個洞見所衍生出的指導性原則是：**你可以學會如何找出決定人生的潛藏結構並改變它們，如此一來你就能創造出自己真的想要創造的東西。**

何謂「結構」？

所謂結構是指任何事物的**基本組成**部分，包括這些部分如何在與彼此及整體相關的情況下，每一個部分是怎樣運作的。舉例來說，人體結構指的是身體的各個部分，包括大腦、心臟、肺臟、血細胞（譯註：指紅血球、

白血球與血小板）、神經與肌肉等等，還有在彼此相關同時也與身體這個有機體相關的情況下，各個部分是怎樣運作的。

　　針對巴克敏斯特‧富勒（Buckminster Fuller）所提出的「綜效幾何」（Synergetic Geometry）概念，艾美‧艾蒙森（Amy C. Edmondson）在她寫的《詮釋富勒》（*A Fuller Explanation*）一書裡面是這樣描述的：

> 思考是把眾多事件予以孤立：而「理解」則是將它們聯繫在一起。
> 「理解是一種結構，」富勒宣稱，因為它意味著把事件之間的關
> 係找出來。

　　內外科醫生學會了用**結構**的觀點來思考人類身體。外科醫生考慮的**不只是**生病的器官，也必須顧及**整個**身體的健康與存活。在開刀時，他們必須把血壓、腦波、氧氣攝取量、細菌數量還有過敏反應等等都考慮進去。

　　把水倒進玻璃杯時，你一樣也要進行結構性的思考。結構元素包括玻璃杯、水、控制水流的水龍頭、你想倒多少水進去，還有杯裡已經有多少水。

　　當你倒水時，你有一個目標：把你**希望的**水量倒進玻璃杯裡。你也意識到當下的情況：杯裡有多少水。如果杯子裡的水比你想要的水還少，系統就出現了差異。

　　為了弭補此一差異，你必須把水加進去，做法是控制水龍頭。當現有的水量接近你想要的水量時，你會慢慢把水龍頭關起來，把水流速度放慢，當現有水量與你想要的相當時，關起水龍頭，就此消弭差異。

　　倒水的動作也許只需要幾秒鐘，但是在那短短的時間內卻有一個**結構系統**在運作，所有的系統元素都牽涉其中。

萬物都有一個潛藏的統一性結構。某些結構是**物理性**的,像是橋樑、大樓、隧道與體育場。某些結構是**非物理性**的,像是小說情節、交響曲的形式、電影的戲劇性律動,或是十四行詩的結構。不管是物理性或非物理性的,任何結構都是由相關的各個部分構成。當各個部分相互作用時,一個趨勢就此形成:**一種趨向於運動的特性。**

結構蘊藏動力

每個結構內部都帶有一種**趨向於運動**的特性,也就是一種從某個狀態變成另一個狀態的趨勢。但是有些結構比較容易移動,有些則傾向於保持靜止。一個結構之所以傾向於保持靜止,是因為內部的組成要素**彼此牽制**。與磚頭相較,輪子趨向於運動的特性更高。車子的運動傾向也高於摩天大樓。輪椅高於搖椅,搖椅高於沙發。

運動的趨向是由什麼決定的?答案是**潛藏的結構**。

結構決定行為

這本書裡面最重要的洞見之一,就是「**結構決定行為**」。有怎樣的結構,結構內部就會出現怎樣的行為。

下次有機會走進一棟大樓時,你可以注意一下大樓的**結構**如何決定了你的行進路線。儘管在大樓裡你有好幾種方式可以抵達你想去的地方,你的行動仍然受制於大樓的結構。你不能穿牆,只能沿著走廊前進。你不能從窗戶進房間,而是從門進入。你不能從某一樓跳到另一樓,只能走樓梯、電梯或手扶梯。

相似的,**你一生中的某些基本結構也會決定最小阻力之路。**對你影響

最深的結構由你的慾望、信念、假設、抱負與客觀現實結合而成。

　　當你從結構的角度來考量自己的人生時，最重要的是你不能把結構觀點與**心理觀點**混為一談。心理學研究的是人類的心理狀態，如果這是一本心理學理論的書，那我們必須考慮的，也許是你的思考機制。當然，這年頭有許多型態的心理學理論與假說。它們具有共同的研究主題：**人類學**。

　　但這不是一本研究人類思維、人類心理或人類行為的書，而是研究**結構的**行為。接著我們才會開始思考結構本身對於**人類行為**有何影響。相同的結構也許適用於**非人類**的領域，具有一樣的功能。

　　結構的研究獨立於心理學研究之外，也與它不同。但是當我們開始理解結構的運作方式，並且把結構的原則運用於人類行為上面時，顯然我們可以看得出兩個特別的原則。

　　第一個原則是：**人類的行為與其生活的潛藏結構是相符的。**

　　因為人類也是自然的一部分，其行為當然也必須遵循著自然法則，這並不令人感到意外。但是，對於大多數人而言，這是一個新概念。我們的文化長期以來教我們漠視人與自然之間的關係，把自然當成我們可以任意使用、擷取、容忍或者反對的舞台或背景，而情況也許就是如此。

　　這種人類與自然的關係實在太常見了，有人說它表現出**人類最傲慢的一面**，但我並不同意這樣的說法。我想那些人並非因為傲慢，而是因為**無知**才會提倡人類應該**對抗**自然的力量。許多人把他們的人生視為與自然鬥爭的過程，作曲家埃克托・白遼士（Hector Berlioz）的雋語最能傳達這種精神：「時間是偉大的老師，不幸的是，它會殺死所有學生。」

　　第二個原則是：**某些結構比其他結構更能促成你想要的成果。**

　　結構「並不是因人而異的」。就算有人陷入某個結構中，因此嚐盡痛苦、挫折與絕望，那也不是代表老天爺故意整他一個人。不管你把誰擺進

那個結構裡，他們都會有類似的經驗。

話說回來，若是把人擺進一種會帶來圓滿、成就與成功的結構，他們也都會有同樣的經驗。

很多人相信，如果改變行爲就能改變他們的生活結構。其實剛好相反。

我並沒有說人類是機械化的。每個人都是罕見而獨特的個體。但每個人也都受制於結構的龐大影響力。誰也騙不倒「偉大的結構」。

有些結構會造成**搖擺不定**的狀態，有些結構會把我們**帶往最後目的地**。鐘擺原本就是一種會來回擺動的結構，火箭的結構則是會讓它達到最後的目的地、搖椅的結構讓它得以來回擺動、車子的結構讓它得以抵達駕駛人所選擇要去的地方。

來回擺盪的人生

有些人的生活結構導致他們**來回擺盪**。這些人的共同經驗是往前移動，接著就會後退，然後又前進，繼而再度後退。這種模式有可能**持續重覆**，永無止息。因爲受到結構影響，他們想要改變人生的企圖一開始可能奏效，接著又失效，然後再度奏效，再度失效。這是一種**不斷循環**的經驗，感覺起來像是一成不變。一開始雖然是有所起色，但接著又回到原點。

事實上，這些人的經驗的確有所改變，只是**無法持續**。進步似乎只是**暫時**的。

我們所有人偶爾都會陷入這種結構中。然而，對於某些人而言，這卻是他們的生活模式。在進步之後又被打回原形這種模式中，任誰都有可能感到氣餒。布魯斯·史普林斯汀（Bruce Springsteen）的歌曲〈進一步，退兩步〉（One Step Up, Two Steps Back）就是想要傳達這種精神。

如果你不知道這種來回擺盪的情況是某種結構衍生的，也許你會感到很納悶，**為什麼你每次企圖改變人生，到最後都是一場空？**

許多心理治療師常常用**不恰當**的方式來解釋這種情況。他們提出自我破壞、自我毀滅，還有失敗症候群（failure complex）等等似是而非的觀念來解釋**長期的來回擺盪**。通常來講，每當他們描述這種現象時，也都會提出問題的「解決之道」。

「如果你有自我毀滅的傾向，是否表示你對自己有意見？」「你為什麼想要嘗試打敗自己？」「你為什麼這麼害怕成功？」「有什麼是你需要克服的？」「你為什麼拒絕改變？」

常見的概念是把失常行為歸咎於你的**內在狀態**，包括你的情緒、需求、恐懼、顧忌、衝動與本能等等。也許因為你與母親之間有「沒有解決的」母系問題，你才會避免與女性談感情。也許因為你的童年創傷經驗導致你害怕任何權威性的人物，也許你是因為太早斷奶而變成了酒鬼。

各種解釋與理論實在是不勝枚舉，總之它們全都認為**是你出了問題**。最常見的解決方式，則是找出**問題的成因**並予以補正，好讓你恢復完全正常的狀態。

人們往往都會耗費好幾年時間與一小筆錢，試著解決問題。問題「解決」後，如果你還是一直沒有成就，通常都必須找出另一個可以被歸咎的問題。

如果你陷在一個會導致來回擺盪的結構中，沒有任何解決方案可以幫助你。原因在於，**心理學提供的方式無法解決結構問題，但行為卻是因為結構而產生的。**

我不是說那些方式都沒有用。然而，通常來講它們的效用都是**暫時**的，接著又會恢復原狀。進了一步之後又退一步，然後再退一步。

試圖用心理學的方式來解決實際上是結構性的問題，一點也沒有辦法改變潛藏結構。

來回擺盪的速度有慢有快。恢復常態的時間可長可短，可能是一週、六個月、一年或兩年。當一個人又退回剛開始出現「問題」的狀態，通常會因為失敗了而感到震驚與氣餒。

如果你生活在一個會**導致來回擺盪的結構**裡，也許你會認為這是一個有待克服的問題。相反的，其實你**只是**陷在一個結構裡，這讓你無法創造出自己想要的成果。

結構與創造歷程

我們所接受的教育要我們把不符期待的狀況當成是「有問題」。一旦把它們當成問題，我們就會試著去**解決**它們。而所謂解決問題，就是採取行動，把**問題**給排除掉。當你在創造時，卻是想藉著行動而讓某種東西誕生，也就是你**創造的東西**。請注意，這兩種行為的意圖是剛好相反的。

當你能夠進行結構式的思考，你就能提出更好而更有用的問題了。你不會問：「怎樣才能把這討厭的情況給排除掉？」而是會問：「要透過哪一種結構，我才能創造出我想要的成果？」

過去十四年來，因為 DMA 公司所提供的「創意科技」課程，我們才有辦法目睹數以萬計的學員改變了生活中的潛藏結構。**改變不是靠解決問題，而是靠創造出新的結構。**因為結構的改變也會讓最小阻力之路隨著改變，這些人也才能夠在生活中創造出他們認為重要的事物。

文明的重要發展都是靠創造過程得來的，但諷刺的是，大部分的人類所接受的都不是創造的教育。與大多數人透過傳統教育體系和社會養成所

學到的相較，創意歷程本身是一種**截然不同**的結構。**培養出創造者的傳統
與大部分人類的養成傳統完全不相同。**

　　創意歷程所利用的，是一種不會來回擺盪，直接往最後解決方案前進
的結構，**創造者**才能夠創造出自己想要的成果。

　　這本書會幫助你徹底了解創造歷程的傳統，學會這種歷程的基本結
構，藉此開始創造出你想要的結果。接下來，**最小阻力之路**就會帶著你往
自己真正希望的方向前進。

　　這不是一本教你解決問題的書，它的目的是要教你創造出**你想要的東
西**。許多讀者可能本來就有成就、事業有成。但如果你生活中的結構無法
幫助你成就事物，你就會受到侷限。當你有辦法進入一種可以帶來結果，
而非讓你來回擺盪的**結構**，你所增加的不只是成功的**可能性**，也提高了成
功的**機率**。

藝術家不懂得善用天賦

　　最近，我在紐約市舉辦了一個只限藝術領域專業創作者參加的特別研
討會。會議室裡坐滿了電影製片編導、小說家、詩人、歌手、爵士樂手、
搖滾樂手、古典樂手、出過唱片的樂手、雕刻家、建築師、作曲家、畫家、
電腦藝術家、攝影師、平面設計師、演員與劇作家。

　　我之所以籌辦那一場研討會，是希望有機會跟事業有成的專業人員合
作。能跟一群**早已熟悉**創作歷程的人在一起合作，實在是我的殊榮。

　　隨著研討會的進行，我卻清楚地看出一個與**預期不符**的落差。這些厲
害的創作人員**大多沒有**把藝術領域的創作歷程用於提升自己的職涯與個人
生活，他們從來沒有這麼想過。

　　當然，我還在就讀波士頓音樂學院時，並沒有人教我們把作曲與創造歷程的原理運用在生活上。畢業多年後，我才有了一個很棒的領悟：**我不只能夠把我接受的教育用於作曲，也可以用它來創造我想要的生活。**

　　如果創造歷程的力量眞有如此龐大，我們難免會感到納悶：爲何有那麼多藝術家會遇到生活的難關？**那是因爲他們不知道善用自己了解的東西。**

　　許多參加過「創意科技」課程的學員都滿懷感激，其中不乏一些專業的創作人員，因爲他們學會的是把自己早已熟悉的專業技能用於生活上。

　　藝術與科學的傳統如此豐富，這讓它們成爲創意歷程技巧的最佳訓練場地。創造者知道如何塑造出那種能幫他們創造成果的潛藏結構。對他們而言，所謂最小阻力之路開始於他們的**原初概念**，最後帶他們走向自己所**預見的結果**。

　　歷史上，幾乎每一個文化都有藝術、音樂、舞蹈、建築、詩歌、故事、陶藝與雕塑等作品。創作的慾望不會受到信仰、國籍、教義、教育背景或者時代的侷限。我們每個人身上都有創作的慾望，但卻很少人是在那種傳統中被養成的。

　　當你開始**了解**生命中的最小阻力之路是**如何**運作的，你就等於是加入了一個人類文明中最爲豐富而重要的傳統。這個傳統所涉及的並不限於藝術，它包含了你生活中的一切，**從最世俗到最爲深奧的領域。**

第 二 章

反抗—順應取向

順應或反抗不只是一種面對人生的態度，也是一種生活方式、一種生活的取向。這就是我所謂的反抗—順應取向。在這種取向中，你會根據自己目前或者未來的處境來決定要採取什麼行動……

你的童年

從小，我們就持續被灌輸一個觀念：**做每件事都要有一定的方式**。不管是穿衣服、吃飯或過馬路都是。小時候，你的責任是認識這個世界，你必須了解所有的**限制**與**界限**。你必須知道自己在家裡，在朋友之間，還有在社區裡該扮演的角色。

如果真有「正確的」生活方式，那麼你該做的，就是把那種方式搞清楚。孩提時期，你認為這個世界是一個謎，你通常不知道各種事件發生的原委。人人往往要你採取一些**無法解釋**的行動，他們要你採取行動，而且講話的口吻還暗示著：「你應該知道我的意思，如果你不知道，那就是**你的責任。**」

一開始，你以為大人都知道自己在說些什麼。畢竟，他們似乎知道該怎麼做許多很神奇的事。他們會開車、修理壞掉的玩具、煮飯，還會操作機器。他們講話時也充滿權威，如果你不聽話，他們可能就**會出言威脅**。

過一陣子後，你變得不喜歡老是聽命行事，所以你開始做一些嘗試。面對別人的要求時，你開始說「不」。但有時成功，有時失敗。你開始受到矚目，你喜歡受人矚目。但那種直接且針對你的矚目並不令人舒服，你不是很喜歡這種方式。漸漸的，你也許找到正向的受人矚目方式，能夠讓你做想做的事同時不會受到責難。或者，你會發現無論你如何嘗試，有時候就是會惹上麻煩，而且你**無法預測**做哪些事會造成這樣的結果。

在進行嘗試時，你的主要目的是**認識這個世界**。此時你已經發現有些東西是你必須知道的。你覺得這是一件好事，因為當你表現出對這個世界已經一知半解的樣子，通常會**獲得獎賞**，至少不會受到打擾。

當你對這個世界的興趣越來越濃厚，就越來越不想依賴那些照顧你的人，而是更想**靠自己**還有與你年齡相仿者。某些經驗告訴你，大人並不是無所不知。

也許你媽跟你說，她光是看看你的舌頭就知道你有沒有說謊。如果你的舌頭是藍色的，她就知道你撒了個小謊。這種測謊方式總是準確，所以你就以為說謊後舌頭會變藍。後來，有一天你沒說謊，你媽看看你的舌頭，發現還是藍的。突然間你遭遇了**信心危機**。如果你沒說謊，舌頭怎麼還是藍的？一定是舌頭這種測謊器有時會不準，又或者這整件事根本就是你媽瞎說的。如果是這樣，那說謊的人就是她。那麼，在她跟你說的話裡面，又有哪些不是真的呢？你開始**質疑**大人的可信度。

你仍然以為這個世界有**某種運作方式**，只是過去被你當權威的人似乎並不總是正確的。你開始靠自己去探索這個世界。你跟同儕一起去探索，他們樂於與你分享自己的想法。關於男女之事，父母跟你說的搞不好還沒有你從他們身上學的多——儘管同儕給的資訊也許**終究是錯誤的**。

你早早就發現，大人**難以預測**，而且也可能處事不公不義，器量狹窄又不誠實。為了不讓他們生氣，你學會了試著避免那種情況發生。在你想做的事跟他們希望你做的事情之間，似乎是可以求取平衡的。漸漸的，你決定配合他們，或者是不配合。有時候當你配合大人時，他們似乎比較喜歡你。因為你也喜歡他們，你開始把聽話當成習慣。但也許你會發現，配合與否好像也不是重點。即便你已經盡力配合了，他們可能還是似乎不太喜歡你。如果是這樣，你會發現不管配不配合，結果都是一樣的。這也許會導致你開始**採取不配合**的態度。

在開始上學後，學校用某種**特定的方式**教你認識世界。一開始你也接受了世界的這個樣貌。有很多種看待人生的不同觀點。有些觀點樂觀。有

些則是悲觀。

　　漸漸的，你培養出一套自己的看法了。你看待世界的方式改變了，但仍然假設人生就是由許多**具體行為**規範構成的。在決定如何過活的過程中，這個看法是很重要的。

　　你的某些人生觀要你樂於助人，注意儀表，要你保有聰明、堅強與有趣等特質。

　　某些人生觀要你記得這個世界有多危險，所以你該保護自己，遠離麻煩，要讓別人害怕你，或是把**風險**控制在最小的範圍。

　　又或者你的觀念是與別人為伍會帶來問題，所以最好避免。

　　也許你已經得出了一個結論：這是不公不義的世界，而且不管你做些什麼，別人總是會誤解你。因此，你非常憎惡這種**長期的**不公平對待。

　　一旦你對這個世界的**看法**成形了，下一步就是培養出面對世界的**態度**。這種態度通常是有樣學樣，藉著**觀察前人**而養成的。你發現，他們總是做多說少。你就開始覺得那是正確的道路，你開始知道別人對你的期望。

　　在決定要接受哪一種人生觀之前，你有很多老師。有些是與你親近的人，例如父母、學校的老師、朋友或敵人。有些人是你心目中的英雄，例如搖滾巨星、影視巨星、政壇明星、宗教領袖或者虛構的角色。你的某些印象來自於書籍、電影、電視、時尚與詩歌。

　　於是，你的人生便開始了這種尋找「人生真相」的研究。如果你知道「人生真相」為何，那你就知道自己該採取什麼行動。你猜想，這世界上應該有知道「人生真相」為何的特別人物。許多人宣稱他們自己知道，而你必須找出那些說法比較**準確**的人。

　　也許，你會發現某個人或者某一群人似乎知道解答。不管他們是樂觀

或悲觀，形式都是一樣的。當形成了某種世界觀後，接著就是採取與那觀念**相應的行動。**

成長過程中的體會

　　某個心理學的研究把一台錄音機裝在幾位三、四歲的孩童身上，而大人對他們說的每一句話都會被錄起來。在分析錄音帶之後，研究人員發現內容有百分之八十五都是大人要孩子不能做某些事，或者因為他們做了某些事，所以是壞孩子。

　　成長過程中，你學到的東西大多是什麼**不能做**，還有什麼是應該**避免**的。小時候，你所學會的行為規範大多是教你避免或者預防某些情況，否則就會傷害到你或你身邊的人。諸如「別在街道上玩耍」、「別煩你爸」、「別玩火柴」、「別遲到」等等。

　　父母希望孩子們能**避免不好的行為後果**，這是可以理解的。但是，他們不斷灌輸強化這種避開麻煩的觀念，直到它成為一種孩子們畢生保有的本能習慣。即使你早已知道如何安全過馬路或點火柴了，你的**避險習慣**還是沒有改變。

　　從小你所學到的，實際上是這麼一句話：**環境是主宰生命的力量**。這個訊息可能以各種不同形式呈現，例如你對某些情況做出適當回應，爸媽就會**鼓勵**你，但做錯就會**批評**你，上課答題正確時老師就會**獎賞**你，一旦錯了，就要**受罰**。

　　這種觀念在我們的社會裡可謂無所不在。你的反應「正確」，名譽、財富、名氣、身分地位、好公民的資格、獎賞、令人滿意的男女關係還有美滿的家庭就會隨之而來。一旦反應「錯誤」了，你就會遭遇牢獄之災、

在大庭廣眾之下出糗還有英年早逝等懲罰。

無論如何，**大多數人都相信環境是驅動人生的一股力量。**

當環境主宰你的人生時，你也許會覺得自己只有兩個選擇：要不是**順應**（respond）環境，就是**反抗**（react）環境。你可以選擇當個「乖乖牌」，或是「叛逆怒漢」。

順應或反抗不只是一種面對人生的態度，也是一種生活方式、一種生活的取向。這就是我所謂的**反抗—順應取向**。在這種取向中，你會根據自己目前或者未來的處境來決定要採取什麼**行動**。

不幸的是，大部分的教育體系都會強化這種反抗—順應取向。教育的目標就是幫助學童融入社會。事實上，大多數學校體系都認為它們的職責就是教會學生如何**順應環境，做出反應。**

許多學生「適應得很好」，學會如何做出「適當的」反應。然而，他們不是因為喜歡學習或者渴求知識才採取那些行動的，而是想要**適應人群，避免麻煩。**

部分年輕人認為那些所謂適切的行為價值與規範過於武斷，因此斷然**拒絕**遵從，他們反抗教育環境或者家長的權威。對於叛逆的人來講，環境仍然是一股驅策他們行動的力量。全美國各地在開家長會的時候，總是可以聽到有人這樣大聲疾呼：「如果他們能夠早點『覺醒』，做出**正確的回應**就好了！」

順應行為

順應型的學生通常都能拿到好成績，他們會**主動調整**學習模式，適應

師長訂下的標準。

　　長大成人後，我們還是持續被灌輸各種順應行爲的訊息。例如，大多數關於「人類潛能發展」的理論都鼓勵我們**應該**學習各種更新更複雜的順應行爲，才能適應生活環境或「世界」。而所謂「新世紀」運動也了無新意，只是**新的**順應行爲罷了。這種取向跟所謂的「舊世紀」沒有兩樣。跟過去幾百年來一樣，這些理論仍然承諾追隨者可以過快樂的生活，好像把紅蘿蔔吊在馬的眼前一樣。正確的**順應行爲**仍是通往天堂或涅槃的門票，至少能確保你的生活快樂又安全。

　　這是多麼完美的陷阱啊！一開始讓追隨者以爲會**獲得自由**，但最後卻是**一種束縛**。這些理論的做法包括了解放人類被壓抑的意識，提倡正向思考，提供轉化經驗，教你如實接受事物，以「有創意的方式」解決問題，進行情境式的管理，修正行爲，減壓，以「新風格」思考，甚至還有各種形式的冥想，它們全都是教人順應人生或這個世界，好像**環境是人類的主宰**。

　　遵奉這些理論的人常常在多年後仍學不會怎樣創造出自己想要的東西。他們所學到的，只是一些空有承諾的**制式化**順應行爲，沒有任何效用，不會帶來成就或解脫。

　　這是因爲，**創造與順應完全是兩碼子事**！

反抗行為

　　有些人不順應環境，而是選擇與家庭或學校提倡的人生觀唱反調。他們有可能**公開反對**，或者**陽奉陰違**。

　　如果你選擇反叛，你一樣也是相信人生被環境的力量驅策著。只是你

深信環境並不必然是社會上多數人所認為的那樣。

反抗行為以各種形式存在，有人憤世嫉俗，或者老是覺得並未被善待。也有些人懷疑別人，或者只是「像吃了炸藥」。還有些人老是用陰謀論去看待當權者，抑或信奉一種**反抗**不公不義或者惡勢力的政治、宗教哲學。

想測試自己是否心存反叛，只要回答以下幾個問題就好了：

● 你是否長期反抗你身處的環境？

● 你的許多行為與信念是否都是為了反抗負面的環境而存在的？

● 你是否認為自己處於一種必須反抗各種勢力的生活處境中，而且反抗的目的通常只是為了*繼續存活下去*？

我曾經造訪過一家大型高科技公司的管理團隊。會議開始時，有人說了一句簡單卻又精確無比的話：「我們必須針對這個新計劃達成某種程度的**共識**。」

此刻，整個團隊開始爭論了起來。他們爭的是那一句簡單的話是否正確，說那句話的人必須為自己的立場辯護。

爭論了四十分鐘後，在劍拔弩張的氛圍中，整個團隊終於同意。沒錯，他們可能必須針對新計劃達成某種程度的共識。

他們在如此簡單的事實上面花了那麼多力氣，搞得筋疲力竭，餘悸猶存。那天早上，他們避免討論任何東西。大家的精神緊張焦慮，因此如果有任何人提出另一個議題，可能會再度陷入四十分鐘的爭論。

事實上，他們就是要去對付彼此的。他們使出各種策略性的圈套，有時候裝出一副客氣講理的模樣，有時則是扮演固執、易怒而且火爆的戰士角色。

待在現場的我實在是感到錯愕無比。後來有人跟我說：「他們是公司

裡最守規矩的一群人。」這家公司的成員都是有名的「火爆浪子」與「跋扈女王」。因爲行爲叛逆，他們並沒有好的表現，很快就失去了業界的競爭優勢。

　　大家都遇過反抗型的人。不管是在婚姻生活中、職場、家庭、官場還有社會等地方，都會出現**典型**的反抗行爲。

　　大多數人，即便是生性叛逆的，終究也會選擇「適切的」順應行爲。當反抗型的人「畢業」了，開始順應環境，社會就會認爲是教育與社會化過程成功了。但這些人還是因爲**內在結構**的影響，始終**來回擺盪**。

反抗─順應取向

　　不管本性再怎麼「好」，順應型的人如果長期**感到無力**，最後還是會有積怨。當積怨到了一定程度，他們就會變成難搞的反抗型人物。但是，因爲這種改變無法加強他們的力量，而且事實上他們也感到無所適從，他們很快又會變成順應型的好人。

　　就另一方面而言，難搞的反抗型人物引起如此大的騷亂，過了一段時間，他們除了一樣有積怨，也會有罪惡感，因爲長期造成破壞與感到無力。等到內心衝突到一定程度，他們會感到後悔，變成順應型的好人。然後通常經過一段時間後，怨氣又開始累積，他們又變回了難搞的反抗型人物。

　　有些人一輩子當慣了順應型的好人，過程中數度**暫時**反抗。其他人則是一輩子都在反抗，**偶爾**順應環境。許多人的人生都處於這種循環中，在反抗與順應之間**擺盪**。盪來盪去，沒完沒了。

　　在不斷改變的過程中，這種擺盪的結構**始終沒變**。儘管人們的行爲、行動、態度甚至觀念都會改變，但那種順應或反抗環境的**結構**卻仍沒變。

無力的假設

反抗─順應取向的基本假設是，**我們都是無力的**。

如果你習慣性地反抗或順應環境，力量到底在哪裡？顯然，力量並不在你身上，而是在**環境**裡。正因為你的身上並不蘊含著力量，所以你是無力的，環境的力量卻龐大無比。

即便是那些被認為成就非凡的人，常常也是為了**避免失敗**才會達到那種成就。成就的本身並無助於改變無力的假設。

其他人則可能是因為**害怕**成功帶來的討厭後果，因此**刻意避免**成功。我們都知道，很多人之所以**繼續**做他們不喜歡的工作，有時候還必須忍受令人痛苦的環境，是因為他們想**避免**新工作可能帶來的不安全感與問題。

遵從反抗─順應取向的人不管是成功或失敗，總是會覺得不完整，不滿足。如願成功的人與沒有成功的人之間的唯一差別，就是「成功的人」知道成就**並未**為他們帶來自己真正想要的深刻滿足感與成就感。他們的成就是一種**空洞的勝利**。

為了幫助孩童在家庭中與社會上被接受，站穩地位，家長與老師總是吩咐他們什麼該做，什麼不該做。孩子們可能會選擇合作或者反抗，但他們顯然認為大人的責任就是**了解人生的真相**。

孩童所了解的力量就是他們知道自己是**無力**的。

他們也學到了生命的目的。不幸的是，他們知道自己有多**渺小**，他們必須**服從**。

在這些情況下，他們的終極人生目的或意義為何？這種**無目的感**與**無力感**就是導致青少年自殺潮的原因。

即便他們開始追尋意義，結果也可能只是對於存在危機的一種反抗而

已。每年都有許多年輕人加入異教，原因是他們想要**反抗**生活中的**無意義感**。

向外索求

　　歷史上，人類都認爲只有追求個人以外的資源才叫做進步。政治家與政治領袖打造出統治我們的政府，科學家發展出形塑工業化社會的理論。大公司的設計師設計工具、用品、電器還有交通工具，和所有在我們日常生活扮演關鍵角色的東西。博學的教授寫出影響人類心靈的書籍，心理學家使用各種治療方式，讓我們的情感生活不再一團糟，醫療科技找出恢復人體健康的方法。然而，這些影響人類生活的力量卻被視爲**外在**的。一個常見的假設是：**如果外在環境改變了，個體與團體的內在經驗也會隨之改變。**

　　有些人相信，如果我們改變外在環境，讓我們住得好，有適切的醫療照護，每週工作時間變短，有廉價的交通工具可以搭乘，家庭人口變少等等，我們就會過得更快樂、更健康、更和諧，心裡更安穩。

　　事實上，許多人的確住得好，有適切的醫療照護，其他也應有盡有，但仍過得不快樂，不健康，心裡不踏實。

　　二十世紀初期，美國作曲家查爾斯・艾維斯（Charles Ives）的哲學與美學思想大多承襲自亨利・大衛・梭羅（Henry David Thoreau），但艾維斯與哲人梭羅仍有一處意見相左。梭羅相信，如果人類回到森林裡的自然環境去生活，自然會培養出一種**超驗**的精神傾向。然而，根據艾維斯的觀察，維吉尼亞州西部與田納西州丘陵林地的居民雖然住在自然環境裡，但多少世代以來還是大多沒有達到那種超驗狀態。艾維斯強調，他們只是大

多把自己當成山區居民而已。

梭羅認爲，**改變外在環境，人的內在經驗也會隨之改變**。查爾斯‧艾維斯卻認爲不是。

大多數人類都會因爲外在環境的改變，例如革命的爆發或科技突破而改變他們的反抗或順應行爲，但他們內心的種種**預設**基本上仍未改變。他們還是認爲，足以左右人生的創造力是外在的：**那股力量來自他們自身以外**。

例如，儘管工業革命造成十九世紀歐洲的人口暴增與社會結構重組，那些足以決定個人生命與命運的主宰因素仍然是被當成**外在環境**，就像過去在封建時代，還有現在一樣。

如今，無論你是個農夫、工廠工人、經理、實業家或者股票經紀人，你可能都傾向於認爲人生的力量全都來自於你必須**順應或反抗**的外在環境。

把內在因素誤認爲外在因素

在所謂的反抗─順應取向中，有些環境因素其實是**內在**的，例如恐懼、憤怒、疾病或者某些人格特質，但卻都被當成外在環境因素。也就是說，人們反抗或順應這些內在環境因素的方式，就好像把它們當成自己無法掌握控制的。它們被視爲「內在的外在因素」，例如：「我好生氣，我必須離開房間一下」、「因爲恐懼，我在工作面試時沒有好表現」、「我跟父親的關係不好，所以我似乎沒辦法和男人好好談一場戀愛」、「每當我試著表現得自然一點時，我的腦子老是不聽使喚」、「過於自我的個性老是讓我惹上麻煩」；「我必須克服自己的邪惡本性」，還有「我的胃不習慣

會辣的食物」。

　　這些都是內在環境因素但卻被人們當成外在環境的例子。儘管這些環境因素主要都是內在而且與自我有關的,對於具有反抗—反應取向的人來講,它們卻像是來自於人力所不能影響,**無法直接控制**的領域。

　　在討論反抗—反應取向的時候,任何刺激因素,不管是外在或內在的,如果它們**似乎能驅使人們採取行動**,就被我稱為**環境刺激因素**。

環境刺激因素

　　我們可以試著把反抗—反應取向描繪成一種**生活方式**,那樣過活的人總是會反抗或順應自己無法直接控制的環境刺激因素。當他們的環境改變了,他們**總是覺得**必須反抗或順應那些改變的部分。

　　有些環境刺激因素看來是善意而且令人愉快的,其餘的則是具有敵意,令人不悅。諸如「她對我微笑,突然間我感到比較自在了」、「他把頭別開,我開始感到不安」、「當我兒子把盤子掉在地上砸破,我不禁對他大吼大叫了五分鐘」、「那個業務員看來挺誠懇的,所以我買了一台洗碗機」、「因為我吃了棒棒糖,所以接下來的二十分鐘打字速度變快了」等等。

　　儘管**環境刺激因素**偶爾會讓人不由自主地反抗,但有時候卻似乎能讓人「適當地」順從。像是「她得了流行感冒,所以我最好帶雞湯去給她喝」、「那些工人沒有盡責,所以我覺得我必須告他們」、「他們熱情地邀請我參加派對,所以我不得不答應」、「他太壞了,我一定要離婚。如果是你,你會怎麼做?」等等。

　　對於以上案例中的每個人而言,他們之所以反抗或順應,似乎都是環

境刺激因素**導致**的。他們在所有情況中採取的行動都被歸因於環境影響，多少都逼迫或驅使他們採取行動。他們並不覺得能夠選擇自己想要的，不受環境影響。

　　在反抗—順應取向中，環境力量似乎總是如此龐大——**力量大於你我**。我們總是覺得只能夠反抗或順應它們。即便你已經培養出一種以智取勝的技巧，就像馴獸師征服猛獅一樣，你的生活方式終究還是被**環境**（獅子）控制的。

迴避負面後果

　　我的朋友凱倫抵達一個我們倆都出席的派對，派對上早已飄揚著樂音，擠滿了賓客。派對主人跟她打招呼，帶她去擺放食物的桌子。

　　凱倫把開胃菜擺到盤子裡，玻璃杯裡倒滿了波爾多葡萄酒，她放眼望過去，看看是否有她想**迴避**的人。因為我是凱倫的多年老友，知道這是她每逢聚會場合第一件做的事。有時候她和我會拿這個習慣開玩笑。

　　講起話來總是講個不停的諾瑪走向凱倫，凱倫假裝沒有看見她，朝另一個方向穿越人群而去，一邊微笑一邊與好幾個人打招呼。

　　就在她開始因為避開諾瑪而鬆一口氣時，她發現自己正直接走向剛剛結束第三段婚姻的老朋友約翰。她知道約翰會盡可能霸佔她的時間，抱怨他的人生，就像他過去那樣。所以，在她走到他身邊以前，她很快地跟他說了一聲哈囉，然後就急著往左轉了。

　　另一個認識很久的熟人葛雷格剛剛跟另外兩個人講完一個笑話。凱倫鑽進他們倆中間，剛好聽到笑點，跟他們一起笑了起來。她待在那一小群人裡面，傾聽有趣的故事、軼聞與笑話，直到幾個人分頭走開。

　　就在凱倫要朝廚房走過去時，她被一個個頭矮小，但身上珠寶飾品不小的女人擋住——那是珍。珍對著凱倫說了一段關於新鮮紅蘿蔔汁好處多多的長篇大論，無聊透頂。就在凱倫有辦法脫身時，她已經打算要倒第二杯葡萄酒來喝了。

　　接下來的剩餘時間，凱倫避開了許多談話機會，因為她不想聽那些潮男潮女們討論外國的度假地點還有晦澀的形而上學。她只是站在邊邊旁聽，大多不發一語。但是，最後她發現自己跟一個充滿魅力，對她有興趣的男人聊起了天。就在他似乎打算開口邀她約會時，她很快地換了一個話題。每當無法決定是否要跟某個男人扯上關係時，她都是這麼做的。

　　派對上，凱倫一再採反抗—順應的策略，藉此順利繞過或躲開那些她不喜歡的情況。就反抗—順應取向而言，這種**迴避策略**是很常見的。

　　採用這種策略的人總是把焦點擺在要迴避的情況上面，通常他們採取的行動就是試著確保那些情況不會發生。**杞人憂天**也可以說是一種迴避策略，其目的是預防或者避免那些值得擔憂的負面後果。有些人擔心生病，有些人擔心不被認同，其他人則是擔心被炒魷魚、擔心被朋友拒絕、擔心成為目光焦點等等。就每一種情況而言，每個人都把焦點擺在他們不想遇到的情況上，這種策略的功能是逼使他們採取**防範措施**。

　　好好檢視自己的生活，如果迴避**負面後果**已經變成你的一種生活方式，你就該注意了。

　　有些人不想跟男（女）朋友分手，為的只是想要**避免**分手後因為新生活而帶來的不確定性。

　　有些人與男（女）朋友分手，為的確是**避免**處理感情生活中的那些憤怒、積怨與沮喪等情緒。

　　對於某些人來講，到底要不要分手端視哪一種選擇比較令人不適，應

該要避免──到底是新生活的不確定性，或者既有生活裡的積怨。不管他們的決定如何，他們做選擇的根據都是基於一個假設：**他們只能反抗或者順應環境。**

防範未然

在反抗─順應取向中，為了迴避討厭的情況，有些人會採取一種更常見的長期策略，做法是**一開始**就避免那種情況發生。這種策略可以稱為**防範未然**。

防範未然策略有好幾種形式。有些人養成了**獨斷**的個性，目的是為了防範被別人操弄。開會時，有些人公開批評自己，是為了防範被別人批評。有些人則是表現出不牢靠而不負責任的樣子，為的是防範別人要求他們承擔大任。有些人則是戴上傲慢與不友善的面具，為的是防範與別人太過親近親密。有些人很容易難過傷心，為的是防範遭人質疑。有些人則是故意讓自己扮演受害者的角色，為的是防範被人佔便宜。有些人把時間與精力用來做一些無私的事情，為的是防範自己懷疑自己的價值。

有些細微的防範措施最後可能會變成**終身採用**的策略。例如，從小我們就了解各種有可能具有威脅性的情況，因此逐漸發展出避免那些情況一再發生的策略。

針對生活環境，某些人可能會說：「我的生活實在太讚了」，或者「我對生活感到好滿足」，還有「我的生活平凡，但快樂又均衡」。儘管這些人都說他們過得「好」，但更精確地來講，應該說他們的生活「沒有受到衝突侵擾」。長期以來，經歷過一次次令人討厭的情況後，他們培養出種種精巧的迴避策略，因此生活才能**免於**衝突。

　　如今法蘭克的年薪已經有六位數，並且認為自己的財務健全無虞。但是他生長在窮困家庭，爸媽常因家庭經濟問題而擔憂吵架。法蘭克上學後，他總是因為穿著二手衣服而感到尷尬。因為怕出糗，他不曾邀請朋友到家裡玩。他常常沒錢參加學校的課外活動。課餘時間賺的錢，他也都必須交出去貼補家用。

　　法蘭克**總是**認為自己很窮。第一次結婚時，即便他的日子已經過得不錯，他還是仔細規劃家庭開銷，錙銖必較，連家庭日用品也不例外。多年來，他盡可能掙錢，讓自己的財務健全。即使法蘭克已經富裕了，每年收入超過十萬美金，他還是仔細盤算每一塊錢。

　　法蘭克刻意不碰那些以貧窮為主題的雜誌文章、電視節目或者報紙專欄。每當有中學友人邀請他參加婚宴或晚宴，他從來不去。因此他的社交圈縮小到只剩下那些從小成長在富裕家庭的人。儘管家庭生活如此簡樸，唯一的例外是他買禮物和送錢給小孩時，絕不手軟。他一定要他們穿品質最好的衣服——即便他們不想穿。他鼓勵孩子邀請朋友到家裡玩，特別幫他們打造了一個遊戲間，裡面有撞球桌、音響還有最新的電視遊樂器遊戲，應有盡有。

　　法蘭克通常用「舒服」與「很棒」來描述他的生活。

　　事實上，法蘭克的生活卻持續潛藏著一股**不安的暗流**。他為自己創造出來的生活環境，其實是一種**迴避貧窮**的精巧防範策略。創造這種優渥財務狀況的真正動機藏在法蘭克心底：他絕對不想再當窮人了。

　　法蘭克的人生觀認為再多的錢也沒有辦法讓他成為經濟上的獨立個體，因為他心裡一輩子都帶著窮人的印記。

防衛式的心態

　　法蘭克的職涯決定其實都是爲了**預防**貧窮而做出的防範措施。他對待孩子的方式，是爲了避免他們遭遇到跟他一樣的童年體驗。他對於掌握家庭開銷的執著，也是一種避免浪費錢的防範措施。他避免媒體論述的貧窮問題，目的是爲了不想提醒自己過去有多窮，就跟他拒絕與中學有人見面一樣。

　　有些人的日子過得很好，但他們的生活卻是建立在**迴避策略**的基礎上，那種策略在他們的行爲與心態中到處可見。他們試著築起一道絕緣的高牆，讓自己保持在「安穩」與「確定」的狀態。

　　也許你會認爲，「這有什麼錯？畢竟，像法蘭克這種人的日子過得舒適又安穩。過那種日子有錯嗎？」

　　法蘭克的生活富裕，這件事本身當然沒有錯，但是他的所有抱負卻可能都是以**避免貧窮**爲動機。就此而論，他的精神生活等於是被禁錮在各種防範策略裡，而且他爲了避免自己不希望發生的情況而耗盡所有精力。

　　這種人持續犧牲了他們生活中真正想要的東西，藉此換取安全、安穩與內心平靜。然而，他們未曾真正感覺到安全、安穩或安心。透過這種防衛措施，他們在生活中最多也只能獲得自滿與平凡的感覺。在這種虛僞的安全感底下如暗潮洶湧的，是他們因爲**無法控制環境**而感到不滿與脆弱。

　　許多這一類人終究養成一種憤世嫉俗的人生態度。也有人變得清心寡慾。還有像法蘭克這種人，他們全力追求一種虛僞的幸福，但心裡卻**缺乏**成就感與滿足感。

　　他們持續採取迴避措施，多年後逐漸開始感到無力。不管他們爲了避免自己不喜歡的情況而建立起什麼，他們都會變得充滿無力感。儘管在朋

友眼裡法蘭克可能是個有力的人物，但他最常體驗到的是一種無邊無盡的無力感，因為他必須持續設法**掌控**生活環境，藉此**避免**他最害怕的貧窮人生。他從來沒有擺脫過那種環境——**他從來不是自由自在的。**

不斷循環的封閉結構

　　如果你的人生取向主要是處於反抗模式裡，最小阻力之路將會帶你走向順應模式中。不過，一旦你抵達了，同樣的路又會帶你走回反抗模式。

　　如果你覺得這看來像是一個不斷循環的封閉系統，那你就對了。如果你想要化解、改變、突破、轉化、接受、拒絕或者避開這個結構，最終只會讓它更為堅固。**只要你想試著從內部去改變反抗—順應取向，你就只會持續待在那種取向裡。**

　　在此我想提醒你，不要急著改變你的反抗—順應取向，因為你可能會變成只是從內部去做改變。結果，你不但不會成功，還會強化那種取向。

　　如果你無法用任何方式去化解或者改變這種反抗—順應取向，你能做什麼呢？答案是：**什麼都不要做**，直到你能夠深入了解某些具有影響力的結構機制，還有它們的運作方式。這是你轉變到另一個新取向的準備工作，你能夠藉此熟悉最小阻力之路的原則，並且讓**創造力**真正主宰自己的人生。

第 三 章

創造與問題無關

當人們把「問題」與「創意」相提並論時，通常是指設法用某種不尋常的方式來擺脫難題。在此，所謂「創意之道」是指一種風格，而非實質內容。它所指的也不是過去數個世紀以來藝術家與科學家們的創作方式……

「解決問題」與「創造」是截然不同的兩回事。解決問題是採取行動，**排除**某種狀況──也就是排除問題。創造則是採取行動，讓某種事物出現──也就是你**創造**出來的東西。我們大多是在一個解決問題的傳統中被撫養長大的，鮮少有機會接觸到創造歷程。

基於此一理由，許多人都把兩者給搞混了。某些專家大談所謂「問題的創造性解決方案」，其實一點都無助於我們的理解。他們把創造歷程與解決問題混為一談，但兩者是截然不同的。

問題解決者提出精巧的計畫來**定義問題**，衍生出**各種解決方案**，將其中最佳者予以實現。如果這個歷程是成功的，他們也許就能解決問題。接下來的狀態就是問題不見了。但他們還是**沒有**得到自己想要創造的成果。

在我們的社會中，**問題意識**已經變成一種生活方式了。聽聽看選舉時候選人怎麼說？滿口問題──赤字問題、國際競爭問題、酸雨問題、貧窮問題、經濟問題、國防問題、國防預算問題、健保問題、遊民問題、失業問題、犯罪問題、吸毒問題、貪污問題、共產主義問題、教育失當問題、恐怖主義問題、政府失能問題、環境危機問題、福利問題、愛滋病問題、核戰問題、核廢料問題、核能問題、非法移民問題、汙染問題、交通問題、監獄問題、老人照護問題、賦稅問題、航空安全問題、高速公路安全問題、不公平交易問題、消費詐騙問題、工業問題……問題一籮筐。

總統候選人投入初選後，就會開始談論地方問題。在愛荷華州，他們大談農場問題。到了密西根州之後，好像突然忘了農場。轉而發表關於汽車產業失業率問題的看法。等到他們抵達南方時，又換成了太陽帶（Sun Belt）的經濟問題。到了東北地區，我們聽到的則是能源問題。前往加州之後，主打的又變成環境、毒品與愛滋病等問題。

他們似乎都假設，能夠把問題講得最清楚的，就是人民應該投票的對

象。如果候選人眞能把問題說清楚，就意味著他們眞能看清問題起因嗎？如果他們用激動的語氣談起了人民受苦受難的悲劇，就意味著他們眞能爲那些人略盡棉薄之力嗎？就算他們眞能幫助，人民獲得的又是什麼？問題的舒緩。他們能夠預測出即將出現的其他問題嗎？他們能有效地解決問題嗎？過去他們曾經表現出效能嗎？**如果答案是肯定的，爲什麼我們還是有一堆問題？**爲什麼我們聽到候選人談論了那麼多問題，卻很少聽見他們想要打造出什麼樣的社會？

　　歷史上最偉大的領袖與政治家都**不是**問題解決者。他們是開創者，他們是**創造者**。即便在遭逢衝突的時代，例如戰爭或者經濟大蕭條，他們都爲了打造出自己理想的社會而採取行動。邱吉爾（Winston Churchill）與小羅斯福（Franklin Delano Roosevelt）就是兩個形象鮮明的開創者政治家。他們不只試著解選民之苦，甚至還有時間按照他們的**願景**，把自己的時代打造成通往未來的基礎。

問題一籮筐

　　創造歷程的一個重要部分就是學會**體察現狀**。我們的確有很多問題，問題需要我們的注意。但是，用解決問題來創造我們想要的文明，卻是個不高明而且不恰當的方法，而且通常無法解決既存的難題。解決問題，最多也只能**舒緩現狀**，但很少能夠達到最後的成就。

　　這方面的案例之一就是衣索比亞的飢荒問題。多年前，許多關心第三世界發展的人早就看見了飢荒問題即將到來。等到危機大到失控時，世人才開始注意。如果問題出在許多人被餓死，最明顯的解決之道是什麼？食物。我們捐了大量金錢，用於進行緊急食物救援計畫。很多人獲救了。但是主宰局勢的力量**仍未改變**。

衣索比亞的政治局勢依舊混亂。饑餓的人民仍然沒有資源可以用於生產自己的食物。食物救援的貢獻，只是爭取到寶貴的時間。但爭取到的時間並未被用於為人民生產足夠的食物，建立適當的食物生產規模。在飢荒問題獲得短暫紓解後，悲劇持續發生。**食物救援是錯誤的解決方案嗎？**

不是。在危急存亡的時刻，就像衣索比亞出問題時，我們必須盡力面對當下的危機。但我們必須體認，這是一種只能為我們爭取時間的行動。如果我們沒有把時間用於**創造出一個可行的社會體系**，最多也只是把悲劇延後而已。

光解決問題是不夠的，這一點我們可以從衣索比亞的饑荒看出來。募款與捐贈食物等行動背後的驅動力是什麼？是問題的嚴重性。電視上到處是飢餓兒童的照片。有人登高一呼，向外求援。來自世界各地與各行各業的人紛紛響應。搖滾天王們為「拯救生命演唱會」（Live Aid）獻出自己的歌藝——該演唱會是歷史上規模最大的公開活動。整個世界都為這個理念積極投入。募得的款項數以百萬計，食物與藥物等救援物資如潮水般湧入衣索比亞。衣索比亞政府克服物資分配的難題，大部分食物都到難民的手上。

情況有所改善，媒體的熱度退卻。登上黃金時段新聞節目的飢餓兒童照片越來越少，報導速度變慢。登上新聞節目的換成了其他新問題。衣索比亞不再是目光焦點。這導致採取行動的人越來越少。但是事到如今，不管是衣索比亞或世界上其他國家，還是有孩童被餓死。

請注意，這令人熟悉的模式是由幾個步驟構成的。它顯示出一個**前後擺盪的發展模式**。

解決問題的最小阻力之路是讓問題從惡化變成改善，然後再由改善回歸惡化。這是因為，所有的行動都是由**問題**驅動的。如果問題因為你採取

行動而改善了，你採取進一步行動的動機也就沒那麼強烈了。

　　結構是這樣的：**問題導致有人採取改善問題的行動**。問題改善了。這又導致我們沒那麼需要採取其他行動。接著這又導致未來更少人採取行動了。最後變成問題仍然存在，或者是問題再度惡化。

　　問題

　　導致——解決問題的**行動**

　　導致——問題**改善**

　　導致——解決問題的**行動變少**

　　導致——**問題仍然存在**

人生由一連串問題組成

　　這個模式不只能用來解釋**世界**的問題，也適用於我們的個人問題與職場上的問題。許多人認為**人生由一連串要解決的問題**組成：令人不開心的戀情、糟糕的工作、長期健康問題、財務困難、令人備感壓力的家庭生活、不肯挺你的同事、經濟出狀況、公司裡勾心鬥角，還有來自於國外的競爭。

　　許多人的人生與他們的問題始終脫不了關係。他們所採取的大部分行動都是為了解決問題，藉此擺脫問題。但儘管他們採取了那麼多行動，問題仍然一籮筐。有些人必須面對老問題，有些人則是有新問題。

　　他們之所以採取行動，是因為問題惡化。一旦問題改善了，他們採取行動的動機就沒有那麼強烈。因此，若你把解決問題當作一種生活方式，你的人生就注定要失敗。若是一直要解決問題，在採取行動，解決問題的過程中，你採取的行動就會**越來越少**。

解決問題是一樁好差事

幾個月前，DMA 公司的資深經理人職務出缺，因此我們面試了幾個人。許多應徵者都誇口表示他們**喜歡**解決問題。「想到要幫你們解決問題，我實在是迫不及待啊！」其中一個人用誇張的口吻說。

恐怕他還要再等等啊。我們把工作給了別人。

許多來應徵的男女都認為解決問題的能力是一種參考指標。為什麼？因為問題與解決問題是會令人感到興趣的主題。它們讓人感覺到自己的重要性。除非是重要人物，否則誰會有重要的問題呢？經理人所受的訓練就是**用想問題的方式去思考**。經理的資格越老，問題就越了不起。

諷刺的是，解決問題會讓人產生**虛假的安全感**。它讓你知道自己該做什麼：找到問題，把它解決。如果沒有問題，你該想些什麼呢？你該怎麼打發時間呢？

若有問題可以解決，你的焦點、行動、時間與思緒幾乎可以自然而然變得井然有序。就此而論，當你有個容易的問題可以應付，你根本就不用思考。只要讓問題盤踞腦海即可。你可以專注在出錯的地方。在心裡不斷回想。你可以擔心與發愁。你有東西可以跟同事與朋友訴說。你可以讓自己似乎毫無選擇，是因為面對困境而不得不退縮。你可以享受那種「個人對抗惡劣環境」的浪漫氛圍。解決問題不但是一種**令人分心**的差事，同時也讓你誤以為自己在做事，別人**不能**沒有你。

解決問題的「創意之道」

當人們把「問題」與「創意」相提並論時，通常是指設法用某種**不尋**

常的方式來擺脫難題。在此,所謂「創意之道」是指一種**風格**,而非實質內容。它所指的也不是過去數個世紀以來藝術家與科學家們的創作方式。

畫家作畫時的所展現的「創意」與解決問題時所展現的「創意」,絕對是兩回事。畫家作畫不是爲了解決問題,而是爲了用藝術作品來**呈現現實世界**。畫家並不是因爲覺得畫作不存在是個問題,所以非把它畫出來不可。(除非有哪個畫家認爲充滿空白畫布是這個世界的問題之一。)

解決問題時,腦力激盪是一種典型的「創意之道」。所謂腦力激盪,就是用天馬行空的自由聯想來突破既有的思想框架。重點是必須**克服慣常的思考模式**,如此才能想出另類的解決方式。**你應該暫時擱置批判性判斷力,才能激發出更多創意。**

「解放你的奇想」

這種問題的解決之道把焦點擺在**解放你的心靈**。此一觀念源自於心理學家對於創造力的看法,它本身就是一種解決問題的模式。

這種模式似乎假設人們在思考時過於拘謹,因此有所侷限。一般的思考方式受限於習慣、信仰或者心理障礙等各種藩籬。解決此一問題的方式,是我們必須突破種種藩籬或障礙,「解放心靈」。這種模式不用一般的方式去進行思考,而是採用**新的聯想方式**。聯想過程中你必須先把批判判斷力放下,以免思緒受到阻礙。

這種思考方式假設人類有豐沛的創造力,但是被禁錮了。**唯有解除種種枷鎖,創造力才能像一條河流,開始流動。**儘管威力斯·哈曼(Willis Harman)在人類意識進化的相關論述上是一位引領時代的思想家,但也不免落入了這種模式的窠臼中。他在《提升創造力》(*Higher Creativity*)一

書裡面寫道：

> 為什麼不是每個家庭都會出現一位貝多芬、甘地或者愛因斯坦之
> 類的人物？如果每個人都有自我突破的天生能力，可以把自己的
> 創造力拉到另一個層次——那麼，到底是什麼東西把鑰匙藏了起
> 來，阻礙了大多數人，讓我們無法發現如何利用那些天分？

　　但是，以貝多芬為例，他絕對不會認為他「把自己的創造力拉到另一
個層次」。他不是某天早上起來就突然發現自己會作曲了。他也不會枯坐
沉思，等待他那卑微的「低等」創造力因為靈光乍現而變得卓越超群。他
也是耗費多年苦練，才累積了越來越多關於作曲的經驗。一開始，他的音
樂還是屬於古典時代的風格，與莫札特和海頓沒什麼不同。（海頓是貝多
芬的作曲老師之一。）貝多芬獨特的藝術風格是經年累月培養出來的。

　　他的音樂之所以偉大，與他偉大的品格有密不可分的關係。他不是一
個不會思考的草包或者抄襲者，偶然間獲得了「更高層次的創造力」。他
是一個能把生命經驗的各個面向都融入作品中的大師級音樂家，包括精神、
哲學、性愛，甚至日常生活與世俗等各個層次的經驗。在作曲方面，他也
是技巧最出色的音樂家之一。

　　他把生活當成創作時的材料。與其說他的成功是一種「突破」，不如
說他走的是一條不斷學習的道路。他的創作過程是不斷演進的。透過這種
演進，他才在音樂史上掀起了一場革命。

　　在研究貝多芬的作品時，作曲家羅傑・塞欣斯（Roger Sessions）曾這
樣討論過靈感的問題：

> 我手裡有他的「漢默克拉維亞」奏鳴曲 的最後一個樂章；從草
> 稿看得出他〔貝多芬〕仔細建立模式，然後用有系統而且顯然非
> 常冷靜的方式來測驗賦格曲的主題。有人可能會問道：在這裡他
> 是如何獲得靈感的？然而，如果「靈感」兩字真的有意義的話，
> 對於這個樂章而言當然是適當的，因為，跟整首曲子的主題一
> 樣，它展現出一種令人無法抗拒的表達能量。

　　也許有些人認為自己想像出來的音樂比貝多芬的作品更棒。但創作者
不只是想像或預想，他們還有把想像的東西**創作出來的能力**。一旦他們創
作的作品問世了，就能啟動一個演進的歷程。每一部在先前被創作出來的
作品都**為後面的作品奠立了基礎**。

　　有人主張「創造力之鑰」的說法，好像暗指如果找到「正確的鑰匙」，
就能夠解放被禁錮的創造力，但我覺得這並無值得參考之處。

　　我可以想像為什麼有人會提出這種有關創造力的「解鎖理論」：因為，
根據心理學家的觀察，有創意的人做的事情往往都是如此不尋常。因為創
作者深具**原創性**，他們似乎就跟其他大部分的人有所不同。「解鎖理論」
接著主張，如果我們可以鼓勵這種原創性的發揮，那麼就會有更多人擁有
這種原創性與創造力。

　　這有一點像觀察會彈琴的人與不會彈琴的人，而後提出來的理論。如
果我們仔細觀察會彈琴的人，我們只看到他們的手指在黑白琴鍵上按來按
去。根據上述的「解鎖理論」，如果我們可以鼓勵不會彈琴的人坐在鋼琴
前面，按一按黑白琴鍵，好像終究他們就能變成鋼琴家。

　　在某些關於創造力的心理學測驗裡，接受實驗者必須盡可能列舉出磚
頭的用途。測驗的概念是，**能想出越多用途的人，創造力就越高**。這又是

一種錯把**解決問題**當作創造的謬誤，但實際上所謂創造不只是想出各種不同答案而已。如果名建築大師法蘭克・洛伊・萊特（Frank Llyod Wright）只想得出磚頭的唯一用處（蓋大樓），我想他應該會被當成一個沒有創意的傢伙吧？

關鍵問題

　　前述的幾種理論都忽略了關於創造歷程的關鍵問題：「我想要創造出什麼？」創造歷程之所以蘊含創造性，並非因為創造出各種選擇性，而是**創造出一條由原創概念通往創作成品的路**。我們可以用這個問題來檢測任何關於創造力的理論：你可以利用那個理論來創作音樂嗎？你可以想像莫札特在寫《費加洛婚禮》（The Marriage of Figaro）的時候，會利用腦力激盪的方式來思考各種選擇性嗎？如果他用的是那種方法，他就不可能在幾個小時內寫完了。

　　如同羅傑・塞欣斯所描述的，貝多芬的草稿本裡面寫滿了各種主旋律與變奏曲。然而，會寫出這些草稿，並不代表他的創作方式是自由聯想或者設想各種可能性，而是意味著他在集中研究**音程結構中不同部分之間的互動關係**。所以塞欣斯說：「建立模式，然後用有系統而且顯然非常冷靜的方式來測驗賦格曲的主題。」在撰寫草稿的過程中，貝多芬的批判判斷力並未被他擱置，而是加強了。

　　創造歷程中充斥著各種各樣的風格，從極為節制的到非常狂放的都有。但是，這些風格存在的那個脈絡，就是創造者腦海中所設想的那些結果。

　　在這個脈絡中，批判判斷力正在集中地發揮作用，而非被擱置了。因為創造者熟悉自己的創造歷程，因此可能性就越來越少了。對於創作者來

講，「數小便是美」。他們越是熟悉創造歷程，從原創概念通往創造成品的道路就越直接。

「解放心靈」與「集中心志」是完全不同的兩回事。集中心志時，創造者需要一個投射注意力的對象。對於創造者來講，他們投射注意力的對象就是他們想要創造出來的最後成品。

解放心靈卻有點像在你**希望有魚**的水池裡釣魚，你壓根兒不知道會釣到哪一種魚，還有該怎麼釣。

創造，則是比較像是**真的在釣魚**。到水池以前，你就已經知道自己想要釣哪一種魚了。如果你想要釣鱒魚，你會帶著飛蠅釣的設備。如果你想要鱸魚，就要著鉛錘與釣餌。

創造過程中總是有**未知數**，就像釣魚一樣，但是當你**知道**最後你要創造出什麼時，你就有辦法聚焦在創造歷程上，而不是讓創造歷程變得凌亂隨意。

解決「問題」並無法帶來成就

有些人因爲不知道自己到底要創造什麼，常常認爲**問題與人生相關**，問題裡有很多重要內容。但是，經過仔細檢視後，我們會發現問題常常是不重要的。**解決問題雖然是一種生活方式，但卻無法帶來太多成就。**

對這個主題進行多年的研究後，心理學家卡爾・榮格（Carl Jung）提出了以下的敏銳觀察結果：

> 人生中所有最嚴重而且最重要的問題，基本上都是無解的。……
> 問題無法被解決，只會被更大的問題掩蓋掉。進一步仔細斟酌

後，我們可以看出這種「更大的問題」將會把注意力提升到另一個層次。病人的興趣提高，關注範圍變大，而且視野變寬，無解的問題也就失去了急迫性。並非問題本身獲得了合理的解決，而是因為一種更新更強烈的生活焦點出現，問題只是相形失色了。

為了解決問題而付出的心力，幾乎可以說完全無用。**解決問題並無持續性的價值**，因為它等於還是為了發生的狀況尋找「適當的」順應之道——就此而論，這裡出現的狀況就是問題本身。

從務實的觀點看來，大部分採取問題解決這個策略的人，到最後都**放棄**了。我有個朋友跟我說，他的公司為了解決問題而投入了大筆經費。

我問他：「結果你的公司使用了多少個問題解決式的技巧？」

「一個也沒有，」他回答。「我們花了許多時間想出未曾使用的構想。一開始，大家因為作法有所改變而感到興奮。但接下來卻沒有實效。如果那些技巧終究是有用的，我們就會使用。但實際上我們只是想出一堆有趣但是無用，而且沒有人真正關心的東西。如我預料的，結果是不切實際，而且有時候顯得有點愚蠢。」

「減緩病情」與「創造健康身體」不同

過去一百年來，心理分析之父佛洛伊德（Sigmund Freud）對於心理治療與心理分析的影響至深。儘管上述兩個領域的改革者們並未直接訴諸於佛洛伊德的理論，但實際上還是採用了他的醫療模式。

身為一位內科醫生，佛洛伊德所接受的，就是**解決問題**的訓練：觀察病徵、診斷病因、開立處方。他致力於緩解病人的痛苦，治療的目標就是**減輕病痛**。

在心理治療的領域裡，這種醫療模式還是最常用的。找出問題，解決問題。在幫助病人時，這種模式實在是彌足珍貴。解決問題有其特定功用，最有效的地方就是把它用於醫學中。偉大電影導演約翰·休斯頓（John Huston）活到八十幾歲時，有人問起了他的長壽秘訣，他的回答是：「接受手術治療。」

但是，醫學並不能創造出健康的身體。它只是一種用來**治癒疾病**的學科。醫學領域中的確有些比較先進的學派把健康當成醫學的目標，但是大多數醫生到現在仍無法體認的是，**「減緩病情」與「創造健康身體」之間截然有別。**

「創造」與「解決問題」的清楚分別

在藝術的傳統裡，大家都知道創造不同於解決問題。這個區別之所以重要，是因為大多數人對於創造出自己想要的生活都有濃厚的興趣。**解決問題並無法讓他們獲得自己想要的，而且卻常常讓他們不想要的東西永遠留存下來。**

若想徹底了解兩者之間的不同，我們可以把衣索比亞飢荒危機的解決之道拿來跟第三世界的另一個開發計畫相提並論。這個計畫是非洲食物與和平基金會（African Food and Peace Foundation）在烏干達持續進行的工作。

基金會的幾位發起人邀請我加入計畫，充滿熱忱的他們都認為，「創造歷程」這個理念能夠為世界發展奠立堅固基礎。這個計畫並不依靠外國人員與資源的介入來緩解問題並進行開發，而是以**訓練**為基礎：**訓練烏干達鄉間的村民們如何創造出他們想要的生活。**

過去烏干達曾有許多人民遭受壓迫，其歷史是由部族與宗教偏見、飢荒、內戰、水媒傳染病、經濟衰敗、剝削與天然疾病交織而成的。如果想要初次實施這一類計畫，在開發過程中讓人民學習創造歷程，烏干達是個好地方嗎？還有哪個地方比它更具代表性，更能呈現出在第三世界肆虐的普遍問題？

一九八〇年代初期，韓恩‧維爾特坎普與妻子西爾瓦娜（Han and Silvana Veltkamp）找上我參與該計畫時，我非常認同他們的理念。這是第一次有人不用解決問題的角度去看待開發工作，他們懷抱的是一種**帶有願景的新動機**。維爾特坎普都是負責開發計畫的聯合國員工，先前已經在類似的救濟與開發計畫中虛擲了數以百萬美元計的經費，但卻無法大幅改善各國廣大人民的生活。在開發工作中累積了大量經驗後，他們的願景是進行一項主要由當地人民自己推行的計畫，強調透過訓練達成自給自足，並且證明真正的開發方式可以在非工業國發揮影響力。

DMA 公司設計了一種特別計畫，以創造歷程為計畫的元素之一，其內容融合了生產食糧、發展農業、促進健康、提供乾淨飲用水與教育等工作。計畫的優勢之一是讓烏干達的領袖們可以到聯合國去受訓，成為「創意科技」課程的講師。接著，這些青年男女回國後便遷居進行計畫的各個村莊。短短幾年間，造成了許多原本被村民視為不可能的改變。

儘管烏干達的政治局勢仍有起伏震盪，部族戰爭持續進行著，民生凋敝，還有其他急切問題浮現，進行計畫的那些村莊卻有著截然不同的樣貌。即便在情勢不利時，**村民還是越來越能創造出他們想要的生活**。

在進行計畫的六個村莊裡，原本衰敗的經濟繁榮了。這是個地方性的現象，完全不受該國經濟影響。之所以有這種改變，是因為村民已**有能力**創造出自己想要的村莊。

　　計畫進行過程中曾發生過許多動人的故事。數以千計村民的生計改善了。與過去那些救濟與開發機構投入的龐大經費相較，此一計畫的支出只是九牛一毛。

　　烏干達鄉村發展與訓練計畫（Rural Development and Training Program）的執行長恩瓦里穆‧穆舍舍二世（Mwalimu Musheshe Jr.）後來以下面這段文字描述該計畫：

　　　一九八一年，烏干達的情況看來是險峻的。經濟因為阿敏將軍（Idi Amin）的不當統治而被搞垮，基礎建設遭到摧毀，更糟的是，烏干達人民因而道德淪喪。政局與民情陷入混亂，數以百萬計的烏干達人民都過著苦日子。人民只能獲得最低限度的社會服務，而且在一九七九年的「解放戰爭」後，曾親眼目睹滿地瘡痍的人都說，國家需要龐大外援與救濟才能恢復元氣。

　　　人民已經失去了希望，引領企盼國際社會介入。這在當時是大新聞。非洲食物與和平基金會和烏干達鄉村發展與訓練計畫（正式名稱是「烏干達計畫」）就此問世。

　　　一九八二年十一月，烏干達西部某座村莊召開了第一次村民討論會，顯然大家都急於談論自己的種種問題，表達村莊的許多需求。最常聽到的一些話是：「我們這個沒有，那個也沒有！」、「疾病、害蟲與熱病快要害死我們了！」村民要求計畫的人員幫忙消滅人畜疾病，驅逐那些欺騙他們的無恥生意人，獵殺專吃農作物的野生動物。他們說，因為沒有藥吃，醫院又遠，巴士或計

程車車資又太高，許多孩子都因為得了麻疹、痢疾、結核病與其他傳染病而垂死。有些人抱怨政權有多專制，其他人則是說他們的農產品售價太低。所有人都說得出自己有多麼無助，希望求取眾多問題的解決之道。

在鄉間推行烏干達計畫的假設之一，就是烏干達人民與其他地方的人一樣，都是開發計畫能否成功的關鍵。另一個重要的假設則是，這些人天生就具備能力與智慧，足以改變生活品質與自己的村莊。

計畫團隊為村民舉辦一場場訓練討論會。意義非凡而且很獨特的做法之一，就是讓村民自由參加，並且任由每個人充分表達己見。幾次討論會過後，村民都認清了現狀（這被他們稱為「卡洪蓋村（Kahunge）的現狀」）。然後，他們開始反省，構思自己要的生活方式與住家、家庭和村莊的樣貌（這被他們稱為「夢想或願景」）。

接著他們分組合作，努力創造出大家想要的一切。**把主要的焦點擺在大家想要的東西上面，而非他們不想要的。**
所有人聚焦在他們想要過什麼樣的生活，還有達成目標所需的行動步驟上。例如：大家想要有乾淨的用水，就聚在一起，找出水源，加以保護，在一個過去八年內只建立了兩個水源地的區域裡一口氣新增十二個乾淨的水源。這是村民的成就，造福了數千人。

整個村子都跳出了解決問題的既有侷限，開始創造他們想要的願景，例如有足夠的食物、孩童身體健康、環境乾淨等等，此時當地的領導人物也跟著挺身而出。

勾勒願景的人包括大衛·阿邦迪納波先生（David Abundinabo）、瑪格麗特·恩戴基女士（Margaret Ndezi）、彼得·卡瑞尤先生（Peter Kariyo）與大衛·瓦克沙先生（David Wakesa），他們把同村居民組織起來，付出心力，幫助推動村莊的計畫。

尼亞卡哈瑪村（Nyakahama）的年輕人在村裡蓋了一間學校，開了一條路；瑞文庫巴村（Rwenkuba）的婦女不讓鬚眉，清理了一片濃密的灌木叢，挖了一個可以養魚的魚池，一方面大家可以吃得比較好，也增加了家庭收入。

比格迪村（Bigldi）有個叫做阿莫斯·圖瑞亞希凱尤（Amos Turyahikayo）的村民根據自己的觀察來比較我們的計畫和先前由外力強制推動的計畫，他說：「如今我們都看得非常清楚了，因為這是自己進行的開發計畫，我們都樂在其中，喜歡手頭的工作。」卡洪蓋村的費斯·廷達曼尼爾（Faith Tindamanyile）說：「我們學到了關於農業、健康與營養的新知。但最重要的是，我們學會了應該生活在一起，排除彼此異見。」

當地的官員保羅·尼亞凱魯（Paul Nyakairu）說：「這個計畫讓我們認識了自己。我們有責任認真看待自己。」

這些例子足以印證，當人們看清自己，並且掌握自己的命運時，往往能夠在開發工作上有一番作為。反觀過去以解決問題的方式介入，則是會讓人們跟以往一樣無助，造成依賴心態，人們聚在一起對抗共同敵人只能說是一種「權宜之計」。此時，動能是由情緒衍生出來的。人們常常是因為受到脅迫才參加計畫，與人一起加入，或者屈從於命令。一旦計畫的活動結束後，就會坐等下一個危機爆發。在這段時間裡，一切都沒有改變。

此一計畫的成就是證明了人們可以齊心合作，共同生活與創造，不是聽命於誰，而是為了實現未來願景貢獻一份心力。當人們完成一間房舍、一條道路、一口水井或者一座新菜園時，他們會興奮地接著進行下一個計畫。今昔的對照是極其戲劇性的。

　不管問題是什麼，大致而言，任誰都無法徹底解決它。如果不知道該怎樣創造出自己想要的東西，你總是會面臨接踵而至的新問題。**只有創造，你才不會遇到問題。**

第 四 章

何謂創造

藝術家對創造歷程的了解最深入，創造出來的成就也最高，因此向他們學習創造歷程是怎麼一回事可說是明智之舉。這種技巧與你在學校、在家中、在職場上所學到的都不一樣，然而它卻是你一輩子所學到的最重要技巧……

貧民區的故事

最近我搭車從紐約的拉瓜迪亞機場（LaGuardia Airport）到曼哈頓，計程車司機避開了交通擁塞的河東大道（East River Drive）。他走的路線經過東哈林區（East Harlem），讓我得以舊地重遊。

從波士頓音樂學院取得碩士學位後，我曾遷居該地區。波士頓充滿文化氣息，相形之下東哈林區有如「文化沙漠」，天差地遠。當年，對於我這個因為當地樂壇環境才搬到紐約的音樂家而言，最棒的地方莫過於第二與第三大道之間的東一〇街（East 110th Street）。

每個人天生都有**選擇性記憶**的習慣。對於過去，我們往往大多記得那些美好的經驗，而非痛苦的經驗（但我的祖母卻正好相反）。所以，在我透過窗戶仔細端倪我的老地盤之際，過去住在貧民區的那些美好時光彷彿歷歷在目。突然間，**塗鴉藝術**（Graffiti）這種特有的貧民區文化將我拉回了現實。

這種藝術形式已經發展了很多年，其濫觴是孩子們在牆上胡亂噴漆的破壞行徑。我還住在東哈林區時，塗鴉還不是一種藝術形式。只是拿著噴漆罐的小鬼在牆上亂噴一氣。他們大多在牆壁上噴出一些咒罵的字眼，藉以宣洩積怨，噴出來的字母又大又潦草。偶爾也有小鬼為了耍浪漫而噴上一些偉大的愛情宣言，像是「**荷西愛茱蒂**」之類的。

經過多年的發展，那些字母的**藝術氣息**越來越強烈，變成複雜的藝術創作品。年輕的塗鴉藝術家們互相較勁了起來，**原創性與技巧**才是他們的王道。年輕人把他們的勇氣與精力發揮在塗鴉上面，而不是用於幫派爭鬥。他們的設計越來越大膽，顏色鮮艷、直接而且大多使用**原色**。

城市變成了他們的畫布，塗鴉藝術家們在夜裡出沒，只要有一塊平面

就動手做畫。不久他們就把可以使用的牆面用完了，接著他們找到了能用來表現塗鴉藝術的完美象徵：**地鐵車廂**──他們已與社會劃清界線，但地鐵卻是社會共有的財產，也是人民不可或缺的通勤工具，看來灰暗單調，破破爛爛，死氣沉沉，而且**僵化**。

塗鴉藝術家常趁深夜闖入地鐵機廠，在列車車廂上塗鴉，藉由車廂的到處運行，他們的作品就像在市區裡巡迴展出，供廣大市民欣賞。漸漸的，他們的創作越來越好。地鐵當局有所警覺，派持有武器的警衛巡邏地鐵機廠四周。但是，此時**上流藝術界**已經注意到塗鴉藝術了，藝術交易商開始找上貧民區的藝術家們。他們開始改在真正的畫布上作畫，一時之間蔚為風潮，但隨即退燒。

這批藝術家在藝廊裡的成就並不持久，但他們持續作畫，日益壯大，風格不斷發展。新人輩出，讓這種藝術不斷往前推進。後來，東京市甚至邀請其中一位傑出塗鴉畫家造訪日本，為地鐵車廂繪製許多長長的壁畫。

多麼棒的一個故事啊！簡直像天方夜譚般的不可思議。這些孩子們來自紐約的「文化沙漠」，沒有受過什麼教育，靠政府接濟長大，如果二十五年前有人說他們不用靠暴力揚名立萬，而是靠**藝術**與**舞蹈**（霹靂舞）和**詩歌**（饒舌歌曲），你也許會想要看看那個人的方糖裡面是不是被加了迷幻藥。

那天在東哈林區讓我眼睛為之一亮，引發許多想法的，是一種新形式的塗鴉藝術。重點是有人開始用起了**粉彩色**。用色不再像幾年前那樣鮮豔、大膽、高調，如今變成如此柔和、清爽、細緻，極具穿透力。

在城裡某個殘破的角落一定有一位年輕人正在思索色彩的問題。他用啶酮紫（quinacridone violet）與天藍色來做實驗，把完全相反的顏色混調製在一起，藉此創造出空間感與立體感的幻覺。總之，這是一個讓我對

人類文明充滿希望的現象。

我學到寶貴的一課，其中的重點是**人類的精神**。過去我們受到引導，以為生活環境總是會決定我們的自我表達能力。以為我們若是想要探索存在的新境界，就要先擁有一個舒適的環境。果真如此的話，出身卑微逆境的貧民區居民怎麼還能夠表現出出色的創造力、原創性與活力？那種表現為什麼不是出現在神聖的學術殿堂裡——過去人類的崇高新思維不都是在學術殿堂裡發展茁壯的嗎？**也許人類的本色就是創造者，在任何環境下都能創造出新生活。**

創造並非環境的產品

創造與順應或反抗環境的行為截然不同。創造歷程並非從你身處的環境衍生出來的，**創造活動本身才是它的動力。**

很多人都認為創造歷程是從自然環境、文化或其他各類環境中孕育出來的，因此創造力當然就是環境的產物。例證之一是不到幾年前曾在企業界流行過「改造環境」（engineer environments）風潮——許多人認為此舉有助於誘發創造力。但我們只需很快地研究一下創造活動的歷史，就會發現人類可以在千百種環境中進行創造，有的合宜便利，有的則是困難重重。

當你開始考慮你想要在生活中創造什麼的時候，你最好先了解一個道理：**你所身處的現況並不足以決定你想要創造的那些成果。**你只是受到現況侷限而已——就算你看起來好像身陷其中，也不例外。

因為，創造這件事跟你過去習以為常的反抗—順應取向截然不同，如果你還在思考你的生活會不會有所改變，那就太荒謬了。也許你對我的說

法存疑，說這跟其他各種精神喊話沒什麼兩樣，我只是要激勵你用一種新的方式去生活而已。又或者你認為只有藝術家才有創造的本領，而創造歷程這個概念僅僅適用於繪畫、做音樂、拍電影、寫詩歌或者其他藝術領域。

　　藝術創作顯然是創造歷程的諸多例子中最為明顯的一個，但並不是只有藝術才叫做創造。**你在生活中所企盼的一切，幾乎都可以成為創造歷程的主題。**我們沒有必要刻意把藝術的創造歷程跟人類的其他創造歷程區別開來。此外，如果你想學會創造的特殊能力與技巧，藝術可說是最完美的學習場地。

　　藝術家對創造歷程的了解最深入，創造出來的成就也最高，因此向他們學習創造歷程是怎麼一回事可說是明智之舉。這種技巧與你在學校、在家中、在職場上所學到的都不一樣，然而它卻是你一輩子所學到的最重要技巧。

　　帕布羅·卡薩爾斯（Pablo Casals）是二十世紀最偉大的大提琴家之一，他對於創造的概念並不侷限音樂創作：

> 我總認為手工勞動是具有創造性的，不但尊敬那些用雙手工作的人，甚至總是讚嘆不已。在我看來，他們的創造力並不亞於小提琴家或者畫家。

還有心理學卡爾·羅傑斯（Carl Rogers）也曾寫道：

> 根據我們的定義，不管是某個孩子與玩伴們一起發明新遊戲，愛因斯坦提出相對論，家庭主婦調製出一種新的肉類沾醬，或者是

年輕作者寫出自己的第一本小說，其實都是具有創造性的，沒有必要在這些活動之間區分創造性的高下。

有些人並未刻意去了解創造的技巧是怎麼一回事，因此常常認爲創造歷程是人類**無意識**或**下意識**的產物，甚至從**神秘論**的角度去做解釋。於是，他們誤把創造歷程當成一種追求秘訣的過程，希望藉此能開啓潛藏的能力。他們認爲「正常情況下」的自我並未擁有那種能力，因此那種能力應該**暗藏在某處**。

我們以小飛象（Dumbo）的故事爲例：一隻老鼠說小飛象有一根「魔法」羽毛，讓牠相信自己會飛。小飛象試了一下，果眞會飛。但是，有一天他把羽毛弄丟了，以爲自己失去了飛翔的能力。老鼠坦承「魔法」羽毛的故事是騙牠的，**小飛象自己本來就會飛了**。於是小飛象才發現自己沒有那一根羽毛也能飛起來。

很多關於創造歷程的理論都與小飛象的「魔法」羽毛相似。那些理論認爲一個人有無創造力全靠**神秘的法寶**，有了法寶就能把潛藏身上的力量釋放出來。

有些原始部落未曾與現代文明接觸，因此從他們頭頂凌空飛過的噴射機就被賦予了神奇的意涵。他們把飛機視爲天神，或至少是天神的交通工具。

人們經常認爲未知的事物說怎樣也不可知，至少是不能用正常管道去了解的。因爲**缺乏經驗與無知**，我們才會誤以爲創造歷程應該是某種神奇活動的成果，就像原始部落也是缺乏經驗與無知，才會錯把飛機當上帝。但事實上，**創造是一種可以透過學習與培養而獲得的技能**。就像任何技能

一樣，你必須靠實際演練與親自動手才能習得。透過實際創造，你就能學會如何創造。

創造的五大步驟

創造歷程的各個步驟易於描述，但它們**並未構成**一個可以套用的公式，每一步驟代表著某種類型的**行動**。創造歷程的某些面向是主動的，有些則較爲被動。每一個層面所需技能也各自不同，也許你已經身懷某些**技能**，但也發現剛開始學習其他技能時就沒那麼簡單了。每次你創造出一個新成果，那都是一個**獨一無二**的創造活動。儘管你的技能將會隨著經驗累積而增強，每一個新的創造活動都是一個獨立的創造歷程。

我在本章勾勒出的是創造的**基本步驟**。在隨後的章節中，我將會進一步闡述各個步驟，好讓你開始試著把它們應用在生活中。請把下列步驟當成創造歷程的概觀，而不是一個可供套用的公式。

① 把你希望創造出來的東西想清楚

創造者都是**先從結果著手**的。首先他們會先對自己想創造出來的東西有個概念。這個概念有時很籠統，有時又很具體。在你創造想要創造的東西以前，你必須知道自己在追求的是什麼。你的原創概念可能很清楚，也可能只是個模糊的構想。兩者都有其效用。有些創造者喜歡即興創造，所以從籠統的概念出發。畫家可能連自己也不知道畫作最後的模樣，但只要有個概念就足以讓他在創作歷程中不斷調整，讓創作中的作品逐漸**趨**近自己的創作理念。也有些畫家則是在提筆作畫以前就已經知道成品會是什麼模樣。女畫家喬佳・奧基夫（Georgia O' Keeffe）說過：「只有在幾乎完全

清楚後，我才會動筆。否則只是浪費時間與顏料。」

　　光是**知道自己想要什麼**，就是一種技能。我們的傳統教育體系並不鼓勵學生去了解自己想要什麼。學校所教的，只是從**有限的人生**選擇中去挑選「正確的」順應方式。這通常與我們自己想要的東西沒什麼關係。結果，多數人才會對於自己想要的東西抱持著**模稜兩可**的態度。這一點也不奇怪。因為，多數人的選擇空間不大，這也難怪大家提不起勁。但是，在創造的過程中，**先想清楚自己想要的東西**，卻是有意義而且有趣的一件事。

②**掌握進度**

　　繪畫時當然要**掌握畫作的現況**。這是一項重要的資訊。如果你不知道自己目前畫了多少，就無法確定是否該在已經完成的部分上面多畫幾筆或者進行修改，藉此完成自己想要的作品。

　　掌握進度又是另一種技能。也許這會讓你誤以為很簡單，但我們大多習慣以偏見來觀察現實狀況。有些人將實況美化，有些人將它醜化，也有人選擇報喜不報憂，或者報憂不報喜。創造者的最重要技能之一，就是對自己創造的東西保持客觀的態度。許多大學哲學系都流行這樣一個觀念：對現實保持絕對客觀是不可能的。但同樣在大學裡，藝術系的老師卻在教學生怎樣把模特兒畫成人物肖像。這種繪畫技巧教學生首先學會觀察，接著將觀察的結果重現出來。儘管每個學生的畫風可能各自不同，但哲學系的學生拿著肖像畫一看，就能認出他們畫的是誰。

　　在音樂學院，學生學到的，是用耳朵來辨識節奏、和聲與音程。這種技巧叫做「聽寫」（ear training），這是一種學生可以用來正確地辨認事實，並且予以重現的技巧。當他們寫下自己聽見的音樂時，必須完全不涉及「詮釋」。如果學生的答案是正確的，就能拿到 A 的成績。答案錯了，成績就

沒達到 A 的水準。學音樂的學生都知道音樂的感覺是很具體的。這又印證了我們可以透過**訓練**來強化自己客觀檢視現實的能力。

你也必須培養出這種**客觀檢視現實**的能力，方式非常相似。許多人認為「現實」苦澀難嚐，總要到事後才知其甜美。乍看之下，他們覺得現實令人如此不安，感到困擾。如果他們處於解決問題的模式，一定會採取行動，讓自己恢復平靜與舒適的感覺，其中最常見的做法就是**曲解現實**。他們也許會說謊，找合理化藉口，或者讓自己分心，不理會當下的事情。但如果你學會如何**掌控自己的創造歷程**，你就會培養出一種**正視現實**的能力。不管情況是好是壞或不好不壞，你仍然會想知道實際上的狀況為何。

③採取行動

一旦你知道自己想要什麼還有目前擁有什麼，下一步就是**採取行動**。但是要採取什麼行動呢？創造就是**創新**，有異於**守舊**。教育向來強調守住舊傳統，所以一般學生的創新經驗有限。創新也是一種可以培養出來的技能。當你以實現創造理念為目標來採取行動，但行動可能成功，也可能失敗。當行動奏效了，你可以**繼續**同樣的行動，或者喊停。有時候，繼續會有功效，有時不會。**藉由觀察當下成效的改變，你可以知道接下來要怎麼做**。這一切行動，不管有效的或沒效的，都有助於創造出最後的成果。理由在於，**創造本身就是個學習的歷程**：學習哪些作為有效，哪些沒效。創造者所擁有的本領，就是**試驗**以及**評估**試驗結果的能力。

創新並不全然是一種藉由犯錯來嘗試的過程。當你採取新的行動，設法實現創造理念，你也等於是在培養自己的某種直覺，藉此判斷哪些行動會有效。創造者因而有能力建立起一種「數小便是美」的原則。這通常要一段時日才有辦法做到，而且你的創造經驗越豐富，培養出那種**直覺**的可

能性也就越高。

有些行動能夠幫你直接達成目標，**但大多數不會**。唯有當你能夠**調整**或**修正**你目前的作為，你才算是對所謂「創造的藝術」有所了悟。我們常被諄諄告誡，說什麼最好「第一次就達陣」，或者更糟糕的是說我們必須做到「盡善盡美」。這種態度有可能導致你根本不懂得什麼叫做修正調整。為了實現你的創造理念，情況不妙時，你該做的也許是見風轉舵，而不是堅持到最後。

偶爾，有些人鼓勵其他人「撐下去」，養成「決心與毅力」，藉此避免習慣性的放棄，但是這種策略幾乎不曾奏效。因為修正行動的能力並未持續強化，光是試著「撐下去」，充其量就像是**拿頭去撞牆**。當你滿腔熱血地一再「撐下去」，但又一再失敗，你眼前的最小阻力之路就只有放棄一途了。也許你以為放棄的習慣是一種嚴重的性格缺陷。但實際上可能不是那樣。能讓你的創造歷程繼續下去的，不是毅力、意志力或決心，而是**邊做邊學**。

④ 遵循創造歷程的節奏

創造歷程有三個不同的階段：萌芽（germination）、同化（assimilation）、完成（completion）。每一階段都各有其獨特的能量與不同類型的行動。

萌芽始於一種**興奮感**與**新奇感**。萌芽階段的部分能量來自於非比尋常的新活動。

同化是三者中最不顯眼的階段。此時剛開始的那一股「興奮感」消失了，你的焦點從內在的行動轉移到外在行動上面。在此一階段，你已經接受了自己的創造理念，將其**內化**。因此一股能量驟生，讓你用於你的試驗

與學習。萌芽之初那種戲劇性的感覺不再,但這一股新生的同化力量卻能靜悄悄地幫你**形塑成果**。

完成是創造的第三階段。此階段的力量類似於萌芽期,但此時的力量是運用在越來越具體可見的創作活動上。此一能量不但可用於**完成**你正在創造的成果,更可讓你預先準備好**下一個**創造歷程。

⑤ 累積創造動能

如今許多關於創造力的理論似乎都有一種論調可稱為「新手的運氣」。但是對於專業的創作人員而言,他們強調的則是**不斷增加的動能**。創造歷程能幫你創造出自己想要的東西,它是一種可靠的方法,而且這方法本身就蘊含著發展性。

你覺得哪一種人的成功機率較高?是老鳥?還是新手?的確,許多小說家的處女作都是經典之作。但這是例外,並非常規。即使歷史上天賦最高的作曲家莫札特,其音樂創作也是經過一番**發展**才越來越好。他三十幾歲時的作品就比二十幾歲時與青少年時期的作品更為優越。隨著創作的樂曲越多,他也變得越能寫。經驗的累積讓他擁有了創造歷程中常見的動能。

如果今天你就開始創造你想要的東西,十年後你想創造自己想要的東西時,就有更充分的準備了。**每一次新的創造活動都會讓你累積關於創造歷程的經驗與知識。**如此一來,你當然更有能力構思自己想要什麼,也更有能力實現自己想要的成果。

第 五 章

創造的取向

在創造取向中，你能自問的最有力問題就是：「我想要什麼？」無論何時何地，不管你身處的環境爲何，你總是可以自問此一問題。當你自問，「我想要什麼？」問的其實是成果。也許你應該用一個更精確的方式來問問題……

創造過程的結構

若把反抗或順應環境還有創造歷程都視爲結構，這兩種結構截然不同：前者持續**來回擺盪**，後者則是**堅定不移**。

就像我們在前面提到的反抗─順應取向，創造也是一種取向。具有反抗─順應取向的人偶爾也會進行創造活動；而具有創造取向的人，偶爾也會反抗或順應環境。

你到底屬於哪一種取向，端視你在哪一種行爲上花最多時間。許多人的生活方式往往受到他們的**生活環境**牽制，但對於其他人來講，大部分的生活都是取決於他們想要創造出什麼東西。

這兩種取向的差異很大。第一種取向讓人受制於反覆無常的環境，第二種則是讓你自己成爲主導生活的創造力，而且在創造歷程中，**環境只是一種能夠爲你所用的力量而已**。

若想從反抗─順應取向轉變到創造取向，過程既簡單，但又複雜。想生活在創造的領域裡並不困難，但那實在是一個非比尋常的領域，這讓許多人認爲難以把過去學到的東西拋諸腦後。

創造歷程的經驗有助於促成此一轉變，但那不是一個逐漸覺悟的過程。如果你還是受制於反抗─順應取向，似乎很難達成轉變。**但如果你進入了創造取向，自己馬上就會清楚地察覺到。**

何謂創造取向

創造者的人生經驗的確很特殊。很難向那些置身反抗─順應取向的人描繪那種經驗的樣貌。不但兩種取向對於同一件事的**理解方式**有所差異，

在兩種取向之下，生命的可能性與眞實面貌也是截然不同。若你並非置身於創造取向中，有時候你可能會誤以爲它是一個不同的脈絡。但實際上，**它根本就是另一個宇宙**。

置身反抗—順應取向的人像是生活在迷宮中，**環境就是四周的高牆**。他們的人生就是不斷在迷宮中穿梭。有些人爲了求取安全感而不斷走同一條路線，也有人每當碰到一條新的死胡同，總是感到極爲詫異。無論是哪一種人，他們的生活充滿**侷限**，通常只能「兩害相權，取其輕」而已。

當你進入創造取向之後，你的生活常常充滿趣味、刺激與特色。這不是因爲創造者不管做什麼事都試著用有趣的方式去做，而是因爲他們置身於一個總是充滿**新穎可能性**的生活層次上，常能見識到過去未出現過的**美好事物**。

然而，創造取向並不是一種永遠充滿歡欣的狀態。創造者在享受希望、愉悅、狂喜、歡樂與洋洋得意等經驗之餘，當然也會遭遇挫折、痛苦、悲傷、憂鬱、無望與疲倦。

置身反抗—順應取向的人通常都會**避免**極度負面與極度正面的情緒，但諷刺的是，他們卻常常讓**情緒**左右自己的生活，他們把情緒當成到底該反抗或者順應環境的指標。因此，他們常常懷抱一種**沒有根據的希望**，認爲一定會出現新環境，讓他們「免於」衝突的侵擾。畢竟，如果有些環境會讓他們感到悲傷，當然也有那種能「導致」他們感到快樂的環境。如果你把這種觀念當眞，你的人生的所作所爲，就只是不斷地在尋找「適宜的」環境：「適宜的」工作、「適宜的」戀愛對象、「適宜的」經濟狀況、「適宜的」居住地區、「適宜的」生活方式或信仰、「適宜的」生活目標、「適宜的」朋友，還有「適宜的」機會。

創造者深知情緒不一定能夠反映出環境的好壞對錯。他們知道，即使

是在絕望的環境中，他們還是可能感受到愉悅，而即使是在歡喜雀躍的時候，也許還是會感到懊悔。**他們有足夠的智慧能了解情緒總是有好有壞，變壞後還是能變好他們知道任何情緒都會改變的。**但是，因為情緒不會左右他們的生活，他們**不需要隨情緒起舞**。他們創造自己想要創造的，創造時不用看情緒的臉色，而是**完全獨立**於情緒。在深陷絕望時，他們能創作。滿懷喜悅時，他們還是能創作。

創造的精神

　　置身反抗─順應取向的人常常會建議彼此，提醒對方要做出「適宜的」順應行為。如果你看來太嚴肅，就會有人叫你「**放輕鬆點**」；如果你老是循規蹈矩，就會有人叫你「**大膽冒險**」；如果你似乎害怕未知的情況，就會有人叫你「**鼓起勇氣**」；如果你看來不太熱中，就會有人說，你該逼自己「**投入其中**」；如果你感到絕望，有人就會要你告訴自己，「**沒有什麼是你辦不到的！**」

　　創造者背後的驅動力又是什麼呢？**是一股想讓創造作品問世的強烈慾望。**創造者創造的目的是想要讓創造理念變成真實的存在物。置身反抗─順應取向的人常常無法理解這種「為創造而創造」的情操。他們不在乎世人的讚賞，不在乎「投資的回報」，不在乎評語，只是**為了想創造而去創造**。

　　詩人羅伯・佛洛斯特（Robert Frost）的一句話最能掌握創作取向的這種精神：

　　「成就所有偉大事物的人，都是為了那些事物本身而放手去做的。」

　　跟我一樣有子女的人可能已經了解這個道理了。我們愛自己的小孩，就是愛**他們自身**，不是因爲他們是我們自己的生命之延續，或者他們可以證明我們是好爸媽，甚至把他們當成同伴。孩子有自己的人生，他們是獨立的生命個體。爸媽疼愛小孩，愛到把他們生下來後持續養育到他們長大成人。

　　這與創造者的經驗類似。作品就像他們的小孩。他們讓作品誕生，並且存活下來。他們並未把作品當成他們自身的延續。他們與他們的作品**不一樣**。儘管作品是他們發想並且創造出來的，但與他們自身是不同的個體。

　　如果你能夠把自己跟作品**分開**來，你就是體悟了關於創造力的一個深刻道理：愛。**你之所以願意把某個東西創作出來，是因爲你愛它，樂見它的存在。**這聽起來像是陳腔濫調，但實際上並非如此，因爲愛是**眞實**的。也許某些討論會上曾有人要你「無條件地愛自己所做出來的東西」——但我的觀念不一樣。我只是想說，你何苦把自己不愛的東西創造出來，看著它存在呢？

　　就讀波士頓音樂學院大學部時，我參加了「紐曼主教俱樂部」（Newman Club）。我並未信奉天主教，但非常喜歡那一位帶我們進行討論的神父。在學生時代，我對自己的無神論信仰感到自豪，所以我參加的動機其實是與人爭辯上帝存在的問題。那位神父精通聖湯瑪斯・阿奎納斯（Saint Thomas Aquinas）的作品，對「不動的推動者」（Prime Mover）這個概念進行了精采的辯護。但某天他說了一句我認爲在邏輯上有所跳躍的話，他說：「上帝創造這個世界都是因爲愛」。

　　「等一下，」我打斷他。「這一點你是怎麼推斷出來的？」

　　他始終無法自圓其說，二十分鐘後終於表示：「我的根據是信仰。」

　　我覺得這個答案不夠好。如果未經充分的**論證**，信仰充其量只是**藉口**

而已。但無論如何，多年來我始終銘記著「**上帝創造這個世界都是因為愛**」這個觀念。

　　後來，某天我在作曲時，突然了解神父所說的是怎麼一回事。我會把那一首曲子創作出來，是因為我**深愛**它，樂於看它問世。而且我也能想像，身為「至高的創造者」，上帝創造出這個世界的唯一理由，就是愛。

　　如果我那一位神父朋友對創造歷程有更深入了解，應該就能輕易與我分享他那充滿深意的觀點。當時，我是一個在音樂學院就讀的樂曲創作者，早已開始了我的創造歷程。如果他能問我一個簡單的問題：「那你又為什麼作曲？」我應該就會接受他的觀點。我的神父朋友先前所學到的，是「適宜地」順應他的生活環境。對他來講，關於宗教信仰的教條就是他「適宜地」順應生活的方式，而這道理他是從神學教育中習得，而非出於**真實經驗**的領悟。

　　我認為他一點錯也沒有。他既無創造的經驗，也沒有生活在創造取向中。他只是在他自己的取向中盡力而為。而且直到有所領悟以前，我始終記得他的話，對此我滿懷感激。

　　與大家分享這個故事的理由，不是為了宣揚任何宗教教義或性靈理念，而是因為它能完美地傳達一個訊息：**若從反抗—順應取向的角度出發，就無法解釋創造取向是怎麼一回事。**

　　事實上，不論是來自哪一種宗教、哲學、性靈或政治信仰的背景，任何人都可以學會如何掌控創造歷程：從無神論者到重生的基督徒、從猶太教徒到回教徒。從佛教徒到印度教徒、從資本主義者到共產主義者、從左派到右派。創造取向是屬於**所有人**的，不侷限於任何一種特定信條、國籍、種族、宗教、政治傾向或其餘各種能用來定義人們的東西。

　　大多數人跟你我一樣，都是在反抗—順應取向中被扶養長大的，所以欠缺那種純粹是為了愛而進行的創造經驗。大多數人一生主要都不是在做自己喜愛的事，他們認為做自己**想做的事**是一種奢侈，不是一般的**生活方式**。他們通常都把消遣之事與喜愛之事混為一談，嗜好、娛樂與度假就都是消遣之事。沒錯，你的確是喜愛你的嗜好，但你能夠將一輩子投注在嗜好上嗎？還是嗜好只是讓你在做不喜歡的事情之餘喘口氣？實在有太多人一輩子都只是做一些令他們不悅的必要之事，儘管**身體**得以獲得溫飽，但**精神**卻無法獲得滿足。

　　許多人因為不愛任何東西而變得多少有點憤世嫉俗，但這並不意味他們沒有愛的能力，他們只是**沒有創造的經驗**而已。只要他們想要關愛某種事物，就有人要他們打消念頭。他們培養出一種避免成為「笨蛋」的態度，至死不改。他們不相信那些深愛某種人生的人，因為在他們的經驗裡，那種生活方式是出乎想像的。他們無法用畢生的精神投入任何事物，因為他們**看不出**有什麼事物如此重要。

　　他們的人生可能「了無生趣」。日子一樣可以過下去，但他們的人生就像佛洛斯特在詩作〈僱工之死〉（The Death of the Hired Man）裡面所說的：「回首前塵，無所自豪，展望未來，沒有冀望……現在與過去，了無區別。」

　　如果你建議這種人去尋找值得喜愛的事物，他們無法照做。所以我說，只有當你開始為創造而創造，你才會了解何謂創造取向。不是為了耍詐，不是為了做出適切的回應，也不是為了某種外在動機。**一切都只是因為你深愛著自己創造的東西。**

創造與責任無關

　　在創造取向中，你不是因為責任而創造，只是因為你**深愛**自己創造的東西。藝術家對此都有真切的體悟，因為他們**不是出於需要**才創造的。

　　事實上，我們需要的不多。只要能夠溫飽，有水可以喝，就足以撐很多年了。

　　然而，在反抗—順應取向中，**環境**似乎會要求你採取行動。你想要滿足這些要求，而且也許會把這種想法當成一種需求。

　　人們常把他們「**想要**」的東西詮釋成他們認為自己「**需要**」的。這樣詮釋的目的之一，在於把他們想要的東西**合理化**。如果能讓想要的看起來像是需要的，他們認為自己別無選擇，只能設法滿足自己的需求。

　　當他們把「想要的」換成了「需要的」這三個字，就永遠無法確認自己是不是真正想要了。如果你讓自己想要的東西看來像是你「需要」的東西，你怎麼確定什麼是你**深愛**的，愛到願意把它創造出來？

　　畢竟，這種思維方式等於是一種自我催眠。置身於反抗—順應取向中的人無法接受自己把時間花在喜愛的東西上面，因為他們喜愛的東西**與環境並無密切聯繫**。

　　這種人不會做自己想做的事，因為他們常常懷疑那是**自私**的。這種懷疑心態源自於自我了解不足。他們也可能會認為，他們做的每一件事都是為了抑制自己的私心。他們常常有一種幻覺，認為去做他們想做的事，就是行為不當。他們誤以為，如果不想因為自私自利而顯得過於囂張，毀了自己，那就一定要昇華到利他的境界。當他們心存這些假設，自然那種迷思就會永久根深蒂固了：**他們所做的一切都不是出於自由選擇，而是為了「滿足」調解衝突的需求。**

　　德蕾莎修女（Mother Theresa）可不是因為覺得有需要，才去做那些她做的事。她所做的一切，都是出於我所描繪的那種愛。如果她只是想要讓她服務的那些人脫離苦海，她一定會力不從心。她知道人類原來就**兼有**為善與為惡的本性。因為她深諳此一道理，她才有辦法刻意**選擇**為善。不是因為肩負責任，而是因為她**喜愛**為善。

　　過去十五年來我一直在傳授有關創造歷程的道理，期間我學到的最重要一課，就是人性的**真實面貌**。當人們能夠找到自身的真正力量（創造自己想要的東西的力量），總是會做出人性中**最高層次**的選擇。人們會選擇健康，很棒的人際關係，愛情，重要的生活目標，平靜的人生，還有選擇值得付出心力的挑戰。後來我發現，人性是崇高而善良的。但是，你也許會問我：人性中那些毀滅傾向呢？那些戰爭、不人道的現象，還有沒必要的殘酷行徑，又是怎麼一回事？

　　那些只會進行破壞的人就是沒有找到自己的創造力。而且，歷史上很多人之所以做出那些邪惡的行徑，都是因為他們**沒有能力**去創造。那些人不是因為有能力才會爭權奪利，他們是因為**無能**才把別人玩弄於股掌之間，或是逐行恐怖主義、軍國主義，渴求權力。

　　如果你**沒有能力**創造出你想創造的東西，你也許就會覺得你想要的東西不重要。畢竟，**如果要不到想要的，多想何益？**

　　「創意科技」課程的學員學會的一項重要技巧，是**如何構思出他們想要的東西**。一開始，他們也許不知道自己想要什麼，但等到他們開始思考，他們已經為新的經驗立下了基礎。起初也許他們無法明確說出自己要什麼。如果他們能夠透過**實驗**來選擇，最後想要的東西就會越來越明確。

　　通常，如果他們能學會創造歷程的運作方式，就能夠創造出自己想要的成果。然後他們就更能找出自己在**未來**想要創造什麼。直接參與創造經

驗後，學員們就知道自己想要的東西不是任意隨機的。身為創造者，那是他們最重要的生活要素之一。

我們偶爾會拿「創意科技」課程在中學進行實驗，我們要同學們**把他們想要的東西列出來**。通常他們想要的東西都是畢業後找到工作、交男女朋友、買吉他、買機車、買汽車，甚或更好的成績，改善與爸媽和老師的關係。

在上課之前，爸媽與老師已經教同學們不能創造他們想要的東西。根據他們常有的生活經驗，他們是不能進行創造的。如果我們一進教室就試著跟他們說，他們可以創造人生中想要的東西，他們一定會迫不及待地證明我們大錯特錯。就算我們說得天花亂墜，也沒辦法改變他們的態度與觀念。

他們的觀念是有充分根據的。如果他們**未曾**創造真正想要的東西，憑什麼要他們相信自己辦得到？此外，生活中他們也沒有看到很多人人做到這件事。通常他們遇到的大人，都是那種一聽到有人抱怨，就會開始進行精神喊話的人。

到了「創意科技」課程結束時，同學們都已經知道他們有能力創造自己想要的東西，因為他們的確做到了。絕對沒有人蒙騙他們。他們有能力得出自己的結論：

「你得到工作了嗎？」

「得到了。」

「你改善了人際關係了嗎？」

「改善了。」

「你有車了嗎？」

「有了。」

「你有機車了嗎？」

「有了。」

「你的成績變好了嗎？」

「變好了。」

有了這種經驗之後，這些學生會有兩項重大發現：**一是他們可以創造出自己選擇的東西，二是他們想要的東西並非不重要的。**

如果他們一開始想要達成的目標不是人類歷史上最偉大的成就之一，那又怎麼樣？他們創造的東西對自己很重要——因為他們**深愛**那些東西，才會把它們創造出來。因為你不是他們，所以你只能猜測他們想要什麼；至於你如何把自己真正想要的東西創造出來，那又是另一回事了。

創造經驗改變了這些學生的人生。就算從世俗的標準看來，他們所創造出來的成果根本微不足道，但真正重要的是他們的確**參閱了創造歷程，也發揮了創造力。**

這些年輕人不用再因為不懂事而妥協放棄，浪費生命。事實上，此時他們才更能發揮出自己的利他主義精神。不是因為他們覺得對這個世界有責任，而是出於真心誠意——純粹出於對於某些事物的熱愛。

創造是一種全新的表現

不管是行動電話、電話、電視機、太陽能板或太空梭等東西，都是曾經不存在，甚至也沒有人想過會出現的東西。

搖滾樂、無調性音樂甚或古典樂等等也一樣，它們曾經不存在過，也沒有人認爲他們會出現。

兩百年前，社會學、人類學、生物化學、古生物學還有核子物理學等學科都尚未問世。如今它們都存在於世間。

過去十年來，**科技革命大幅改變了世界的風貌**，這在二十年以前是任誰都難以想像的。

當作曲家在創作時，他們都是從一張空白的音樂草稿紙開始著手。畫家作畫時，他們所面對的是**空蕩蕩的畫布**。有時候我們實在難以想像某些過去不存在的東西眞的會被創造出來。

我常聽到有人說什麼「太陽底下沒有新鮮事」或者「如今所有被創造出來的東西其實都曾被創造出來過」。此時我通常會問他們，在貝多芬寫出作品 133 號《大賦格曲》（*Grosse Fugue*）之前，有人寫過嗎？

那首曲子是貝多芬爲某個弦樂四重奏樂團特別譜寫的，他們說**未會看過**那種作品。事實上，他們甚至說那是難以演奏，也無法入耳的作品，因爲曲子裡各種「無規則的不和諧音」還有極端的聲部交錯（voice-crossing）。所以，貝多芬把作品收回來，用比較溫和的作品提供給那個樂團。

當那些音樂家們一開始看到《大賦格曲》的時候，他們認爲年紀變大的貝多芬已不如以往穩定，但他自己卻從不同的角度來看那一部作品。他

說：「我是爲未來的人寫的。」如今，大部分的弦樂四重奏樂團都已把《大賦格曲》列爲標準曲目。

藝術家與科學家進行創新的範例俯拾皆是，他們都創造出**過去未曾被創造**的作品。

然而，仍有許多人認爲太陽底下眞的沒有新鮮事。小說家 D.H. 勞倫斯（D. H. Lawrence）也是這麼想的——直到四十歲才發現自己大錯特錯：

> 我記得我曾經說過，甚或寫過：能夠入畫的東西可能都已經入畫了，能夠使用的筆法，也可能都已經有人在畫布上用過了。視覺藝術走入了死胡同。然後，突然間，我自己在四十歲開始畫畫，而且入迷不已。

> 我發現，只要有一塊畫布，我就能自己畫出一幅畫。重點是，在空白畫布上作畫。而且我一直到了四十歲才有勇氣開始嘗試，接下來我就開始恣意畫畫了。

在創造取向中，勞倫斯所描述的這種情況是很常見的，原本看來像死氣沉沉的東西突然變得生氣勃勃。

創造歷程的秘密

剛開始進入創作取向的人常犯的錯，就是想要把他們想要的東西「發掘出來」，好像有個**深藏某處的寶藏**有待他們發現與揭露。

他們把方向搞錯了。創造自己想要的東西**並不是一個啓發的過程**，你

想要的東西也不該是由你去發掘出來的東西。

　　如果不是藉由啓發或發現，那麼當你自問「我要的是什麼？」之際，你該怎樣得到答案，知道那到底是「什麼」呢？

　　任何主動參與創造的人，不管是透過推想，或者只憑直覺，都應該知道答案爲何。

　　在所有創造活動中，答案四處可見，你可以**創造自己想要的生活方式**，甚至也可以設計最新的電腦科技。

　　不幸的是，我們的教育傳統向來傾向於輕視這種答案的力量與意義。然而，一旦你開始採用這種答案，你就會獲得新的創造力與彈性。

　　那麼，你該怎樣創造出「我要的是什麼？」裡面的「什麼」呢？

成果是「從無到有」虛構出來的！

　　請別把重點搞錯了，這的確是關於創造取向本質的一個重要洞見。如果不是因爲需要，不是因爲環境的要求，不是因爲某種啓發，那麼你到底要怎樣想出你要的東西？創造的成果都是「**從無到有虛構**」出來的。

　　多年前我到一個高科技機構去做工程師群組的諮詢工作。當我跟工程師們提到這一個關於創造歷程的洞見時，他們用一種心有戚戚焉的表情咧嘴微笑，彼此看一眼。然後一個個工程師都跟我說：「這就是我們的做法。我們創造的東西都是從無到有虛構出來的。」其中一人補充了一句：「但是我們必須寫技術性的文章來解釋我們是怎樣虛構出來的，但又不能讓人家覺得我們是虛構的！」

創造靠虛構

　　進行創造的人都知道，他們創造的東西都是**從無到有虛構**出來的。但是我們這個社會對於「虛構」這種行為懷有偏見。理由之一在於，因為我們的社會大致上是以反抗—順應取向為基礎，所以並不常見「虛構」這種行為。因為在反抗—順應取向中，事事都講求合理性與根據，因此當你說「那是我從無到有虛構出來的」，你就很有可能會被當成異端。

　　當進行創造的人上媒體受訪時，他們幾乎總是會被問到當初的構想是打哪裡來的。通常來講，他們都試著解釋說「只是從無到有虛構出來的」，但訪問者往往仍不滿意，於是他們就會編出一個故事，說明他們的「做法」。

　　但事實上，愛因斯坦的相對論就是他從無到有虛構出來的。居里夫人（Marie Curie）虛構出輻射的理論，湯瑪士・愛迪生（Thomas Edison）虛構出電燈泡，瑪莉・卡薩特（Mary Cassatt）的畫作《盆浴》（*The Bath*）、安東・魏本（Anton Webern）的《弦樂四重奏小品六首》（*Six Bagatelles for String Quartet*）、艾蜜莉・狄金森（Emily Dickinson）的詩作〈因我無法為死神駐足〉（Because I Could Not Stop for Death）、伊利亞・普里高津（Ilya Prigogine）的耗散結構理論（theory of dissipative structures）、瓊妮・米契爾（Joni Mitchell）的歌曲〈庭院與火花〉（Court and Spark）、哈莉特·塔布曼（Harriet Tubman）的「地下鐵路」（underground railway），甚至連建國先烈所創建的美國，都是**從無到有虛構**出來的。

　　儘管我們常常聚焦在創造的過程，但重點是我們必須體認，無論這些關於創造的故事是怎麼說的，**創造者都是在虛構的那個當下把想要創造的**

東西構思出來的。作曲家阿諾・荀伯格（Arnold Schönberg）曾被問及是否曾聽過他的樂曲被人完美地演奏出來。他回答說：「有，就在我想出來那時候。」

好萊塢電影就常常上演創造者怎樣「虛構」出創造物的過程，這也許會讓我們留下一個錯誤的印象。電影總是會把事實戲劇化，電影的背景音樂裡有高調的聲音、顫音與提琴的近琴橋奏（súl ponticello），這一切符號都意味著有一件神秘的事要發生了。主角不管是米奇・魯尼（Mickey Rooney）年輕時飾演的年輕愛迪生，或是史賓塞・屈賽（Spencer Tracy）中年時所扮演的老年愛迪生，都面臨著內心交戰。

隨著張力逐漸升高，攝影機鏡頭照出臉部特寫，主角一動也不動，只是用力思考著。接著，啊哈！靈感如泉湧。突然間主角又開始動了起來，音樂充滿活力。觀眾享受到目擊者的特權，在戲劇張力達到頂點時，看見那令人讚嘆的一刻。喔，如果真實人生能像電影演出的那樣就好了！特別是像四〇年代的那些黑白電影。

在真實生活中，所謂從無到有的虛構通常沒有那麼戲劇化。許多最為激勵人心的發明，發明過程其實都不像電影那樣誇張、戲劇化，甚至連靈感都沒有（更別說背景音樂了）。戲劇化是例外的，並非通則。

就連幾部愛迪生的傳記電影，編劇們也都是邊吃醃牛肉三明治，一邊喝可口可樂時想出來的。他們所虛構的是一個他們不曾置身其中的幻想世界。

創造歷程有許多不同風貌。某些最棒的創造來自於最為**平凡無奇的經驗**，最糟的創造卻可能是所謂「神聖靈感」的產物。**創造者在創造歷程中的經驗與最後成就的價值似乎是沒有關係的。**

聚焦在成果上

在創造取向中，你能自問的最有力問題就是：「我想要什麼？」無論何時何地，不管你身處的環境爲何，你總是可以自問此一問題。

當你自問，「我想要什麼？」問的其實是成果。也許你應該用一個更精確的方式來問問題：「我想要創造出什麼**成果？**」

如果你問的是，「我要怎樣得到我想要的？」你問的其實是過程，而非成果。如果這是你第一個自問的問題，那就有所侷限了。如果你還沒有自問「我想要創造出什麼**成果？**」就先自問「我要怎樣得到我想要的？」你就會被**侷限**在那些你已經知道怎麼做，或者想得出怎麼做的成果。

愛迪生在一八七八年決定要創造電燈，當時世人早就都知道電能夠製造出光亮。愛迪生的艱難任務是找出一種不會燃燒殆盡的材料。他開始閱讀這方面的所有文獻，據說爲此他寫了兩百本裡面有潦草字跡與圖畫的筆記本。

在他之前，所有科學家都遵循一個程序：他們從那些會減少電流阻力的東西裡面去尋找，但卻找不到任何可以當燈泡材料的東西。愛迪生並未遵循同樣的程序，不想受到侷限，得到他已經知道的結果，因此他**反其道而行**：他從那些會增加電流阻力的東西裡去找。經過無數次實驗後，他選出一種碳化的物質，把它放在眞空的燈泡裡，因此創造出大家所熟知的白熱燈炮。

因爲持續把焦點擺在他想創造的東西上面（他想創造電燈泡），愛迪生才有辦法聚焦在創造程序上，導致結果成功。

法蘭克・洛伊・萊特是「有機建築」的創建者。在設計房屋時，萊特

首先會**想出他打算創造的成品**：讓人有生活感的室內空間。

對他來講，房屋不只是一個個盒中盒，房間全都是封死的，房間與房間之間只由牆板上的門，還有黑暗的走廊連接在一起，而應該是一個全部都可以用來過生活的**整體空間**。

因爲萊特把生活空間當成他想要的成果那樣注意著，他才開創出設計上的全新可能性，是他大部分建築師同僚們未曾想過的——他們還是用傳統的方式設計房屋，把一個個盒子拿來重組。

萊特的創舉是讓廚房第一次變成房屋裡的亮點；居家空間與餐廳是融合在一起的；整個室內空間都變成生活空間；透過露臺、陽台與窗戶的設計，讓室內室外的流動能夠連成一氣，室外往室內延伸，室內也往室外延伸。他的落地窗讓陽光灑滿室內，緩坡式的屋頂，再加上寬闊的屋頂懸垂，營造出寬闊的空間感，與自然形成有機的**互動**。

萊特**持續聚焦在他想要創造的成果**上面，以有機的方式發展出各種獲得成果的「方式」。他並未把他的概念或程序侷限在標準的步驟上。因爲他知道自己想要什麼成果，他可以發明出非比尋常，與同一時代建築師不一樣的程序。

如果你在自問「想要什麼」之前就先問了「怎樣得到」這個問題，你能夠做到的，就只是創造出與既有成果有點不一樣的東西。

對於聚焦在自己想要的成果上，藝術家都有非常清楚的認知。葛楚德‧史坦因（Gertrude Stein）某次曾跟一群青年作家們說：「你必須知道自己想要什麼東西，但是當你知道之後，就讓那東西帶領著你。如果它似乎要帶你離開常軌時，別抗拒，因爲你的本能也許就是要帶你往那裡走。如果你抗拒了，**只想去那些你去過的地方，你就會開始枯燥乏味。**」

當你首先想到的是程序，程序本身就會侷限了你能夠採取的行動，因此限制了你在創造上的可能性。

藝術家查克・克洛斯（Chuck Close）曾說：「把同樣的食譜拿給十個廚師，有些人能做出栩栩如生的東西，有些人只能做出平淡的舒芙蕾。有系統並不是成功結果的保證。」

在畢卡索（Pablo Picasso）成為成熟藝術家之後，有次跟一群年輕畫家談話，他鼓勵他們構思出新的畫作，不要遵循過去的畫法：

> 今天的年輕畫家裡只有少數幾個例外，他們能為繪畫開創新視野，其餘都不知道自己該往哪裡走。年輕畫家並未好好研究我們的作品，藉此進行激烈反動，他們所做的是試著將過去的傳統活化。然而，我們眼前的世界是如此開闊，還有那麼多事可以做，絕對不會有重複的。為什麼要死守在已經完成完滿的東西上面？今日的畫作何其多，但很少看到年輕人能走出自己的路。

難道國外有那種每個人都必須重覆自己的觀念？**重覆是與精神的法則牴觸的**，它是一種向前的動作。

時機尚未成熟的創造歷程

若時機尚未成熟，你就聚焦在創造歷程上，成效就會有限，甚至失敗。

當學生時，教育體系並未聚焦在我們人生中想要些什麼。它所提倡的概念是，我們應該學習的是**過程**。我們該學習如何做數學題目，如何按照

文法造句。我們該學會如何寫研究論文，在實驗室裡做生物學實驗。我們該學會如何畫畫，如何公開演說，如何閱讀樂譜，甚或寫一兩首詩。你該學會如何操作電腦或文書處理機，在工藝課學會一些手工藝，還有在家政課學會一些家事技巧。

這種教育的假設是，**一旦你熟悉這些過程，自然就能達到你想要的人生目標**。結果，很少有教育家問同學們：「你在人生中想要的是什麼？」

的確，十歲或十二歲以下的孩童總是被問這個問題：「長大後你想做什麼？」但是孩子們的答案通常不會被當真，除非他們剛好選擇走爸媽走過的路。相似的，到了青少年時期我們還是常被問到：「畢業後你想做什麼？」

通常來講，儘管年輕人會被問到這種問題，但在學校時他們並沒有創造歷程的經驗。從他們的觀點看來，人生要做的事就是從大人所給的無聊選項裡去做選擇。

在教育體系裡，**性向向來是願景的替代品**。中學時期，許多人也許在某些性向測驗裡面有好表現，但結果卻是悲劇，因為傳統的輔導老師就是會根據性向測驗結果來幫助學生找出擅長的東西，藉此規劃職涯。

基於此一心態，許多人沒有多思考就變成了內科醫師、律師、工程師、會計師、護士、化學家，二、三十年後才在沮喪之餘發現，他們根本就不是真心喜歡自己所熟悉的唯一領域或專業。只因為十五歲的一次**性向測驗**，導致他們把大半輩子**虛擲**在某件事上面。

我認識幾位波士頓交響管弦樂團團員其實覺得當樂團團員很煩，但他們的全部生活卻因為過去所投注的心力而必須繞著那些事情打轉。有個很厲害的音樂家跟我說：「我不喜歡當交響樂團的樂手，但這是我唯一會做

的事情。」

創造歷程的成形猶如水到渠成

在創造取向中，當你回答「我想要創造什麼東西？」這個問題時，你還不知道自己是不是辦得到。然而，從世界史的許多案例看來，總是有人構思出**似乎不可能達到**的成就，但最後還是被他們**創造**出來了。

在麻醉藥發明之前，醫生們堅信無痛手術是**不可能**的。阿爾佛烈‧衛樂波醫生（Dr. Alfred Velpeau）曾於一八三九年說：「想在外科手術中免除病人的無痛是個不切實際的幻想。如今若要持續追求那目標，實在太荒謬。動刀時，『手術刀』與『疼痛』永遠都會是密切關連的兩個詞。爲了因應這種不得不面對的關聯，我們必須好好調整自己。」

在飛機發明之前，許多科學家深信飛行是**不可能**的。知名天文學家賽門‧紐康（Simon Newcomb）就曾表示過他已經在邏輯上證明飛行並不可能，他寫道：「就目前已知的材料、機械以及各種形式的動力來看，絕對無法組成一個實用的機器，可以讓人類在空中長距離飛行。在我看來，此一事實與其他物理現象一樣都已被證明無誤。」諷刺的是，紐康是在一九〇三年發表這段聲明的，但不久後 萊特兄弟（Wright brothers）就於同年在小鷹鎮（Kitty Hawk）開啓了人類的飛行壯舉。

也有許多科學家深信原子是**不可能**分裂的，因此**不可能**製造出原子彈。海軍上將威廉‧萊希（William D. Leahy）曾於一九四五年評論美國的原子彈計畫，他向杜魯門總統（President Truman）表示：「這是我們做過最愚蠢的一件事。」他說：「我以爆破專家的身份斷言，那個炸彈是絕

不會爆炸的。」

拿破崙（Napoleon）堅信蒸汽機的構想宛如天馬行空，並且把這樣的看法斬釘截鐵地告訴蒸汽機的發明人。「先生，你說什麼！」拿破崙對羅伯・富爾頓（Robert Fulton）大聲說，「你要在甲板下生起一團火，讓船隻能夠逆風航行？對不起，我可沒有時間聽你胡說！」。

但是，一旦某個願景**變得清晰**不已，自然而然就會形成某個歷程，像水到渠成一樣，把願景實現。這意味著，在創造取向中，**創造歷程是在創造時慢慢形成的。**

何謂公式？

生活中常見的一個經驗法則是，我們該試圖找出所有**事物背後運作的公式**。如此一來，掌握公式後，我們就永遠都知道該怎麼做了。從反抗—順應取向的角度看來，這個觀點深具吸引力，因為就理論而言，一旦掌握了公式，我們就可以適當地順應任何情況。不幸的是，公式最多也只能讓我們應付**可預測與熟悉**的情況。熟悉那些狀況的你其實跟熟悉迷宮路線的老鼠沒兩樣。

反之，從創造取向的角度看來，有關創造歷程的唯一經驗法則就是：**沒有任何經驗法則可循。**

成果才是目的，因此它永遠比創造歷程重要。而且，為了達成某個新的成果，我們可能需要完全不同的原創歷程，因此若把自己侷限在既有的創造歷程裡面，等於是扼殺了創造的自發性。

畫家傑克・畢爾（Jack Beal）的看法就是這樣，他說：

> 我向來刻意試著忽略色彩的問題。……我向來試著以直覺來處理
> 色彩……我也試著不去了解什麼是暖色系與冷色系，或者什麼是
> 基本色。……我的確知道某些關於色彩的原則，因為我就是情不
> 自禁地學到了，但我一直試著讓用色保持自發性，盡可能配合繪
> 畫主題。

　　據說，建築師萊特從來**不受限於模式**，即使是他自己發展出來的模式也不例外。二十世紀的藝術史中，有許多藝術家都大幅改變以前所用過的創造模式。有些人因為採用特定的創造歷程而吸引了不少「追隨者」，後來卻又因為採用了另一種完全不同的創造歷程，導致那些「信徒」感到震驚不已。

　　阿諾·荀伯格和伊格·斯特拉汶斯基（Igor Stravinsky）是二十世紀初最具影響力的兩位音樂家。荀伯格是無調性音樂（atonal music）的創始者。斯特拉汶斯基則是創作調性音樂（tonal music），向來被視為是新古典樂派的一份子。

　　這兩位樂壇巨匠分別是兩派音樂理論的代表性人物。他們的「追隨者」紛紛發表獨斷的宣言，表示自己所說的未來音樂發展趨勢才是「正確的」，而其中一派作曲家所寫的樂曲往往被另一派的成員棄如敝屣。因此有許多朋友因而絕交，敵視彼此，形成長期打對台的兩個陣營。還有些眾所皆知的故事告訴我們，許多音樂家因為**觀點不同**而拒絕交談，但這一切爭端對於同時代真正偉大的作曲家們似乎**沒有任何影響**。

　　荀伯格與斯特拉汶斯基都不是獨斷的人。最後，令追隨者感到震驚的是，斯特拉汶斯基居然用荀伯格發明出來的十二音列（twelve-tone）技巧創作出無調性音樂。荀伯格則是創作出 C 大調調性音樂作品，一樣讓追隨

者感到震驚。

　　對於他們倆來講，作曲的重點從來不是爲了頌揚創造歷程，而是把他們的音樂願景**用藝術性的手法表達出來**。

　　艾美・艾蒙森在她寫的《詮釋富勒》一書裡面是這樣描述巴克敏斯特・富勒（R. Buckminster Fuller）所發明的「八面體結構」（octet truss）：

　　我們都很熟悉等向量矩陣（IVM），因此才能夠想像與體會富勒的「八面體結構」爲何。這種結構於一九六一年獲得了美國的專利權（編號 2986241），在現代建築中極爲常見，所以很多人可能以爲每一棟樓房都是它蓋出來的。此外，有個故事是這樣的：八面體結構的發明可以追溯到一八九九年，當時就讀幼稚園的巴克敏斯特拿到幾根牙籤和一些半乾豆子。因爲富勒有嚴重遠視再加上鬥雞眼，幾乎可以說是個瞎子（直到一年後他配了一副眼鏡），他的視覺經驗跟同學完全不同，因此並未假設任何結構都是立方體的。因此，其他孩子們都很快就拚出了一個個小小立方體，只有小巴克慢慢摸索，直到他認爲結構堅固才滿意。他的老師們都感到訝異（其中一位非常長壽，定期寫信給富勒，在信中回憶此事），他拼湊出來的東西居然是一個八面體與四面體組合起來的不規則結構。這就是他這輩子做出來的第一個八面體結構──自此他就養成了終身不改的習慣，總是用革命性的方式來構築結構。

巴克敏斯特・富勒創造出第一個八面體結構時，年僅四歲。

「願景」比「歷程」重要

學習**做事的方式**已經變成被社會普遍接受的**順應環境**之道。我們有各種各樣的方式可以減重、長頭髮、鍛鍊肌肉、提升體力、追到女（男）朋友、戒菸、打扮得漂亮點（而且還要搭對顏色！）、減壓、克服心理障礙、尋找啓示、實現自我、學會愛自己、增長智慧、安定心神、加強性能力、分析夢境、整合身心靈、開放心胸、把過去做個了斷、開發「左腦」、開發「右腦」、變得更有錢等等，例子不勝枚舉。

我們生活在一個輝煌年代。資源不虞匱乏。但是，人們用來判斷要往哪個方向走的標準通常是取決於**做事的方法**，而非想要**達成什麼成果**。

最近我跟某個朋友聊天，她跟我談的是「歷程的神聖性」與「個人歷程的超越體驗」。當她喜孜孜地講個不停時，我幾乎可以聽見一群天使在輕聲合唱了！

對於創造者來講，這是個奇怪的觀念。**當我們創造時，歷程只是功能性的。**我們沒有必須遵從的教條，不用保持浪漫的姿態，也無須堅守任何哲學立場。我們發明與設計創造歷程的目的只是爲了**達到想要的成果**，這就是唯一的目標。

我們最好讓可預見結果的**願景**先出現，再讓歷程以**水到渠成**的方式形成。若硬是要用任何固定歷程來創造成果，是不智的。構思出你想要的成果時，我們總是對創造成果的方式還**一無所知**，最多也只是有一點**模糊**的預感而已。

第 六 章

紓解張力之道

張力─舒緩系統主宰著我們要採取哪一種行動，而在這種結構裡，具有主宰的會從某個系統變成另一個系統。我們也許可以稱之主宰系統的轉移，就是這種主宰系統的轉移才會造成來回擺盪的行為……

　　某些結構的最小阻力之道是**來回擺盪**的，有些則是**趨於穩定**。如果你置身於來回擺盪的結構中，你就會面對一再**重覆的模式**。這種模式先是朝你想要的目標前進，又離開它，然後再次朝它前進，又再次離開它，依此模式一再重覆。

　　如果你置身於一個**穩定的結構**裡，最小阻力之道將會讓你邁向最後的目標。這種結構是最有用的，因為它們有助於你創造山最後的成就。

　　在這一章，我們要先看看這種結構如何幫助你朝著成就邁進。在稍後的篇章裡，我將說明你要怎麼做，才能形塑出這種能幫助你創造成就的結構。

張力趨向於舒緩

　　普遍存在於自然界的一個基本原則是：**張力趨向於舒緩**。從蜘蛛網到人體。從銀河的形成到大陸板塊的遷移，從鐘擺的擺盪到發條玩具的運動，全都是一種從張力趨向於舒緩的系統。

　　透過觀察自然與生活，我們可以發現不管是簡單或複雜的張力—舒緩系統都足以影響萬物的改變，而且也會影響改變的**方式**。

　　最簡單的張力—舒緩系統是一種只有單一張力的結構，這種結構有趨於緩和的傾向。如果你把一條橡皮筋拿起來拉開，它會趨向於恢復原狀。受擠壓的彈簧圈也傾向於彈回原狀，藉此釋放出張力。

　　在調性音樂裡，因為有一系列的泛音（overtone），某些和聲結構則是趨向於變成其他很特殊的合聲結構。調性裡面，常用的七和弦在結構上有一種**趨向於主和弦**的傾向。「剃鬍子與剪頭髮，兩毛五分錢」（Shave and a haircut, two bits）是音樂中常見的一種對唱模式，只要我們聽見有人

演奏或者演唱到了「剃鬍子與剪頭髮，兩毛——」，為了讓張力趨緩，就會把最後一個音加上去（就是把「五分錢」接上去）。

這種張力趨緩的傾向也是對話的常見特色。如果我問你，「你好嗎？」就出現了一種你必須**回答問題**的結構傾向。理由在於此一問題產生了一股張力，要靠回答才能夠把它釋放掉。這就是所謂的「刺激—結果句型」（an antecedent-consequential phrase）——一種在語言現象裡與依靠語言進行的思維過程中常見的自然現象。這種句型有可能以「發問—回答」或「聲明—評論」，還有「聲明後發問」等形式出現。

> 「瑪莎跟你去吃晚餐了嗎？」（出現張力）
>
> 「沒錯。」（張力趨緩）
>
> 「我覺得他們的提議是可以接受的。」（出現張力）
>
> 「我也覺得。」（張力趨緩）

有時候張力趨緩後又會引發一個**新**的張力，接著會再度趨緩。這仍然是一種結構簡單的張力—舒緩系統：

> 「昨天我們有三位客人。」（出現張力）
>
> 「哪三個人？」（張力趨緩，又出現新的張力）
>
> 「約翰、艾琳和布奇。」（張力趨緩，又出現新的張力）
>
> 「布奇是誰。」（張力）
>
> 「約翰和艾琳的狗。」（張力趨緩）

張力一旦出現後，最小阻力之路就會引領著我們走向**張力趨緩**的目標。上述的例子都是一些張力可以輕易趨緩的狀況。即便最後的答案是「我不知道」，結構裡的張力都會被**釋放**掉。

生活中每當你肚子餓的時候就會出現一個簡單的張力—舒緩系統。飢餓導致張力出現，等到你吃東西時，那一股張力就釋放掉了。相似的，口渴也會造成張力。等到你喝水後，張力就釋放掉了。

多重「張力—舒緩」系統間的衝突

當不同的張力—舒緩系統之間產生連結時，也許會出現**互相抗衡**的現象。在那種結構中，就出現了不同趨向之間的衝突。當某個張力—舒緩系統趨向舒緩，另一個張力—舒緩系統的張力變得更大。一旦另一個系統的張力變得比原來那個系統還要強的時候，整個結構會趨向於讓另一個系統把張力釋放掉，但這又會導致原來那個系統的張力增加。

因為不同系統之間的互相抗衡，這個結構就會出現來回擺盪的現象。這種衝突是結構造成的，所以我把它稱為**結構性衝突**。

結構性衝突

結構性衝突是因為兩個簡單的張力—舒緩系統相互抗衡而產生的。如果你餓了（張力），你自然會想要靠著吃東西（舒緩）來釋放此一張力。

張力　　　　　　　　　　　　　　　　　　　　　　　舒緩
飢餓　———————————————————▶　**吃東西**

　　然而，如果你的體重過重，也許你會刻意選擇某種飲食方式，藉此達到理想體重。這樣造成了另一個具有張力的系統。如果你過重（張力），你就會傾向於採取特定行動，藉此釋放張力——也就是不吃東西（張力趨緩）：

張力　　　　　　　　　　　　　　　　　　　　　舒緩
過重　————————————————————▶　**不吃東西**

　　「飢餓—吃東西」與「過重—不吃東西」都是簡單的張力—舒緩系統，兩者關係緊密，但互相衝突。**你無法同時化解兩種張力，因為你不能同時吃東西但又不吃東西。**

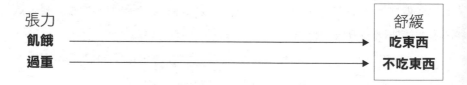

張力　　　　　　　　　　　　　　　　　　　　　舒緩
飢餓　————————————————————▶　**吃東西**
過重　————————————————————▶　**不吃東西**

　　當你試圖讓讓某個系統的張力趨緩，你等於是否定了另一個系統，加強其內部張力。 如果你不吃東西，就會越來越餓，導致「飢餓—吃東西」這個系統的內部張力升高。這個系統裡的最小阻力之路就是吃東西，如果你吃了就會變胖，增加了「過重—不吃東西」這個系統裡的張力。接著你就會自然傾向於節食。但是，等到你節食了，又會變餓。然後你又回歸到「飢餓—吃東西」這個系統裡。

　　這兩個簡單的張力—舒緩系統構成了一種複雜關係。兩種張力不能同時趨緩——**因為你不能同時吃東西又不吃東西。**

你也不能**分別解決**兩個系統裡張力過大的問題，因為其中一個系統的張力舒緩就會導致另一個的張力增加。

從**表面**的層次看來，許多節食者似乎都是採取行動來達成他們最後想要的成就（減肥）。然而，若從**結構**的層次看來，他們採取行動的目的是為了讓結構性衝突趨緩。在這種結構的影響下，儘管他們暫時看來可能達成減肥效果，但是最小阻力之路終究會把他們帶往復胖的狀態。但一旦復胖了，最小阻力之路又會帶著他們重新節食。

另一個常見的結構性衝突發生在許多大公司的**投資行為**上：包括研究、興建新工廠或者開拓新市場等投資。這些投資行為的目標都是為了促成長期的成長。當大公司為了這類投資而花錢時，一開始利潤都會下降，但投資卻可望於最後帶來更高的利潤。然而，投資行為的**直接影響**卻是完全相反的。

投資所需資本來自於股東購買股票時所花的錢，他們都希望能獲得高額的投資報酬（ROI）。大公司最關切的就是擴張產能，長期而言，此舉也許會帶來更高的利潤，但立即的後果是股東的投資報酬**減少**了。

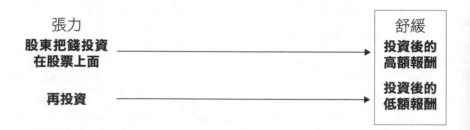

　　這一樣是一種**來回擺盪**的行為。一開始，投資人購入公司股票是因為對於投資報酬有興趣。他們的錢給了公司，公司把錢用在投資上，促成長期的成長。利潤減少了，股票能吸引到的投資者也變少。公司籌措到的資金減少，因此把焦點擺在募集新的資金上。為了成為股市裡的亮點，大公司便減少再投資，藉此展現出較高的獲利率。

　　這種擺盪模式讓許多跨國公司難以進行有效的長期計劃。許多公司必須面對的現實問題，包括了惡意收購、研發遲緩，甚至被其他沒有這種結構衝突的公司挑戰。

表面的層次

　　張力－舒緩系統主宰著我們要採取哪一種行動，而在這種結構裡，具有主宰的會從某個系統變成另一個系統。我們也許可以稱之**主宰系統的轉移**，就是這種主宰系統的轉移才會造成來回擺盪的行為。其背後的影響力也許看來不明顯，但事實上節食者可能會覺得很奇怪：為什麼有時候節食比較容易，有時候卻又不是？

　　如果你不知道我們的行為都是**結構衝突**所驅動的，對於眼前所發生的

一切可能會感到很困惑。表面上看來，節食者試圖減肥，試圖控制自己的飲食習慣，最後失敗了。問題到底出在哪裡？自制力不夠、紀律不足、情緒作祟、討厭自己、自我毀滅的傾向、缺乏意志力、欠缺決心、性生活不滿足，或是經濟問題？

具有影響力的結構會導致行為**來回擺盪**。此一結構就是會這樣。採取行動來解決結構衝突的人通常只看得見表面的行為結果：例如，他們只看到自己無法節食成功。他們不知道自己置身於一個來回擺盪的結構裡，他們所採取的任何行動都只會讓潛藏的結構更為堅固，最終感到無力。

節食通常都不能成功的理由之一在於，行動本身只是一個策略，其目標是為了顛覆那些深具影響力的結構性傾向。然而，結果卻造成了某個**結構**被節食策略控制住或擴大了，另一個系統（因為飢餓而想吃東西的系統）卻發生了補償作用，也就是其主宰性增強。當你在結構的某個部份上施力，其他部分卻會反彈回來。就系統動力學的角度來講，這就是所謂的**補償性反饋**。

典型的衝突結構

所有人畢生最常見的結構性衝突是由兩個相互抵觸的張力—舒緩系統構成的。其中一個是以我們的渴望為基礎，另外一個的基礎則是與那種渴望**不相容**的強烈信念，你覺得自己無法滿足自己的渴望。

為什麼我們可能會深信自己無法得到自己想要的？答案也許不是一眼就可以看出來的。因為，在這現實世界裡，我們總是遭遇到**種種侷限**。成長的過程中，我們必須認識那些侷限。有些侷限是因為**真正不可能**而造成的。

例如，時間只會往一個方向移動：時間無法倒流。你無法越變越年輕，最後年紀小到回歸子宮。你必須認清這是現實世界中不可能會出現的事，如果你不知道時間有此一特性，你就難以與這個世界打交道。也許你渴望時光倒流，而且會有這種渴望也是人之常情，只是這是一種與世間常理**不符**的渴望，因此**不可能**實現。

現實世界的另一個侷限是，萬物有始必有終。無論是星球或人類，都是會受到此一侷限，人類的壽命就是這樣。在真實世界裡，有些事情是**不可避免的**，例如生死的循環。萬物在問世之時就無可避免終結的命運。

我們從小就知道自己受到哪些侷限。為了存活下去，從小我們就必須好好了解自己各種受到哪些侷限。但是，我們學到的東西常常過於**通則化**。常有人交代我們不能做某些事，我們也許就此認定自己無法得到我們想擁有的。有時候，當我們設法得到想要擁有的，也許不會認為那是自己的努力成果。我們一再**失敗**，無法達成某件事，因此**強化**了內心的一種感覺：我們就是做不到，或者是因為自己不夠好才做不到。這種假設可能會變成一種連自己都沒有意識到的態度，一輩子沒發覺。

在不可避免的事物中，有些還是可以避免的。

即便時間只會往前走，但大部分事件並不是在發生的當下才決定或注定的。你所做的許多選擇，你所創造的東西，還有你的生活環境都**不是**注定的。當你做的某些選擇比其他選擇還好，選擇後就有後果。創造歷程的要素之一，**就是你必須學會如何做那些結果讓你滿意的選擇**。當你進行創造活動時，你所參與的那個領域，是一個充滿可能性的非固定開放領域，一切由你的行動主宰。

渴望也是一種我們不可避免的特性。我們渴望呼吸。我們渴望溫飽。

生命本身就是一種渴望。除了人類的基本需求之外，我們也渴望一些別的東西。我們渴望有所建樹，有機會探險，成長與創造。我們一方面想要創造那些自己覺得最重要的東西，同時內心深處也**相信自己不能擁有自己想要的東西**。這種困境極其人性化，而它實際上是一種結構性的衝突。

渴望創造出一股張力，如果你擁有了自己想要的的成果，張力就會趨緩：

張力　　　　　　　　　　　　　　　　　　　　　　舒緩
渴望 ————————————————————————▶ **擁有想要的結果**

當你相信自己**不能擁有自己想要的結果**，就形成了一股張力，等到你真的並未擁有想要的，張力就趨緩了：

張力　　　　　　　　　　　　　　　　　　　　　　舒緩
信念 ————————————————————————▶ **並未擁有想要的結果**

這兩個張力—舒緩系統共同形成了一個**結構性衝突**，因為兩者不能同時趨於舒緩：

張力　　　　　　　　　　　　　　　　　　┌─────────────┐
　　　　　　　　　　　　　　　　　　　　　│舒緩
渴望 ——————————————————————▶　│**擁有想要的結果**
　　　　　　　　　　　　　　　　　　　　　│
信念 ——————————————————————▶　│**並未擁有想要的結果**
　　　　　　　　　　　　　　　　　　　　　└─────────────┘

我在這裡可以做一個類比，說明此一結構是怎樣隨著時間推演運作

的。想像一下你自己待在房間裡。想像一下你與房間前面與後面牆壁的距離相當。想像一下你所渴望的東西就寫在前面的那一堵牆上。想像一下，當你朝著那一堵牆前進，就是朝著你**想要**的東西前進。

想像一下，後面那一堵牆上寫著你的信念：「我不能夠得到我想要的東西」。當你朝著後面那一堵牆前進，就是漸漸遠離你想要的東西。

想像一下你的腰部被兩條巨大的橡皮筋給套住了。第一條橡皮筋從你的腰部往前面的牆壁伸展。它所代表的是張力—舒緩系統裡面的「渴望」。

第二條橡皮筋從你的腰部往後面的牆壁伸展。它所代表的是張力—舒緩系統裡面的信念：「你無法得到你想要的東西」。

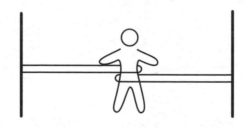

現在，再想像一下當你開始往你想要的東西前進時，會發生什麼事。當你朝著前面的牆壁前進，橡皮筋會怎樣？往前伸展那一條，當然會鬆開，同時位於你身後的那一條則是會變得更緊。當你往前面那一堵牆接近時，你最容易往哪裡去？那裡的張力比較強？最小阻力之路會帶著你往哪裡走？

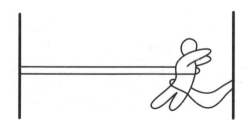

　　顯然最小阻力之路是通往後面那一堵牆的。當你往前進，創造你想要的東西時，你變得越來越舉步維艱。如果你走到了那一堵牆，創造出你要的成果，想要維持成果也越來越難。你越來越容易失敗，朝著「你不能擁有自己想要的東西」前進。能量朝著最容易前進的地方移動是一個自然現象，而你我都是自然的一部分。所以，無論如何，遲早你都會往另一個方向前進。你會這樣**不是**因為你有某種根深蒂固的自我毀滅傾向，或是因為你真的想要失敗，而是因為你正朝著結構中的最小阻力之路前進。

　　現在，想像一下，當你開始往後面那一堵牆前進，讓張力趨緩時，會發生什麼狀況。當你離開你想要的成果，主宰系統就轉移了。原本張力最強的那一條橡皮筋開始舒緩，但原本已經舒緩的橡皮筋則是張力增強：

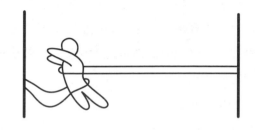

　　顯然，此刻最小阻力之路是通往你身後的，也就是前面那一堵牆，通

往你想要擁有的東西。隨著時間過去,你很容易持續在兩堵牆之間**來來回回**,一開始朝某一堵牆前進,隨著最小阻力之路改變了,又朝著另一堵牆移動。這種轉變也許會持續數分鐘,甚或好幾年。

通常來講,這種來回擺盪的情況都是**長期**的,而且一開始這種現象是**很難**觀察到的。

儘管採取的行動也許各自不同,但置身於此一結構的任何人無論渴望的是什麼,他們的行為基本上是一樣的。任何一個渴望都可能會被另一個渴望替代,然而你還是會看到這種來回擺盪的現象持續存在。

「解決」結構性的衝突

乍看之下,你只要**擺脫**兩個張力—舒緩系統中的一個,似乎就能夠「解決」結構性衝突。其中一個「解決之道」是**改變**你根深蒂固的信念,把「我不能擁有我想要的」抹去,變成「我能擁有我想要的」。想改變信念,方法很多,**但是在這個結構中,所有方法都會失敗。**如果你把新的「肯定」態度,也就是「我能擁有我想要的」(或者是其他類似的信念)擺在前面的牆上,改變信念就變成了你的**新渴望**。在你持續採納新信念的過程中(也就是當你持續往前面那一堵牆前進),「我不能擁有我想要的」這個信念就變成了主宰性的張力—舒緩系統了。諷刺的是,接下來無論你的信念有多虔誠,你多麼努力把自己洗腦,你還是會比較容易相信你不能擁有自己想要的,而非能夠擁有自己想要的。

想要「解決」結構性衝突,另一個顯而易見的方式是**放棄**自己的渴望。這通常都是導因於誤解了東方哲學。「你因為對於你渴望的東西太執著才會受苦受難。如果你能放棄你渴望的東西,就不會繼續受苦受難了。」

　　如果你試著把所有的渴望都放掉，「放棄所有渴望」就會變成了你的**新渴望**。你越想朝著「沒有任何渴望」前進，失敗的結構性傾向就會越強。你的「渴望」越少，你就越容易變得有所渴望。「放棄渴望」這個目標裡面所隱含的還包括頓悟、解脫或者是擺脫「虛妄現實」等等靈性的目標。在此一結構中，這些目標的功能其他目標都一樣。它們仍然與「我不能擁有我想要的」這個張力—舒緩系統是密切相關的。

　　渴望是一種傾向：**一種想要改變、成形或者重組的傾向。**「放棄渴望」與這個世界的本性是一致的，因為它本身就是另一種渴望。在這個由時空構成的世界裡，有些渴望是我們永遠無法滿足的，「想要放棄所有的渴望」就是其中之一。有所渴望才是與這個世界的本性**一致**的，想要放棄所有渴望，則是與它的本性相**違背**。

結構性衝突「無法」解決

　　也許我們可以把結構性衝突定義為由至少兩個張力—舒緩系統構成，任何系統中的「舒緩」元素與其他系統的「舒緩」元素都是相互排斥的。

　　你不可能同時或者先後讓這些系統趨於舒緩。結構性衝突與我們口語中所謂的情緒衝突隸屬於截然不同的層次，情緒衝突主要是出現在情感的層次上，焦慮、困惑或者對於某個人的矛盾情緒（例如又愛又恨）等等都是。結構性衝突層次比較深入，它隸屬於**生命取向**的層次；它可能會導致上述的種種情緒出現，但還包括更多其他情緒，像是內在平靜、輕盈、過度喜悅，還有冷淡、沉重、沮喪或者極度悲傷。你的情緒通常源自於你所置身的結構，也許你想採取行動來**避免**不想要的情緒或者培養你想要的情緒，但卻**無法**改變你所置身的結構。因此，這些行動都是不會成功的。

在這個結構中，你也許會傾向於**試圖解決**結構性衝突。儘管結構性衝突無解，但你會持續想要試圖解決，而這是很自然的。儘管你想方設法，但那些方法並不總是能夠達到目標。

在人類航空史的初期，曾有許多人為了飛行而設計出各種不同機器。也許你曾在某些老舊的新聞影片看到某種飛行器上面有一層層的機翼，它在跑道上快速前進，結果卻是還沒起飛就墜毀了。另一個飛行器則是有著像鳥類一樣會不斷拍動的機翼。儘管設計者的朋友們在一旁觀看，覺得有趣極了，但結果卻沒令他們感到太意外：那機器在跑道上飛不起來，只能激動地跳來跳去，拍動翅膀，永遠離不開地面。

雖然它們都是人類設計出來的飛行器，但是設計不當，有些**結構**因素導致機器飛不起來。

常有人試著抱持希望與樂觀的態度來迴避結構衝突造成的效應，但結果通常都失望不已。**想要採取行動來解決結構性衝突，最後只會讓你自己所受侷限越來越多，結構愈趨穩固，而這就是結構的本性。**

因為這種衝突在本質上是結構性的，所以你只能透過**改變生命中的潛藏結構**才能夠造就任何實際與持續的改變。然而，若你只是想著從結構內部去改變結構，是不會成功的。在結構的影響之下，最小阻力之路會把你的行動帶往失敗之路。諷刺的是，你想解決結構性衝突，但只會讓衝突更深化而已。事實上，若你正置身於結構性衝突中，雖然結構無法達成最後的舒緩目標，但你會發展出某些**策略**來彌補結構的不足之處。

因為本身的特性，創造則是會衍生出另一種**截然不同**的結構。**但是創造並非結構性衝突的解決之道，創造獨立於結構性衝突之外，與它無關。**創造的過程中不會發生來回擺盪的現象。當我們開始探索創造的歷程，你就會學到如何形塑出各種趨向舒緩，並且能夠支撐創造活動的結構。

　　然而，在得以進一步探索創造取向之前，我們必須更徹底地檢視那些用來解決**無解衝突**的**彌補性策略**。因爲那些策略深植於我們的生活中，我們必須進一步了解那些策略爲何，還有我們爲什麼不適合用它們來達到某些想要的成果。接著，我們才能夠更清楚地看出結構性衝突與創造歷程有何結構性的差異──前者的結構傾向於**來回擺盪**，後者則是**趨於舒緩**。

第 七 章

彌補性策略

為了面對每天所遭遇的人、事、物,你必須「全神貫注」
與「打起精神」,但這實在令你筋疲力竭。終究,因為
你採取了彌補性的策略,你會與自己想要的成果漸行
漸遠……

　　如前章所述，**結構性衝突**會導致**來回擺盪**的現象，無法達到我們想要的最後成果。因此，人們便傾向於發展某些策略來**彌補**結構之不足。這些結構性策略是如何發展出來的？通常是一個漸進的過程。通常來講，你會不著痕跡地發展出一些**彌補性策略**，連你自己可能都沒有意識到。

　　如果你的汽車前輪失去平衡，稍稍往左偏，你的彌補策略可能是把方向盤往右邊轉一點，車子才能直直前進。如果車子是慢慢地開始往左偏是，你的彌補行動也必須是慢慢的。你甚或沒有意識到自己因為車子結構的問題而把方向盤往右偏。

　　然而，一旦車輪的平衡校準了，把方向盤往右偏的彌補策略就又沒有用了。你就再也沒有必要採取彌補行動了，因為汽車結構已經改變。**結構的改變導致了你的行為改變。**

　　相似的，當你從一個來回擺盪的結構移往能夠趨於舒緩的結構，也許你會自動自發地改變某些行為。

　　如果你想要改變行為，但卻沒有事先改變導致行為發生的**潛藏結構**，那你是無法成功改變行為的。理由在於，**結構決定行為，而非行為決定結構**。

　　想像一下，某天你的一個朋友坐在你的車上，而你想要把方向盤往右轉。你朋友不知道你的輪胎失準，他也許會出言指點，建議你改變行為：「不要往右轉，把方向盤打直。」

　　如果你接受建議，也許你的行動會**暫時**有所改變，但過沒多久，為了不讓車子衝出路面，你還是會把方向盤往右邊偏。

　　大部分人給的建議都沒有用，因為他們想要改變你的**彌補性策略**，但卻不了解那些策略是因為某個**潛藏結構**而衍生。

　　人類總是喜歡針對自己的行為提出各種理論。我們就針對你把方向盤

往右的行為發明一個聽起來幾乎合情合理的解釋吧：

> 你會把方向盤往右偏是因為你的左腦過於發達。你太過理智了，
> 因此沒有好好培養大腦的直觀。你該做的，是透過打坐冥想與飲
> 食改變來聚焦在你的敏銳本性上。你應該多吃一點穀類與蔬菜。
> 它們有助於平衡你所吸收的大量蛋白質，讓你變得更陰柔。

針對結構性衝突無法解決的這個本性，我們主要會發展出三大策略來因應：**讓衝突保持在一個可容忍的範圍裡、操控衝突**還有**操控意志力**。

如果你置身於結構性衝突中，也許你在短時間內可以擁有想要的東西，但要保住它卻變得越來越難。原本很棒的男女朋友關係變得讓你痛苦，原本如夢幻般的工作機會讓你失望透頂，公司的重大成就化為一場災難。

因為最小阻力之路帶著你往前走，接著遠離你想要的成果，也許你會用上述的三大策略之一來因應即將出現的欲求。這三者不僅會阻礙真正的創造，也會強化現存的結構性衝突，導致來回擺盪。但是在社會上，在生活中我們就是都會採用那三種策略。

把衝突控制在可忍受範圍

常見的一種策略是試圖把結構性衝突造成的來回擺盪幅度**減少**。結構性衝突中的結構有其目標，有些人也許猜想它的目標是要打敗我們，但實情並非如此。其他人則是猜想它逼我們受苦受難，主要是為了測試我們的誠意。事實上，結構的目標**與你毫無關聯**。結構的目標純粹是因為結構**本身的構造**使然，它的目標是平衡。用前一章提到的橡皮筋與牆壁的例子來說明，結構的目標是讓兩條橡皮筋保持強度一樣的張力。之所以會有擺盪

的情況出現，是因爲結構中兩個部份的張力**強度不一**。

　　兩條橡皮筋之間有個平衡點，也就是兩個張力─舒緩系統**完全一樣**的時候。但是這種張力均等的狀態是不可能持續下去的，因爲張力─舒緩系統的主宰性有**不斷轉移**的特色。有時候你的渴求造成了系統裡的差異，有時候則是因爲你深信你無法擁有自己想要的東西而造成差異。

　　某個張力─舒緩系統裡的差異如果比另一個系統越大，來回擺盪的幅度也就越大。如果你能夠限制擺盪的幅度，擺盪的情況就不會那麼明顯，或讓人感到那麼不舒服。

　　結構的擺盪會造成情緒的起伏。擺盪幅度大，你的心情可能就會像坐雲霄飛車一樣。許多人不喜歡自己的情緒像在坐翹翹板一樣，所以他們採取了將擺盪幅度最小化的彌補性策略。做法是因爲系統而產生的情緒控制在可以**輕易容忍**的範圍內，儘管來回擺盪的模式依舊存在，但擺盪幅度變小了。

　　我們都認識某些人似乎都有「控制事態」的習慣。其他人則是試著「保持平穩」。在一九五〇年代長大的人常常聽到的教誨是：「別隨便亂搖小船。」採用這種策略的人總會**避免改變**。面對挑戰時，這種人總是會刻意避開任何潛在的衝突經驗，藉此將改變**最小化**。

　　當方向改變時，決定改變發生的因素爲何？人們改變的時間點各自不

同，因為大家對於不安的容忍度並不一樣。也有可能你改變了，但卻覺得情況更糟。因此，通常你都是到**忍無可忍**時才會改變。

採取這種策略時，人們的作法就是壓抑自己的抱負，將**損害最小化**。大多數機構與組織都偏好這種策略，包括公立教育機構、政府機關與大公司等都是。組織越大，這種策略成為組織規約的可能性就越高。當人們成為組織的一員時，組織總是會明示暗示，把訊息傳達給他們：「別興風作浪。」

這些組織並不是故意或者出於惡意才會試圖扼殺創造力與抱負；他們就是會這樣做。某些人之所以把衝突控制在可忍受範圍，是因為**結構性衝突**，而這種控制策略進一步導致他們只採取「**務實的**」行動，將風險最小化。他們最在乎的是**可預測性**與**確定性**，甚至為此而損及**創造力**與**更高的成就**。

不只大型組織採用這種策略，很多人在私生活領域裡也學會了該將風險最小化，壓抑自己的抱負，跟隨社會似乎認可且無所不在的平庸水準。對於這些人來講，人生似乎就像我們有時候會在冰箱裡看到的那種食物：**雖然期限還沒到，但已經變得難以入口了。**

操控衝突

結構性衝突具有**無法解決**的基本特性，因此人們才會傾向於不作為，不試著去擁有自己想要的東西。結果，人們通常是在發現自己**承受了壓力**才會採取行動。接著，他們會發展出一種策略，也就是把壓力增大，藉此逼迫自己行動。通常他們也會把這種策略應用在別人身上。這種策略的做法是，讓自己或者其他人看到如果不採取行動，就會發生什麼負面的後果，藉此「策動」自己或別人。

操控衝突之道往往涉及以下兩個步驟：

① **激化衝突：做法通常是展現出一種如果不採取行動的話就會出現的「負面效應」，或是不樂見的結果。**

② **採取能夠減少壓力的行動：通常是設法避免不樂見的結果發生。**

採取此策略的人會產生行動通常不是為了創造自己想要的東西，而是為了減少壓力，因為自己預設的負面效應所產生的虛幻壓力。

某間大公司也許會因為受到競爭者的威脅，為了避免市占率下滑的可能性而啟動一個新計畫。某個員工可能會因為考績不佳，深怕飯碗不保而突然展現出幹勁。癮君子也可能在聽到肺癌與抽菸有關的統計數據後決定戒菸。

在衝突結構中，採取「操控衝突」策略的人首先都是先看到了**預期中**的負面效應，才會離開衝突還算可以容忍的那個範圍。

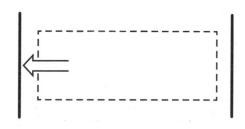

他們持續朝著這個方向採取行動，但內心衝突持續升高，到了極其危急的程度。他們憂心忡忡，越來越擔心，災禍似乎已經不遠。他們持續聚焦在**現存的問題**以及**不採取行動就會出現的**潛在問題上。就結構的角度而

言，以「欲求」為張力的張力—舒緩系統越來越具主宰性。

接下來，因為**彌補性策略**的作用，把人們投往另一個方向，讓他們因為自己的欲求而採取行動：

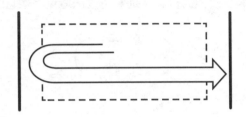

在這個時間點上，操控衝突的策略似乎發揮了作用。人們朝著他們想要的方向採取行動，甚或達成了**短期的成果**。結構已經發生了主宰性轉移的現象。當他們持續朝著想要的成果前進，張力—舒緩系統的張力就被釋放了。但接下來，那個以「我不能擁有我想要的東西」為張力的系統出現張力上升的現象。**最小阻力之路很快就會帶他們遠離自己想要的成果。**

他們本來是想要用**壓力**來逼迫自己採取行動，藉**行動**來減少壓力。他們的行動越成功，壓力就越小。壓力一變小，行動的動機也隨之變弱。過一段時間後，大幅來回擺盪的情況不再。他們不再採取行動，結果情況又回到可以忍受的衝突範圍裡。

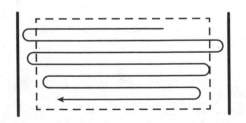

　　就兩方面來講，這種策略的長期效應就是**強化人們的無力感**。首先，這種策略本身強調的是，真正的力量存在於你**想要避免**的那種環境裡面。其次，這種策略承認，即便你已經「盡力而為」，但卻沒能達成持續的成就。

　　如果你長期憂心忡忡，你就是採取了**操控衝突**的策略。**如果你因為擔心才採取行動，你就是採取了操控衝突的策略**。如果你會對自己的負面情緒有所回應，你就是採取了操控衝突的策略。

　　在本書第三章中論及**解決問題**的時候，我已經說過了：你採取行動來減少問題造成的張力，雖然張力變小，但接下來你採取行動的力道也會減低。**解決問題也是操控衝突策略的一種範例**。

　　我曾經到一個叫做「創造和平」的研討會去演講。其他到會上去致詞的人之一，是海倫‧凱迪考特（Helen Caldicott）——社會責任醫師組織（Physicians for Social Responsibility）的創辦人。我不曾聽過她演講。在會議室裡，她非常善於營造出一種恐懼、毀滅與創傷的氣氛。她鉅細靡遺地描繪核子彈爆炸後對人類皮膚所造成的傷害、種族大屠殺、飢荒、輻射線中毒、大氣層破損，還有地球終將滅絕。她用一種單調的澳洲腔發言，大家開始哭了起來。整個會議室熱了起來，恐懼的氛圍越來越根深蒂固。到了她的演講結束時，觀眾各個慷慨激昂，準備起身採取行動。原本，那個會議的目的應該是呼籲大家用「理性」來對抗因為人類的非理性而即將降臨的核子戰爭。結果，**反而變成用非理性來對抗非理性**。她的預言越恐怖，與會者就感到越無力。

　　這種營造出虛假情緒的手法並無新意。過去任何人只要想鼓動人群，這就是他們會採取的操控手段之一。我相信海倫‧凱迪考特是真心誠意的——儘管她所使用的**操控衝突策略**跟過去幾個世紀裡那些最惡劣的野心煽

動家沒兩樣。但是，這種策略只會讓那些想要克盡「社會責任」的人更感恐懼與無力。假以時日，他們的行動力就會減弱。

這世界的確有核子武器。我們應該視而不見嗎？答案是否定的。但是恐懼能夠讓這個世界更安全嗎？一開始為什麼會有核武存在？因為分別處於鐵幕內外的兩大陣營都使用同樣的**操控衝突策略**，他們唯恐這個世界落入另一方手裡，所以以**激化衝突**。

他們創造出敵軍的核子武力較強，因此得以征服他們的假象，藉此為軍備政策爭取經費。就像對於海倫‧凱迪考特而言，對於這些人來講，恐懼是如此真實。他們採取的行動將會導致自己更加**無力**，也增添更多核彈。

更多的同樣思維能夠拯救世界嗎？就結構、形式或模式而言，反對與贊成核彈的兩個陣營真的有所不同嗎？

人們採取操控衝突的策略，多年後內心的無力感越來越強烈，**行動力則是越來越弱。**當他們以衝突為行動力的來源時，用於降低衝突的行動絕對無法創造出長期的成果。**如果我們把人類文明的未來建築在衝突之上，我們在未來絕對無法大幅成長。**

衝突越極端，行動就會越極端。恐怖分子就是採用操控衝突策略的一個極端典範：他們盡可能用**恐懼**來創造最大的衝突，如此一來其他人就能夠採取他們所希望的行動。而他們通常是以**更高的價值**為名來做這件事。

極端的衝突通常會導致人們做出與本能**相反**的行為，像是某些母親生了很多小孩，因此她們可以為「理念」而犧牲。母親的天生本能應該是，如果有了孩子就想要活下來，而不是想去死。但是，如果衝突的**張力**夠高，她們就會違反自己的天生本能。現代世界史上這種悲劇模式可說無所不在。

有些團體一開始以光榮的使命為號召，但隨後沉淪，開始採用操控衝

突的策略。例如，綠色和平組織（Greenpeace）近年來就是採取這種策略。他們原本是個充滿效能與可信的組織，如今各地卻流傳著他們進行秘密行動、搞破壞與採用極端宣傳手段的傳聞。綠色和平組織跟法國海洋探險家雅克・庫斯托（Jacques Cousteau）難道住在不同的世界裡嗎？他成立的機構處理許多關於環保的問題，但是效能更勝於綠色和平組織。**庫斯托的行動並非以衝突為基礎，而是帶著大家見識地球有多美麗。**

　　許多人的著作寫得不錯，但其中也摻雜著操控衝突的策略。未來主義作家珍・休士頓（Jean Houston）寫的《生命力：重新發現自我的心理 - 歷史歷程》（*Life Force: The Psycho-Historical Recovery of the Self Quest*）一書就暗藏這種策略：

> 意蘊深遠的一件事是，許多人都感受到當今的意識危機，真實感的失落，疏離感如潮流湧現，在此同時地球生態又因為科技的進步而面臨毀滅。我們被迫意識到自己不是空有沉悶自我的一副臭皮囊。人類應該是一個有機體與環境，與許多不同生命領域共生共存。
>
> 這引領我們來到了人類歷史上的關鍵時刻：如果我們要存活下去，實在別無選擇，必須棄絕過去那種生態上與科技上的劫掠；還有這意味著我們必須發掘與重新發掘各種形式的意識與滿足感，各種形式的人類能量，而非過去那種消耗、控制、自大與操控。該是我們把塵封許久的人類潛能拿出來使用的時候了──過去之所以用不到那些潛力，是因為我們扮演的是「勞動人」（homo laborans）的角色，或是像征服自然的普羅米修斯。

這種思想摻雜著操控衝突的策略，是個很有趣的範例。環境與意識之間的關係？實在很有趣。開發那些塵封已久的潛力？這也很有趣。但是，根據珍·休士頓所言，**如果我們不採取行動，只會走向毀滅一途。**她在字裡行間所提及的莫非急迫、危機與劫掠，還有我們在「人類歷史上的關鍵時刻」可能會錯失的機會，這一切都是衝突。為了消弭此一衝突，我們必須採取的行動就是：我們「別無選擇，必須棄絕過去那種生態上與科技上的劫掠」。如果我們不採取行動呢？我們就無法存活。

她的訊息明確無比。不好好採取行動，就只有死路一條。如果你把她的話當真，你就會為了避免那些悲慘後果而採取行動，行動的真正目標是**降低衝突**──但此一衝突卻是藉由**想像種種悲慘後果**而產生的。儘管情況不變，甚或變得更糟，你的行動將會減少你所體驗到的一部分衝突。衝突變少後，你的行動也會減少。這就是最小阻力之路。結構彌補了操控策略。極度擺盪到某一邊後又極度擺盪到另一邊，假以時日，擺盪的幅度又減少了。這最多也只能造成一些**短期的效應**。

詩人羅伯·佛洛斯特的名言非常適用於此一狀況：

「我從來不利用憂慮來促進任何人的智慧。」

許多人企圖提倡虛假的利他主義，背後的概念剛好跟佛洛斯特相反：**他們就是利用憂慮來促進他人的智慧**。這種手法能夠引人注目，但是最多也只能讓衝突**時增時減**。儘管衝突的強度改變了，環境卻通常未改變。衝突還有與衝突相關的行動**並未**創造出一個更好的新世界。

如果再加上強烈的罪惡感呢？罪惡感是一種**內心衝突**，它的功能通常是用來操控你，讓你的行為變好。就像心理學家羅洛·梅（Rollo May）曾經寫道：

　　如果你並未表達出自己的原創概念，如果你並未傾聽自己的真正
存在，你就是背叛了自己。

　　沒有聆聽自己就算是背叛？沒有表達出自己的原創性就算背叛？那麼
自由意志又是怎麼一回事？為什麼你有責任表達自己？當你讓自己深陷於
罪惡感之中，你對自己還能保有幾分真誠？這種論調不是給你選擇餘地，
而是**脅迫**你。

　　相似的，海倫・路克（Helen Luke）也曾於《女人、地球與性靈》
（*Woman, Earth, and Spirit*）一書裡面寫道：

　　不管是今天或者每一天，我們都肩負著一個任務：全力投入我們
獨一無二的生活方式。目的不在於自我改善，不在於救贖這個世
界或社會，而只是因為，如果我們在生命中能夠真誠地面對「個
人」這個基本假設，我們就別無其他選擇。

　　如果你是因為**別無其他選擇**才去做的，怎能說是全心投入呢？我還以
為全心投入是一種選擇，而非責任。不管現在或過去，這都是一種常見的
思維方式。我們生活在一個充滿了**陳腔濫調**與**座右銘**的時代。許多言論的
目的都是為了**操控我們**，讓我們**開始行動**：

　　如果你不加入解決問題的行列，你就會變成一個問題。

　　這句話流行於一九六○年代末期到一九七○年代初期之間，話講得很
漂亮。無論你怎麼做，你總是與衝突脫不了干係。而且如果你剛好並非直
接涉及衝突，**你就是造成衝突的原因**。

在《創造力》（*Creativity*）一書裡面，西爾瓦諾‧阿里耶提（Silvano Arieti）是這麼寫的：

> 在人類受限於有條件的反應方式，受限於一般的選擇時，創造活動是他們用來擺脫枷鎖的主要方式之一。

在這裡，創造活動的目的變成用來**減少衝突**——那些受**習慣的反應方式**與**一般的選擇**影響的衝突，採取行動還是為了解決衝突。過去一直有人嘗試著把創造活動當成一種治療方式，而且也許它與其他類型的治療一樣有效；但是，**如果你把創造活動當成一種解決衝突的策略，你會發現無法創造出對於自己而言很重要的東西。**

許多促進人類成長的觀念都充滿了這種操控衝突的策略。我想，是因為大家都把它當成一種絕佳的**行銷策略**。在潛在的客戶身上創造出一種虛假的需求，鼓動他們內心的急迫感。讓他們以為好像沒有其他選擇。但是，操控衝突的策略具有一種無法帶來成長的結構，它只能讓人大幅來回擺盪。因此，許多人雖然企圖造成改變，而且通常是誠心誠意的，但卻未造成改變或成長。這是因為操控衝突的策略具有一種**無法促進成長的結構**。

負面的假象：恐懼、罪惡感與同情心

一直以來，各種社會、健康、政治或宗教的相關組織在提倡理念或募款時，最慣用的手法就是**操控衝突的策略**。它們常常會採用同樣的公式——儘管有些是透過**恐懼**來操控衝突，其他則是透過**罪惡感**或**同情心**。

抗癌組織企圖用恐嚇的方式讓你戒菸或者開始吃某些食物，其手法就是讓你看見癌症的**假象**。

預防心臟病的協會試著用心臟病發的**幻象**來威脅你，要你遵循低膽固醇與無鹽的飲食方式。

每天，廣播與電視節目裡都有數以百計的福音傳播者用**邪惡的幻象**來嚇唬你，要你行善。但是，他們其中有些人因為你的行善而牟取暴利。

環保主義者透過宣傳酸雨與河水污染的幻象來恐嚇你，要你支持各種環保法規，在此同時，某些商界與政壇領袖卻用同樣的手法，營造出經濟體系崩潰與普遍高失業率的幻象，要你支持他們放寬環保法規。

自稱「道德多數」（Moral Majority）的美國政治組織企圖用官員行為不檢與沒有愛國心的幻象來恐嚇你，要你投票給他們推出的候選人。

透過罪惡感與同情心等各種情緒，某些反飢餓組織也透過宣傳飢餓孩童的幻象來爭取你的支持。某些救災組織則是企圖透過宣傳人類受苦受難的幻象來爭取你的支持。

男女平權組織與人權組織通常也會透過宣傳不公不義、種族歧視、憎惡、性別歧視與偏見等幻象，藉此爭取你的支持。

以保護瀕臨絕種生物為宗旨的組織則是同時藉由罪惡感與同情心，透過宣傳鯨魚、海豹與其他野生動物被屠殺的幻象，要你捐錢，並且支持他們的理念。

最諷刺的是，因為上述各種團體所使用的操控衝突策略，雖然他們不希望那些幻象在地球上出現，但就大多數案例而言，幻象卻因為他們的宣傳而深入人心。我們這個時代的最大悲劇之一，就是許多好心好意的人常常把大量心力投注在那些他們**的確不樂見的幻象**上面。

透過操控衝突的策略來改變習慣

若是想試著改變某些惡劣習慣，例如暴飲暴食、酗酒或吸毒、賭博、

抽菸等等，常見的方法之一就是以**各種不同形式**來採用操控衝突的策略。然而，最基本的兩個步驟還是一樣的。

這種策略的第一個步驟就是讓**衝突強化或惡化**。當你企圖改掉壞習慣，進行這個步驟的方式通常就是去想像壞習慣的各種可怕負面後果。

第二個步驟，則是**採取行動，藉此舒緩你因為第一個步驟而升高的情緒衝突**。當你想要改變某個習慣，你所採取的行動就是戒掉或者減少你不想繼續做的那件事。像是戒酒、不再暴飲暴食，或者戒毒。

許多研究毒癮的專家都知道，想戒毒的人前幾次試著戒毒時，通常最後都還是會繼續吸毒。專家不知道的，則是他們所使用的其實是操控衝突的策略，最後戒毒會因為**結構**的問題而失敗。癮君子先透過第一個步驟強化衝突，到了第二個步驟暫時停止吸毒，進而減少衝突，**但是最小阻力之路卻會把他們帶回到原來的習慣。**

最後，為了因應這種「失敗」，採用操控衝突策略的人通常會改用另一個策略：**讓衝突持續加強**。因此，他們一再施行第一個步驟。酒鬼持續告訴彼此，說他們永遠都會是酒鬼，還有不管他們戒酒戒了幾年，隨時都會又開始酗酒。相似的，暴飲暴食的人參加某些幫助他們的計畫後，在受訓時不斷警告自己，說他們是無力的、無法控制的，因此必須不計一切代價地緊盯著自己。總有人跟他們說，如果他們不緊盯著自己，他們就會開始暴飲暴食。

```
    ┌─ 衝　突 ─┐
    │          │
    └─ 行　動 ─┘
```

　　在反抗—順應取向中，因爲生活中最強大的力量就在**環境**裡，有各種癮頭的人好像只有兩個選擇：**繼續他們那些已經上癮的行爲，或者持續採用操控衝突的策略，**也就是爲了避冤喝酒、賭博或者暴飲暴食等等而讓內心的情緒衝突持續惡化。

　　如果上癮的人只有上述兩種選擇，那麼就大多數情況而言，上癮者的較好選擇當然是採用操控衝突的策略——因爲大多數成癮行爲都有不利於身心的後果。

　　然而，不管這些人是否酗酒，是否嗑藥，是否暴飲暴食，採用操控衝突的策略並不會改變他們生活中的**基本潛藏結構**。你覺得這些上癮者一開始爲何酗酒、暴飲暴食、嗑藥或抽菸？就結構來講，這些習慣性行爲的目的都是爲了減少他們內心的情緒衝突。情緒衝突包括重大的失落感、悲傷、恐懼與罪惡感。想要戒掉這些成癮的習慣，一般而言他們的策略就是讓自己對於這些習慣感到強烈衝突，其強烈程度更勝於他們想透過這些習慣減輕的內在情緒衝突。

　　在《正面的耽溺》（*Positive Addiction*）一書裡面，威廉·葛雷瑟（William Glasser）描述了幾種不具破壞性的習慣，包括打坐沉思、慢跑、做瑜珈還有其他各種運動都是許多負面成癮行爲的有效替代品。

　　酗酒多年的人可以每天打坐沉思一小時，改掉喝酒的習慣。對他來講，打坐沉思變成一種正面的成癮行爲。當有人問及，如果不打坐沉思時，他會怎樣，他說自己會出現跟之前試著戒酒時類似的症狀，只不過，他認爲會這樣是因爲沒有打坐沉思而引起的。

不管是正面或負面的成癮行為,其**潛藏結構**都是一樣的。儘管正面的成癮行為比負面的還要健康,但仍然有負面的效果。成癮行為本身不論是正面或負面的,都是一種**策略**,其功能是用來避免戒斷症狀的負面有害效果。無論如何,成癮者都是處於操控的狀態中,但他們不一定需要這麼做。

史丹頓‧畢爾(Stanton Peele)是個備受尊崇的戒癮專家,他也認為想要戒掉有害的習慣或者成癮行為,最好的方式就是**不要再去做就好**。他深信,大部分人實際上就是這麼做。他引述了一些個案研究結果為例證,用來反駁一般人認為戒癮很難的觀念。

例如,根據畢爾所引述的研究,越戰期間染上海洛因毒癮的美軍士兵裡面,有百分之九十五於回國後都能戒毒。次外,在被診斷為重度成癮者的士兵裡面,有百分之八十五於回國後都戒毒了。因為對於毒癮的普遍了解,許多專家先前都曾預測過,當士兵們回美國後一定會造成海洛因毒癮大流行的狀況。但大流行的狀況卻未曾出現。為什麼沒有呢?

畢爾主張,不管是這些士兵或者一般成癮者,他們的自制力其實都比我們所認為的還要強。他進一步主張,許多戒毒專家使用的方式其實都是毀了戒毒者的自制力,讓他們**更難**、而非**更輕易**的改變有害習慣。

當潛藏結構真正發生改變時,最小阻力之路就可能會直接引領你走向你要的成果。若你能走上那條路,自然就能夠改變有害的習慣——那些會妨礙你達到成果的習慣。自制力的根據並非意志力,而是**策略性**的選擇。

《如何戒除潛在成癮行為》(*The Hidden Addiction—And How to Get Free*)的共同作者,醫學博士珍妮絲‧凱勒‧菲爾普斯(Janice Keller Phelps)曾說:

許多傳統的戒癮方式設法讓病人分心,暫時擺脫長期憂鬱問題,

但身體的生化狀態仍無法平衡。若想要塑造並且維持新的生化平衡狀態，創造歷程是一扇方便之門。

操控衝突的策略帶來無力感

現實生活中存在著癌症、成癮行為與其他嚴重的健康問題，例如飢餓、飢荒、窮兵黷武、戰爭、殘酷行徑與慘狀、環境不平衡與物種瀕臨滅絕、性別歧視與其他偏見，還有恐怖主義與各種狂熱。

上述許多情況基本上都是導因於人們**長期感到無力**；其餘的狀況，儘管並非直接導因於人們的無力感，但卻會因為無力感而惡化。如果你想用一種會**強化**無力感的策略來改變這些導因於無力感的問題，那你一定是瘋了。

雖然人們把操控衝突的策略用於個人的人際關係、商務與法務談判、政治、教育、廣告與募款，還有社會的各個角落，但這並不是一個有待「解決」的「問題」，也不應該成為一波新衝突的導火線。這個結構本身有一種**內在的侷限**，讓你無法達成想要的成就。當你開始利用結構這個概念時，你注意到自己也使用了各種程度不同的操控衝突策略，或者受制於它們。當你開始注意，你很容易就能看出很多人就是用操控衝突的策略在互動。

操控意志力的策略

許多人認為，除非他們能夠強化意志力、「培養出正面的態度」或者透過自我激勵，否則就無法採取行動，或者行動力不足。想要逼使自己採取行動，克服結構性衝突。

許多人採用的另一個策略就是**操控意志力**，如果他們成功了，可能就

會覺得自己「意志力堅強」；反之若失敗了，就會認為自己「意志力薄弱」。
大多數的人都覺得自己並沒有成就大事所需的強大意志力，但依舊認為意
志力或正面的態度是成功的關鍵。

正向思考帶來無力感

在這種模式中，常見的策略之一就是透過**種種手段**來強化意志力，像
是正向思考、過度自我肯定、激勵決心還有熱烈的鼓舞手段。某些理論主
張，我們有必要像「植入程式」一樣讓腦袋裡充滿了正面的訊息，如此一
來才能夠召喚出足以控制生活常軌的**潛意識**，與它一起合作。這些理論所
假設的是，如果你能夠改變潛意識的「程式」，往後的人生將會幸福順遂。

每年都有數以千計的書籍與雜誌文章鼓勵人們用這種方式培養意志
力。有線電視頻道裡專門討論這些方法的節目就有幾十個。為了克服結構
性衝突，許多人以誇大決心與「正向思考的力量」為策略，各種手法包括
喚醒潛意識的錄音帶、自我肯定、自我催眠、正面的強化手段、激勵會議、
在洗手間的鏡子上貼各種口號與座右銘，還有各種各樣的打氣方式。

如果你以為你能夠影響與引導自己的潛意識，透過上述手法，你灌輸
給它的包括哪一些信息？**與潛意識溝通是很困難的，必須透過特殊的異常
手段。我這些「植入程式」的手法老舊，但力大無窮。潛意識又笨又任性。
你必須像對待孩子一樣對待它。**

如果你以為把程式植入潛意識裡是人生的關鍵，你為什麼要用這些糟
糕的訊息來影響它？當你試著強迫潛意識接受那些正向思維時，正向思維
對於潛意識的幫助不大，倒是你已經證明了自己的操控手法比潛意識還厲
害。那你還有必要訴諸於潛意識嗎？

自我肯定

逼迫潛意識接受訊息的常見手法就是自我肯定。做法就是不斷對自己覆述各種「正面的」思維。有時候有人鼓勵你像唸咒一樣默念一些詞語，也有人要你把它們一遍又一遍寫下來，有點像是淘氣學生被老師處罰，在黑板上寫滿「我再也不會捉弄老師了」這句話。

下列自我肯定的詞語是採用這種手法的人常用的：

整個宇宙都支持我。

我越愛自己，別人就會越愛我。

金錢是我的朋友。

現在我已經可以認同我爸媽了。

現在我愛我自己，今天也是，永遠都是。

我所付出的一切回到我身上時都已經變成一百倍了。

我值得變有錢。

我現在的地位與工作都是註定的，我喜歡當下的每一刻。

我在適當的時間來到了適當的位置上，也把適當的事做好了。

因為人們將會用我對待自己的方式對待我，所以我要好好對待自己。

我的所有人際關係都充滿了愛，持久而和諧。

我原諒爸媽對我做的那些無知行為。

我在出生時沒有死掉，所以我喜愛生命，更勝於死亡，因為我選擇了存活。

我覺得我很喜歡自己。

我的內心充滿了愛，我也將用愛來對待所有我認識的人。

當我不了解時，問問題是沒有關係的。

我願意接受我的生活現狀。

我有權對別人說不，同時又不會失去他們對我的愛。

我愛自己，肯定自己，而且永遠都會這樣。

愛是拋棄恐懼。

爸媽是愛我的，不管他們知道或不知道。

愛能療癒一切。

我可以擁有一切。

我知道好事會成真。

上述某些意念似乎還不錯，而且很友善、天真無邪而純真。其他聽起來則是像大眾心理學的陳腔濫調，其功能是用來幫人對抗內在的自我毀滅衝動。以下我們不妨逐一檢視其中部分詞語，看看其含義為何：

● **整個宇宙都支持我：**「支持」這兩個字在這裡所指的是你的成長、你的生計與幸福。如果整個宇宙真的支持你，你為什麼需要一再覆述？一再覆述，就是表示你並非真的相信。因為，除非你不相信宇宙支持你，否則你何必強迫自己接受這個意念呢？事實上你只是確認了宇宙並不支持你，但你希望它支持你，而且最好趕快動起來。

有些人的確感受得到宇宙的支持，但那些人通常不認為自己有必要覆

述那一句話。如果你認為某件事是真的，你又何必對自己一再覆述，企圖把自己洗腦，接受那個意念？我們不妨把「整個宇宙都支持我」改成「我的心臟在跳動」。你能想像自己一再覆述這句話嗎？

　　我的心臟在跳動。

　　我的心臟在跳動。

　　我的心臟在跳動。

　　我的心臟在跳動。

　　我的心臟在跳動。

　　我的心臟在跳動。

　　● **我的所有人際關係都充滿了愛，持久而和諧**：若是實情果真如此，這種說法的確很精確。但通常來講，只有體驗**完全相反**的人才需要這樣自我肯定。不說真話，就是撒謊。你為何麼要對自己撒謊呢？你無法接受事實嗎？你唯一肯定的，就是你必須對自己撒謊。這句話掩飾了你其實並不尊敬與你有關係的人；它隱含著他們「必須」讓你感受到愛意與和諧，而且他們最好趕快行動，否則就會只是一些「酒肉朋友」。但願你不要與他們發生衝突，或者彼此漸行漸遠。你之所以這樣自我肯定，是因為你**不接受現實**：並不是所有人際關係都是順遂、永恆的，而且不會有衝突。

　　● **我覺得我很喜歡自己**：如果真是這樣，你為什麼要一再覆述？如果有時候你不是那麼喜歡自己時，那是什麼狀況？你必須總是那麼喜歡自己嗎？你不能接受糟糕的一天嗎？如果你不是特別喜歡自己，那又有什麼

問題？這樣自我肯定所暗示的是，如果你不高興時，就會有問題，而且也隱含著你現在並不高興。所以這句話實際上傳達的訊息是──「你有了問題」。

‧ **我願意接受我的生活現狀：**許多提倡「接受現狀」的人使用的也是操控意志力的策略，只是運作的方向相反。但是，「接受現狀」只是另一種形式的意志力。這句話的思維方式是這樣的：「我不會干涉充滿智慧的宇宙。我不會試著控制所有的情況。我會好好過活，不管現狀為何。」但人們為何會採取這種態度呢？因為積極的策略並未奏效，所以他們要改用**消極策略**來化解衝突。他們為什麼要放棄自己的欲求、意志與個人意見呢？此刻他們只是刻意**用意志**控制，要自己**別發揮意志**。目的呢？與宇宙合而為一？而這就會變成你的新欲求，你刻意用意志告訴自己，要自己對各種遭遇抱持開放態度，逆來順受。這是**另一種形式**的反抗策略──反抗的是你無法創造自己想要的成果，反抗你自己的失敗經驗。

這種接受現狀的訊息源自於你對於宇宙本性的一個看法：**你無力影響自己的命運。**任何改變這個狀況的企圖都會失敗，甚至引來災禍。你最好識相點，好好聽話，否則就慘了。「隨波逐流吧。」這是這個宇宙試著向你傳達的訊息。與這種思維伴隨而來的，通常都是各種陳腔濫調，要我們尊敬「生命的原貌」，但這種陳腔濫調顯然含藏著對於生命中所有重要力量的不敬。

基於結構的本質，最後可能會產生各種程度不同的行動──有時候是極端的行動，有時是極端的無為，以及介於兩者之間的其他行動。泛舟時，如果你只是「隨波逐流」，最後一定會撞上巨岩。

接受現狀含有「我放棄，我投降」的意思。這種論調並不是利用你所

面對的強大影響力，而是逆**來順受**。如果把這種思維擺在自我肯定的脈絡裡，實在太荒謬了。爲了自我肯定而一再覆述這句話，實際上是強迫你自己接受現狀，逼你自己「放手」。幾乎不能說是放手，而是強求。接受現狀這種態度本身就是意志力的表現，就是強求你自己在行爲上與態度上接受現狀。

通常來講，像這樣強迫自己接受現狀，其實是暗示了你的自我與宇宙的意志之間有一番**交戰**，並且進一步暗指兩者**不一致**，所以你若考慮自己想要的，就是一種高傲的態度。我曾遇見一個女人跟我說：「我只想照上帝的旨意做事。」我問她：「想照上帝的旨意做事是誰的意志？」停頓了好一會兒之後，她說：「我的。」

● **我知道好事會成眞。**這句話通常是用來幫自己打氣，建立自信的。事實上，你並不知道「好事」是否會成眞，你只知道它似乎可能成眞。即便是可預期度最高的事情，也有可能不會發生。例如，如果現在你猝死了，許多事情就算可預期度再高，你也無法讓它們成眞。除此之外，這種自我肯定的方式是正向思考中的一個典範：**說明這種思考方式並不尊重事實。**只有當某件事的確成眞時，你才能夠自信滿滿，而且誠懇地說一句：「這件事成眞了。」

正向思考令人感到無力

正向思考到底有什麼錯？一言以蔽之：**與事實不符。**創造歷程的技巧之一是**評估創造活動的現況**，如果你有**偏見**，就很難達成。如果你試著用正向的觀點來掩蓋事實，在創造歷程中你就難以調整自己的行動。

多年來，一個個正向思考的提倡者都宣稱，你的命運取決於自己的態度，所以如果你能用正向的方式思考，就會促成正面的結果。這種策略就是**逼你**自己去設想「最好」的情況。

如果你某天早上醒來，覺得自己生病了，疲倦而且頭痛，某個正向思考的流派可能會逼你自己這樣想：「天啊！今天我覺得神清氣爽，能夠活著不是很棒嗎？」

另一個正向思考的流派則是要你對自己說：「我真的覺得自己病了。我想，能夠覺得自己病了真是一件好事，因為往往是在這種情況下才會有好事發生。這個學習的機會多棒啊！」

正向思考是一種操控意志力的策略，其功能是幫助人們用意志力強迫自己，是某種形式的**自我操控**。

上述兩種正向思考的流派有兩個根深蒂固的假設，通常它們並未講出來，也沒有好好檢視過。第一個假設是，**你必須透過克服自己的負面習慣來控制自己**。第二個則是，**事實對你來講有點危險，因此你必須用對你有利的詮釋來掩蓋事實。**

把創造歷程的假設拿出來與上述兩個假設比較，你就能看出正向思考與創造取向之間實在天差地遠。

首先，在創造取向中，你**無須控制自己**。反而，這種取向**自然會假設**，無論你是否有負面的習慣，你都會創造自己最想要的東西，那是一種自然傾向。此外，你不需要與任何內在力量抗衡，只有你也許需要把內在力量納為己用，讓它融入創造歷程的整體中。這不是要對你自己「植入程式」，而是與所有具影響力的力量**合作**——包括你可能不是特別喜歡的力量。

其次，創造取向的關鍵之一，就是你**必須把現實如實告訴自己**，無論你所面對的情況與環境如何。對於現實的清楚描述是創造歷程的必要資訊。

如果只是「報喜不報憂」或者**虛構**關於現況的觀點，你等於是**模糊了事實**。

在創造取向中，如果你醒來時覺得自己病了，疲倦而頭痛，你會按照自己所觀察到的，對自己講眞話。此外，你也沒有必要對現況的終極意義進行詮釋。（你不用對自己說：「在這種情況下才會有好事發生。」）當然，所謂的現實也許會包含了你對於現狀的看法——例如，「我覺得自己病了，我不喜歡這樣。」

當你試著用意志力來化解結構性衝突時，是怎麼一回事？我們不妨用畫圖的方式來表示。首先，你那經過誇大的決心也許會把你推向你想去的方向，離開可忍受範圍內的衝突狀況。

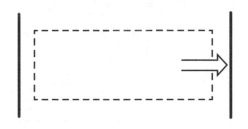

短期而言，也許你會順利達成某種「突破」。操控意志力的策略跟操控衝突一樣，通常在**短時間**內是有效的，但是對於長期成果卻**有害**。跟先前一樣的，即便你能夠抵達房間前面那一堵牆，因爲你的意志力是誇大的，結構還是會出現來回擺盪的情形，於是你又會往後移動。這種結構並不會支持你那充滿意志力的決心。

爲了面對每天所遭遇的人、事、物，你必須「全神貫注」與「打起精神」，但這實在令你筋疲力竭。終究，因爲你採取了**彌補性的策略**，你會與自己想要的成果漸行漸遠。你會「失敗」並不是因爲你的「意志不堅」或者遭逢某種「內在阻礙」，而只是因爲此一結構的本來就是這樣運作的。

因為取決於**結構**，最小阻力之路只會把你帶往一個方向：遠離你想要的成果，無論你多麼努力地試著「保持信念」都一樣。

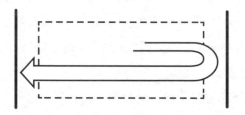

隨著時間過去，因為彌補性策略對結構的作用持續著，你還是會**不斷來回擺盪**。終究你會被帶回**可忍受範圍**內的衝突中：

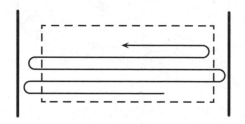

就像操控衝突的策略一樣，操控意志力的策略也會漸漸讓你出現越來越深的**無力感**。首先，每當你企圖激勵自己，刺激自己時，背後都隱含著一個充滿無力感的訊息：你必須靠**外力**推動才有辦法控制自己的強大惰性與「內在阻力」，還有負面的思維。其次，你之所以感到無力，還是因為你**試著要去做某件事**，儘管你全力以赴，充滿決心，仍然失敗了。沒有造就任何持續性的改變。

一些建言

現在你也許知道了，如果你置身於結構性衝突中，就算你的彌補性策略再棒，也是不會成功的。多年來，當我描述完這種結構性現象之後，大多數人自然而然會問我：「我到底要怎樣擺脫這種結構！」

這不難理解。可以清楚地看出自己的所有作為終將失敗，似乎不是什麼好消息。當你體認到**結構性衝突無解**，採取任何行動只會徒然強化結構的時候，也許會感到挫折。因為這種結構性衝突的本性，人們常感到絕望與注定失敗。你對這結構越了解，內心的挫折感就越深。

但是你能夠改而進入**另一個**結構裡。然而，這並無法靠著解決結構性衝突來達成。如果你對這個結構感到不滿，懷抱著不滿的心情，試著要改而進入另一個更有用的結構，是沒有用的。這等於是另一種形式的操控衝突策略。你試著採取行動，擺脫結構性衝突，但動機終究是你感受到的那種強烈衝突，我曾看過許許多多人因為這樣做而變成有點瘋瘋癲癲的。的確，你可以改而進入另一個結構，由它幫你創造出你想要的成果，但你的動機**絕對不是**為了擺脫結構性衝突。為什麼？**因為創造與解決問題或消除問題截然不同。**

隨後在這本書裡面，我將漸漸幫你達成這種結構的轉移。「救兵馬上就來了。」當你越來越了解自己的**創造歷程**，還有**創造技巧**，你將塑造出能夠幫你達到**真實與持久成就**的結構。這種改變並非衍生自你對於任何事物的反應。創造歷程不是你任何生活問題的「解答」。它只是一種創造方式，能幫你得到你想在生活中創造的事物。

從下一章我們將開始探索創造者用來創造事物的**結構**，它是獨立於結構性衝突之外的結構。這種新結構並非用來回擺盪現象的解決之道，它只是獨立於那種現象之外。這種新結構叫做**結構性張力**。

第 八 章

結構性張力

創造者不但能容忍落差，甚至喜歡與歡迎落差，因為
落差中包含著能讓你用於創造的力量。我把創造歷程
中最重要的結構稱為結構性張力，它就是由「你想創
造的」與「你現在所擁有的」之間的落差構成……

結構的改變

　　我們的生命結構是有可能改變的，但是如前所述，我們試圖用來改變的大多數策略都只是在**結構性衝突**的架構裡運作而已。因爲結構性衝突**無解**，最終也沒有趨於舒緩的可能，若只是在那結構中採取行動，只會有**彌補性**的作用，你終究只會來回擺盪而已。當這個結構具有主宰性時，我們還想要試著改變我們的行爲模式，就等於是**浪費時間**。

　　爲了改變此一結構，我們必須創造出**另一個具影響力的結構**，而且這個結構必須**取代**結構性衝突的主導地位，最小阻力之路也才能因此改變，讓能量輕易地往這一條新的道路流動。

　　這個比結構性衝突更具主導性的結構具有以下兩項特性：

- 它能夠**融合**結構性衝突
- 它能夠把複雜的結構**轉化**成簡單的結構

　　只有當這個地位較高的新結構能夠把結構性衝突**融入自身**的時候，它才會變得越來越重要，主導性越來越高。儘管在向前運動的過程中仍會來回擺盪，但這只是地位較高的結構的正常震盪現象，但它終將**朝著舒緩穩定的目標邁進**。

　　這個地位較高的結構必然是個簡單的張力—舒緩系統，它具有舒緩的傾向。此一最棒的結構包含了一個最大的張力，但這張力的特色是最後將**完全趨緩**。創造者在創造歷程中深知如何形塑這種結構，同時也懂得如何善用它的結構性特色，讓這結構在趨緩的過程中幫他們創造出想要的東西。在這種結構中，各種力量將會一起合作，幫助強化創造歷程，把所有能量

都投注在成果上面，並且在張力趨緩的過程中**持續創造動能**。

我把這種地位較高的結構稱爲**結構性張力**。

結構性張力

結構性張力由兩大元素構成：

① **對於你想要創造的成就之願景。**

② **對於你的現狀之清楚認識。**

在開啓創造歷程之初，「你想要創造的成就」與「你現在擁有的東西裡面與那成就相關的部分」之間是**有落差**的。當你開始創造時，你想創造的東西尚未存在，它還只是個**概念**。創造歷程中的技巧之一，就是**落實你的概念**。

上述的落差在創造歷程中會擴大或變小。在邁向完成創造的過程中，落差會**越來越小**。若你與完成創造的目標漸行漸遠，落差就會越來越大。

對於此一落差，創造者的忍受力高於大多數其他人。這是因爲，這種落差本來就是創造者必備的本領之一。創造時，他們總是必須運用各種落差來當作有力的創造元素，像是差異對比、相反對照、相似性、差異性、

時間與平衡等等，**落差就是他們創造時所運用的力量之一。**

　　對於落差不了解的人，如果落差大就常感到氣餒，落差小就感到士氣高昂。對於創造者而言，所有**具影響性**的力量都是有用的。如果落差較大，能運用的力量也大。如果落差小，在邁向創造出成果的歷程中，就會有更大的**動能**。

　　人們有時候對於落差有既定的觀念，認為它不是好東西。他們甚或會因為落差而產生情緒衝突。他們希望生活過得井然有序，不願有什麼地方出紕漏。但是，人生卻有各種力量是朝**不同方向**前進的，因此創造歷程也是這樣。有些部分總是與其他地方不合，因此就有了落差。

　　創造者不但能**容忍**落差，甚至喜歡與歡迎落差，因為落差中包含著能讓你用於創造的力量。我把創造歷程中最重要的結構稱為結構性張力，它就是由「你想創造的」與「你現在所擁有的」之間的落差構成。

骨架與引擎

　　結構性張力是創造歷程的骨架。它是**骨架**，也是創造歷程的**引擎**，還有引擎的**能源**。

　　張力有奮力追求舒緩的傾向。就像一條被拉開的橡皮筋，其結構性傾向就是鬆開，或者讓張力舒緩。你身為創造者必須找出張力、善用張力，用張力盡情演出，調整張力，選定一個方向，**讓張力以舒緩為目標邁進**。

　　塑造結構性張力的方式，首先是**構思出你想要創造什麼成果**，然後好好**觀察你的現況**，並且聚焦在與成果有關的部分上。

　　這描述起來很簡單，但要做到卻比乍聽之下困難。結構優雅無比，切莫把它當成一個簡單的概念。大多數人都無法輕易學會這個技巧。結構性

張力不但是一種**培養**出來的技巧,也可以是一種**後天**的品味。

當你形塑結構性張力時,它有可能朝以下兩個方向邁向舒緩:一是**把你的願景落實為現實**,另一個是**讓你擁有的現狀持續下去**。

如果你**無法忍受**落差,你可能傾向於選擇讓張力立刻舒緩,讓現有的環境持續下去,而非實現你的願景。

「務實」的行事風格

若是你把願景的層次降低,你就會讓結構性張力變弱。如果你有所妥協,並未照自己想要的去創造,你等於是沒讓真實的落差出現,因此無法形成張力。我們這個社會常見的現象之一,就是**對我們真正想要的東西有所誤解**。一直以來,人們所鼓勵的態度包括「務實」、「實際」與「只能企盼能力範圍內的事物」。諷刺的是,不管你如何誤解自己的意願,你就是會想要你想要的東西。

你不知道自己能成就什麼。在開始前就放棄,是「務實」的嗎?對自己說謊,是切合實際的嗎?常有人創造出**先前被認為不可能**的成就,這種例子在歷史上到處可見。

在創造歷程之初,你只知道什麼是**有可能**的。你不知道什麼確定可能或不可能。某個成果看來有可能是你能創造出來的,但也許你終究辦不到。某個成就看來似乎不可能,但也許你的確辦得到。

只有當你**最後完成**時,你才能確定某個成果是否有可能被你創造出來。若你對這件事有其餘的想法,純屬臆測。

有些人深信,**環境**決定了我們能或不能創造什麼。許多人之所以不創造自己想要的成果,就是因為抱持這種觀點。然而,儘管你認為某個環境

讓你無法創造自己想要的成果，**但就是有人曾經在相同的環境中辦到過。**

我們的能力之侷限在哪裡？事實是，我們並不知道。事實是，過去有許多人在種種限制中創造出自己想要的東西，人數多到我們如果不試試水溫、不實驗一下、不實際進行創造而只是自我設限，就是一種**不務實**的做法。

我並沒叫你相信一切都是有可能的。所謂「新世紀」運動中較為愚蠢的座右銘之一就是，「你能擁有一切」。創造者不會把**口號**當成他們創造性生活中的重點，他們都知道自己**不能擁有一切**。有誰能夠同時在兩個地方出現，例如在倫敦同時又在墨西哥市？我們也都無法讓時光倒流，無法讓任何事物永遠持續下去，因為任何有開始的事物就會有終結的一天。

如果你無法擁有一切，你該問的問題是：**什麼對你而言是重要的，重要到你願意把它創造出來？**創造者必先創造出一個**優先順序**。創造者所創造的，都是相對來講對他們重要的。創造者不認為「擁有一切」是重點。對他們來講，「創造出最重要的東西」才是重點。

對現狀「視而不見」

另一個導致結構性張力減弱的原因，就是**對現狀有所曲解**。採取此一策略的人，通常都是「空有願景」，但卻昧於周遭的現實。真正有願景的人都是因為這一類**無所事事的夢想家**才背負汙名。夢想家就只會作夢，但創造者能夠落實他們的夢想。唯有精確地掌握現狀、掌握願景，你才能夠形塑出結構性張力，讓它成為創造歷程的重要元素。

當你把結構性張力形塑出來，並且維持住的時候，此一張力就會**朝著**你想要落實的願景趨於緩和。維持結構性張力的方式並非念咒語，而是要

試著**妥為安排**各種有影響的力量。前述的落差將能夠衍生出一股**能量**，這對你為了**落實願景**而採取行動時是有直接幫助的。

　　開始行動後你就會持續不斷行動，即便你是朝錯誤的方向移動。而與完全不動相較，調整方向還是比較容易一點，它能讓你達成**最後的成果**。如果你與願景漸行漸遠，你就必須讓結構性張力增強。這會產生更多能量，近一步把你朝你想去的方向拉過去。如果你朝著你想去的方向前進，你就會製造出一股**動能**，想要落實願景就更容易了。

　　一旦形塑出結構性張力後，你自然而然會為了**舒緩張力**而採取行動。進入創造歷程後，從頭到尾，你的行動都會受到整個結構的支持。根據願景而採取的行動會幫助你朝著你想要的成果前進，包括那些不是那麼成功的行動也是。

　　在創造歷程中，你的經驗越豐富，你就越有辦法駕馭結構性張力。

　　一開始，也許你只能創造出**短暫**的張力。只有你非常清楚自己想要什麼，清楚自己身在何方時，才有結構性張力。雖然短暫，但這些時刻卻是你邁向自我發展的美妙第一步。在這些時刻裡，你就像是個太極拳大師，讓陰陽兩儀**維持完美平衡**，因此內在的能量是從兩個極端散發出來的。

　　當你利用自己的創造歷程創造時，這些時刻會越來越長。你終究會生活在一個充滿**結構性張力**的狀態中。你會持續性地，自然而然地意識到自己身在何方，還有想要創造些什麼。

　　跟任何學習過程一樣，熟悉創造歷程並非一蹴可及。你必須靠**時間與經驗**才能上手。你的創造經驗越多，你就越熟悉自己的創造歷程。當你練習構思自己想要創造的東西，把概念變成願景，並且進一步落實願景時，你就是已經開始運用創造歷程的**自然原力**了。

當你在運用自己的創造歷程時，也許你會發現自己難以看清現狀，難以看清願景，或者兩者都是。「看清」是一種必須**花時間**培養的技巧，若有需要學習，你就必須學習。如果你的構思能力尚待磨練，就試著練習形塑概念。如果你的客觀與精確觀察力仍有侷限，就練習觀察現狀。

如果你的生活中存在著上一章提到的結構性衝突，你將會體驗到某種程度的來回擺盪。但這種擺盪並不會阻礙你創造自己想要的東西。如果結構性張力已經是具有**主宰性**的結構，這個簡單的張力—舒緩系統的主要運動方向將會是**趨向舒緩**。

上一章我曾論及幾個針對結構性衝突而採取的彌補性策略，它們並無助於創造結構性張力。原因在於，如果你透過操控衝突的策略來彌補結構性衝突，你會傾向**過於悲觀**地看待現實。如果你用的是操控意志力的策略，卻又**過於樂觀**。還有，如果你用的策略是留在可忍受範圍內的衝突中，你對現實的看法不管是好是壞，都會**過於狹隘**。任何有偏見的觀點都會讓你難以形塑或者維持結構性張力。

還有，如果你彌補結構性衝突的方式是**曲解**自己想要創造的東西，那也會使結構性張力變弱。

查理·基佛是從「創意科技」課程畢業的學員，後來與我共同創辦創新顧問公司，他本身也是一位組織發展的專家，對於這個議題，他的評論是：

> 不幸的是，因為生活在組織裡，我們很容易與其他人一起共謀曲解現實。我們發展出一些大家都不說出來，但共同遵奉的規定，還有準則，它們讓人幾乎無法說真話。例如，在大多數商業組織裡，人們常為了爭權奪利、求取個人的舒適還有壞習慣而曲解現

實。致力於創造取向的組織則是認為事實高於一切。它們知道不該為了爭權奪利、求取個人的舒適還有壞習慣而曲解現實。事實上，現實被當成了塑造結構性張力的關鍵。此外，為了建立互信，培養出一種以學習為基礎的文化，人們必須正視現實——而任何具有創造取向的組織都不能缺少互信與學習這兩個元素。

麥可·葛瑞塔（Michael Greata）是阿波羅電腦的共同創辦人之一，並且兼任工程部副總裁，他說該公司之所以能夠在一九八〇年成立後從一個小公司到今天變成規模超過五億美金的大企業，都是因為創造歷程：

我們一起努力時所根據的是一個會被實現的願景，只因我們說它會被實現。大家都相信願景，也相信自己。

我們的願景很快就被實現了，過去也歷經了時間的試煉。所有剛創業的公司一開始都有這個問題：「這會成功嗎？」當你要創造全新的事物時，你沒有任何既存的準則可以遵循。

強化張力的方式之一就是規定自己在多久的時間就改變現狀，實現願景。就像打撲克牌時提高賭注一樣。

創造者知道如何**駕馭**結構性張力。當你開始對於自己的創造歷程有更多了解，你就能「感受到」張力。我們將用接下來的兩章來深入探索結構性張力的兩大要素：**願景**與**現狀**。

第 九 章

將概念化成願景

願景像一雙眼睛，可以看出哪裡還沒有到位，可以超
脫現狀，看見還有所欠缺的地方。像這樣能夠超脫現
在與過去，從未知的境地構思出尚未存在的東西，這
是人類的天賦異稟……

創造歷程的最佳起點，其實就是終點。**最後你想要獲得的成果為何？**這種思考方式幫你構思出自己想要創造什麼，而且先不去想要用什麼方式創造。

這種思維很可能跟你在學校學到的完全相反。傳統教育體系教我們用實際程序來落實一件事。早在還沒有學會想要做**什麼**之前，學生就都已經學會了要**怎麼**做。

怎麼做事是一種知識，但是在還不知道要做什麼之前就先使用那種知識，會讓人有一種**漫無目的**的幻覺。有些名校甚至主張，學生只要熟悉了知識，自然就能有所建樹。

從零開始

構思想要創造什麼的時候，你總是會從一張白紙，一面空白畫布著手。既存的構想都是你**曾有過**的一些想法。當你構思新創意時，最好不要從以前想過、做過，甚或別人做過的事物開始。每次進行新的創造活動時，都要**重新發想**。這種方法可以幫你**大幅提升**創造活動的效能。

當我構思我想創造什麼的時候，開始時我總是假設一切都不存在。我完全不去想過去的一切。我只是聚焦在**我希望能看到什麼東西問世**。我總是從零開始。

用畫面來構思

通常我都會用**視覺**的方式去思考。我喜歡用畫面來構思。一開始，我總是讓畫面整個空白，然後漸漸把我想看到的東西構思出來，有了完整的形式。即便是我在作曲時，腦海裡也會有個**清晰的畫面**。

近年來有個還算流行的大眾心理學理論是這麼主張的：有些人天生就對視覺比較在行，有些人則是聽覺，還有人是肌肉運動的知覺等等。如果你發現自己難以用視覺來思考，也許會覺得自己在這方面永遠有所**侷限**。

有些人慣用某一兩種感官知覺，但這只是他們的起點而已，並非終點。有些人天生的閱讀能力就比較好，但大多數人都能夠學會識字。藝術家阿岡（Agam）認爲有些人天生在視覺方面就像文盲。他幫孩童設計了一個課程，教他們視覺辨識力。他的理論通過了檢驗。透過**學習**，大多數孩子都獲得了很強的視覺辨識力。

若能把你想創造的東西構思成畫面，對你有很大的好處。首先，當你把創造構想變成畫面時，你就能同時將**大量資訊**融入畫面中。這就像中國的那一句俗諺：「百聞不如一見」。很多難以用文字描述的資訊，都可以靠畫面來傳達。你可以清楚看出結構中各種不同要素的關係。雖然只是簡簡單單的畫面，但創造物的一切包括形狀、輪廓、設計、功能、印象、感覺還有鮮活度等等都能被呈現出來，變得具體而微。

用畫面思考的能力奇妙無比，它讓你能夠從**知識**著手，而非從臆測開始。這是爲什麼許多專業創造者通常都如此有自信的理由。即便是最沒安全感的藝術家，對於自己的視覺畫面也都非常有自信。

你應該學著把想要的東西化爲畫面。這也許需要練習。當你開始試著用畫面來構思時，你將能夠釐清你自己想要的成果是什麼。

用想像的方式，從**各個角度**來檢視你想要的成果。試著添加新的元素，試著把某些元素刪掉。從裡裡外外、上上下下等角度遠觀或近觀它。在你練習改變觀察角度的過程中，你會越來越了解自己想要創造的東西。有時候你會感到訝異，大部分時候則不會。但你總是能夠更了解自己的概念。

概念該有多清晰？

對於你想要的成果，你該了解到什麼程度？**答案是，一旦你達到了那個成果，你就必須知道。**有些人認為，如果原創概念不夠清晰就會影響到落實概念的能力。很多名稱叫做「自助手冊」的書籍都是這麼說的，但它們都不是真的論及創造歷程，書裡面講的大多是教人如何改造心靈。但這兩者之間截然不同。

改造心靈的理論認為，若要獲得創造成果的創意與能力，必先學會**控制或者釋放**「龐大的心靈能力」。這是一種**強迫潛意識**的手法，其功能是讓我們的心靈能力能夠**聚焦**在自己想要的成果上。

這一類理論都認為我們是自身思維的產物，我們能獲得什麼成果都取決於**自己的心靈**，基於此一指導原則，當你要改造自己的心靈時，若你能清晰掌握自己想要創造什麼，就等於是手擁利器。也就是說，你的概念越清晰，心靈所接收到的訊息就越強烈。但是在創造歷程中，我們**並不會**用**清晰度**來當作衡量標準。只要成果達成時你立刻就知道，那就算是夠清晰了。

想想看藝術家都是怎樣創作的。有些畫家壓根兒不知道畫作最後會長什麼樣子。他們會**即興演出**，持續進行試驗。他們會邊畫邊看。也許他們並不知道最後作品的顏色為何。甚至他們還會對作品的最後形式感到訝異。這就是所謂的「信手拈來隨便畫，直到畫出有價值的東西」嗎？

並非如此。如果是這樣，畫家就不知道要怎樣朝自己想要的方向去發展自己的畫作。調整都是**隨興**而**非刻意**的。

一九六○年代一個關於猴子的實驗可說是「隨興」的典範。有人把顏料、畫筆與畫布交給幾隻猴子。牠們把東西拿來玩，畫出一系列作品。研

究人員把作品裝上畫框，簽上名字，將其中幾幅拿到藝壇上發表，說是新的藝術發現。一開始他們刻意隱瞞那些作品是猴子畫的。結果畫作備受好評。畫家的真實身分揭露後，某些貶低現代藝術風格的人樂不可支，他們用這一則故事來證明抽象畫並非藝術。

社會大眾對於醜聞感到興味盎然，而這個故事就是醜聞的最佳題材。畢竟，難得有人能抓到這些來自象牙塔的專家們出糗。人類本來就喜歡看「專家們」被自己的「專業」搞得昏頭轉向——特別是那些沒有幽默感的畫家。

但是，且慢。讓我們重新思考一下「猴子畫家」的故事。儘管有點荒謬，但有些值得我們玩味的地方。首先，這是一個讓猴子動手畫畫的概念。其次，這是一個讓牠們自己**選擇顏色**的概念。而且，決定在哪幾幅畫上面簽名並且裝框，哪幾幅不予採用的，是人類。這是一個基於一般價值與美術價值概念而做出來的決定。就整個創造歷程而言，這些猴子們的塗鴉（我想他們應該是隨便亂畫的，如有冒犯之處，我該道個歉）只是創作那些畫作的一個部份而已。創造歷程的絕大部分都不是隨興之舉。**許多最後的成果都是人類概念、抉擇與衡量標準的產品。**

當我們在決定最後成果的性質時，有些衡量標準是一般性的，有些則比較具有個別性。如果你想蓋一間房子，也許你對於房子有多少空間、有幾個房間、在哪裡蓋、價格位於什麼範圍、有哪些鄰居、當地校區如何、整間樓房有多大、房間採光如何等等，應該都有一般性的概念，但是並不知道符合這些條件的房子看起來會是什麼樣子。儘管你還不是很清楚房屋的真實樣貌如何，腦海裡應該可以輕易勾勒出一個畫面。事實上，應該有好幾種房子都符合這些條件。

嘗試即興手法的畫家也許並不清楚畫作的最後面貌為何，但是對於自

己想要表現什麼，卻有**清晰無比**的概念。就此而論，畫作本身也只是創造歷程的一部分，但**作品表現出來的力道才是最後成果。**

傑克森・波拉克（Jackson Pollock）在畫壇向來是以他的「動態繪畫」（action school of painting）著稱。他常用的畫法就是在畫布上潑灑顏料。當然，在潑灑的那一瞬間，他並不知道顏料會灑成什麼樣子。既然把那麼多創作空間留給了機遇，他對於自己想要的成果真有那麼清楚嗎？

事實上，他是**一清二楚**的。他的寫生簿裡面滿是鉛筆畫與水彩畫，其風格與自己的「行動繪畫」作品非常相似。如果按照時間先後來檢視他畫的東西，我們可以看出他的概念是**隨著時間演進**的。如此一來，他的那些「潑墨畫」就變得完全可以理解了。

波拉克所採用的，是一種叫做**創造儀式**（creative ritual）的作畫手法。他認為，偉大的畫作應該試著呈現複雜的結構性關係。作畫前，有時候他會花好幾個小時運算**代數題目**。進行創作的準備工作時，他會全神貫注地聚焦在**數學結構**上。然後，他會突然開始動手，用顏料即興創作。他的作品之所以能用極具震撼力的方式來均衡呈現結構與火花、心神與靈魂，還有理智與情感，這也許就是理由之一。

我曾跟一位畫家朋友討論過波拉克。我的朋友說：「他的作品當然會充滿震撼力，他是個好畫家，**他知道自己想畫什麼。**」這說法極具說服力，波拉克的願景清晰，也有把願景落實的能力。此外，還有更棒的創造歷程嗎？

在一九五二年的一次訪問中，波拉克被問到他作畫的過程。非得要那種方式才能呈現出他的藝術嗎？「那種過程只是達到目的的**手段**——目的就是創作我想要畫的東西。」波拉克答道：「過程本身並**沒有**任何意義，只是一種創作出那種作品的手法而已。」

當你開啟自己的創造歷程時，切記沒有任何一條創造之路是「正確的」。無論是作畫、作曲或者開創人生，都沒有所謂「正確的」方式。你的所作所為大多取決於你的個人風格、偏好、價值與欲求。當你在自己的道路上進行實驗時，**你會成為自己的創造歷程的專家**，而這才是生活中唯一與你直接相關的事。

從概念到願景

概念與願景之間是有差別的。先有概念，繼而才有願景。概念是**籠統**的，願景是**具體**的。構思概念時，你還在用各種想法進行實驗。你會試著讓各種各樣的可能性在腦海浮現，你也許會打坐、沉思、走路、仰望天空、看電視、洗個熱水澡（我個人最愛做的事情之一）、睡覺、作夢、與朋友聊天等等。就某方面來講，構思概念的階段給人有一種在玩的感覺。你像是用你的概念在玩。把它變來變去。讓它暫存在你腦海的想像空間裡。你是如此熟知你的概念，所以不管你喜歡或不喜歡的部分你都非常清楚。

一旦概念成形後，下一步就是將它**具體化**。這其實就是聚焦在概念上。**既然有那麼多種方式可以表現出概念，你想要用哪一種方式？**此一概念階段的原則同樣也適用於稍後的願景階段。只要你創造出願景時，自己立刻能知道──這是願景所需要的清晰度。但概念與願景之間的最主要差異為何？**差異是焦點**，而讓你有辦法聚焦在願景上的，是限制。當你透過聚焦在概念上，把概念變成願景，你**就是把許多種表現方式侷限為某一種方式。**所有的願景都是概念，但並非所有概念都是願景。

在概念階段時你會用各種可能性來嘗試構思概念，但是到了願景階段，你必須選擇唯一的一種可能性。

　　一旦願景成形後，處於創造歷程的你等於是從**籠統演化到了具體**。這種演化的步驟在藝術與科學裡四處可見。電子學的通則可以被應用於微型晶片與半導體等具體的形式上。建築的通則可以被應用在紐約世貿中心大樓的具體形式上。混合各種香料的通則可以被應用在紅酒燉雞這道法國菜上面。航空動力學的通則可以應用在七四七噴射機的具體形式上。

　　想像一下你自己是建築師，你可以興建任何一種房屋。首先你需要通曉關於房屋的**籠統概念**：它該多大？要用什麼建材？地點應該在哪裡？預算多少？這些是能幫你形成籠統概念的一般性問題，但是回答這些問題後，你還不算是已經有了房屋的願景。然而，一旦你的籠統概念成形後，你就能輕易地有具體的想法：房屋要用什麼風格？整個地方給人什麼感覺？有多少房間，房間如何配置？廚房在哪裡？是現代主義？新藝術（Art Nouveau）？傳統還是太空時代風格？

　　當你的概念越來越**清晰**，**具體**的房屋畫面就開始浮現在你的腦海了。你想要蓋出什麼房子，完全取決於你自己。

　　在「創意科技」課程的第一堂課上我們總是設法讓學員掌握此一原則。首先，**他們先構思出自己想創造什麼成果**。他們先讓自己的腦海裡有幾個畫面成形。接著，他們**把那些畫面用文字描述出來**。寫下來後，他們**用概念來做實驗**。他們重新構思，**讓新的畫面成形**。當他們這樣練習時，概念變得越來越清晰而詳細。他們開始「有感覺了」。不久後，對於自己想要創造的成果，他們已經有了一個**具體的願景**。

　　某位學員先構思出某間度假屋的**籠統**概念。當他讓畫面出現在腦海裡時，他又加上了更多細節。他加上了水邊的場景，然後他決定他也要樹林。他試著想像溫暖的氣候。接著是山區的場景，他比較喜歡山景。他又加上

一些條件，附近有商店、店鋪與各種服務。一開始他想的是小木屋，接著他決定希望能有更多房間。度假屋變兩層樓了，他加進了越來越多細節。到了練習結束時，他已經有了想要的成果的願景，課程結束時，他已經買下了一間完全符合其願景的房屋。過去他只是作白日夢，想要有一間度假屋，但這只是胡思亂想而已。他並未讓概念成形。只是，等到他開始把籠統的概念變成具體的願景，他已經是聚焦在自己的創造歷程上了。**他越來越能看清自己想要什麼**，此一技巧與「創意科技」課程的其他技巧幫他創造出他想要的東西。

有個女學員的籠統概念是想要創業。她的腦海開始出現畫面。一開始，她在塑造籠統概念時有點困難，因為她不斷把自己**已經知道**的事業跟她想要的事業**混在一起**。初學者常犯這種錯，他們並未用「從無到有」的方式構思概念，**而是把已經知道的跟想要的混在一起**。幾經錯誤嘗試，她總算擺脫了既定概念，重新開始。她開始用畫面來想像自己喜歡做什麼生意。接著她想像她要有一些員工，然後她想像自己成為了獨立的女商人。逐漸地她讓那概念的細節越來越多，試著想像生意的不同面向。

在逐漸概念化的過程中，畫面越來越具體。一開始她想的是服務業，然後她試著想像製造業。接著她想像的是自己開店。隨後她決定自己比較偏好服務業。她開始讓概念圍繞在旅遊上面打轉。幾分鐘過後，具體的事業願景就成形了：她想開一家旅行社。這對她來講是個新構想。在她把概念變成具體願景的過程中，她已經是踏出了第一步了，隨後才有如今那一家生意興隆而且非常獨特的旅行社。

從概念到願景間的「過渡期」

當你在**形塑**願景時，同時你也是在教自己**熟悉**那個願景。這段期間，從概念到願景之間有個過渡階段。一開始你試著去考慮構想是否合適。你的腦海裡如天馬行空，有各種想法。你越來越了解自己喜歡什麼，不喜歡什麼。也許你會愛上某個構想三、四天，但是到週末時發現自己已經完全對它感到厭煩了。一開始你可能小看了某個構想，結果卻發現它持續發展，直到你喜歡上它。當你把想法概念化時，你就是在學習。**你所學的一切都有助於直接創造出你的願景。**

有些人在創造歷程的某個階段裡就開始入迷了——就這個階段而言，你可能迷上了天馬行空地亂想，結果未能把概念變成願景。如果你想要從籠統演化到具體，在這個學習過程中，你終究一定要**選擇**。當你聚焦在概念上的時候，你必須有所取捨。這是身為創造者的一個重要行動。最偉大的創造者都知道該取什麼，該捨什麼。有個作家朋友曾跟我說：「為了完成我的某些書，我必須把一些最棒的句子拿掉！」

在概念與願景的過渡期中，你開始培養出**對於取捨的直覺**。

願景成真

到了過渡期的某個時間點，願景會變成真實的存在物，它會變成一個**獨立於你之外**的存在物。它的確是你的願景，但它擁有了獨立於你的生命。

許多小說家曾說過他們構想出來的角色變得活靈活現了起來。令他們感到訝異的是，他們常發現那些角色似乎在情節中有自己想做的事。有時候，情節的原創性就是取決於那些擁有自身個性、價值與動機的生動角色。

小說家引領著這些角色在故事裡自我發展，但有時候對於角色的作為，他們跟讀者一樣感到訝異不已。

形塑願景時，它只會在某個時刻變得**具體**起來。這就是我所謂的「具體化過程」（crystallization process）。我可以想像華特‧迪士尼（Walt Disney）剛開始一定是用老鼠的概念嘗試各種可能性。接著他對這隻老鼠有了一些想法。老鼠開始有了個性。迪士尼給了老鼠一個名字。它叫做汽船威利（Steam Boat Willy）。他讓這隻老鼠出現在卡通片裡。他喜歡這個小角色，但不知道為什麼它的名字與個性好像就是不搭。迪士尼幫它改名為米老鼠，隨後建立起自己的卡通王國。

米老鼠的形式**幾經改變**，最後才**成熟定型**。它的第一個角色是汽船威利，當時它瘦瘦的，鼻子長長的。從一九三○到一九四○年代之間，它的鼻子越來越短，也越像鈕扣。它的肚子變大。它的聲音改變了。它變得更可愛。它與真的老鼠越來越不像。它的卡通世界從黑白變彩色，卡通動畫也從簡單變得越來越精細，就是後來我們在《魔法師學徒》（*The Sorcerer's Apprentice*）這部卡通電影裡看到的模樣。

它與其他角色的關係也改變了。它養了一隻寵物狗，交了一個女友以及幾個迷人的笨蛋朋友。到了一九五○年代，它有了一個每天播出的電視節目，許多有天分的小孩都是它的學生。接著，迪士尼的大型主題樂園問世，由它扮演園中要角。後來，來自世界各地的人都愛上了這隻米老鼠。

米老鼠的成熟過程其實多少有點像我們人類從**童年、青少年到成年**時期的發展。它的壽命甚至比創造出它的人還長。

當你的願景變成**實際存在物**的時候，你跟它之間的關係可能會變複雜。你扮演的是爸媽的角色，它是小孩。你是它的支持者，也會批評它。你同時對它感到很熱情，有時則是冷眼旁觀。

你的人生也是創造出來的

常有人把他們的人生當成自己創造出來的。我並不鼓勵你用創造者對待願景的方式去對待你的人生。但是，**你的人生的確有可能是你創造出來的**。如果你不只是反抗或順應環境，你的人生將會截然不同。你自己的人生也可能成爲**獨立於你之外**的眞實存在，若眞如此，你就可以用自己想要的方式去形塑它，塑造它，改變它。當你能做到時，你可以盡情把自己的人生發展成獨立於你的存在。你可能會成功或失敗，但不會因此出現認同危機。

當你的願景開始獨立於你而存在時，起初你也許會覺得不太正常。但這就像你與另一個人**變熟稔**的過程。一開始你對對方會有第一印象。假以時日，你越來越了解對方。甚至，認識自己的願景以後，過了許多年你才訝異地發現它有一些**新特色**。

「願景」關係到你想要什麼

常常有人不問自己想要創造什麼成果，只會自問**如何獲得成果**，還有**如何解決問題**。當我幫各類組織進行諮詢工作時，「你想要創造什麼成果」這個問題讓許多經理人都備感爲難。他們給的答案通常模模糊糊，一點也不直接，並未眞正表達出他們想要什麼。有時候他們說出來的是一個他們甚至**無法說清楚**的問題之解答，或者是他們認爲自己需要的做事方法。例如：

我們需要一個可以研發出評估方法的系統，藉此幫我們評估客戶

可能覺得什麼是有幫助的。

我們需要一種能幫使用者在非傳統媒體行銷的行銷手法，並且為未來的使用者提供案例。

我們想要找出策略目標，讓我們能重整各部門，加強在市場上的競爭力。

　　如今，不論規模大小，我們常聽見公司內部有人說這種話。最流行的管理技巧就是為組織的目標或使命下定義，而描述的內容通常模糊含混。但許多組織內的團體還是持續撰寫類似的使命宣言，只因這已經變成了企業文化的一環。根據使命宣言，他們擬定了目標、設計了戰術、分配了工作、安排了會議，但成果卻很有限。為什麼？因為這些人**仍不知道自己要的是什麼**。我常常花很多時間與大公司高層主管合作，幫他們描述他們想要什麼成果。

　　是因為這個問題真有那麼難嗎？不是。是因為許多高層主管沒有養成習慣，把他們「想要的」跟他們「認為可能的」分開來。他們身上的另一個包袱，是過去他們所受到的管理學訓練老是喜歡使用**含糊的語言、不清楚的概念、心理學的管理教條**，還有**受限於反抗—順應取向**。

　　查理·基佛用以下的文字來描述組織裡的這種情況：

不幸的是，事實上在現代美國商場上，大多數的計畫都是從反抗—順應取向的角度去制定的。各個組織透過精巧的方法來確認自己所面臨的現狀。各組織打算盤時所根據的，是現有的財務狀況、人員量能，還有目前可以創造出來的產品。它們仔細檢視的

包括競爭對手的能力與可能的回應，還有可能會採取的立法行動
等等。

將這些要素拿來進行徹底與完整的分析後，各組織接下來進行的
是幾近悲劇性的步驟：根據**環境**因素規劃出能讓公司表現最大化
的行動。基本上，這些組織總是會說：「從這些環境因素看來，
我們最多可望做些什麼？」

想像一下，如果組織內部的人可以透過創造取向來採取行動，結
果會怎樣。他們會先做規劃，一開始是先決定想要創造什麼，因
此基本上會變得認真面對自己。接下來，他們會分析現狀（也許
分析的方式跟過去一模一樣）。然而，此刻他們只是用分析的結
果來搭橋造路，藉此通往自己真正想要的結果。這就是組織的邁
向卓越之路。

知道你想要什麼

藉由以下幾個原則，你就能經過多番嘗試，構思出自己想要創造什麼。

①捫心自問：「我想要什麼？」

令人感到訝異的是，人們常常不會自問這個極其明顯的問題。無論什
麼時候，你都能自問此一問題。然而，如果你並沒有要試著解決任何問題，
或者決定用什麼方式去做事時，你的確有更多餘裕可以讓自己這樣問問題。

試著練習在**各種處境**中自問這個問題，不要等關鍵時刻到了再問。如
果你養成了自問這個問題的習慣，你會變成非常本能地**知道自己想要什麼**。

即便過去你總是**優柔寡斷**，隨著時間累積經驗後，你會變得較爲**果決**。

知道自己想要什麼的話，你將會有兩大優勢。你不但有辦法**很快**就集中注意力，也能夠精確地把觀察到的**事實**告訴自己。

每當你感到困惑時，你都可以藉由**提出**與**回答**這個問題來釐清現況。會感到困惑，通常是因爲你聚焦的是**做事的方法**或**問題的解決之道**，反而看不見自己想要去哪裡。當你正在考慮自己想要什麼的時候，因爲全神貫注在你想要的成果上，困惑也隨之煙消雲散了。當你感到困惑時，通常你困惑的不是要去哪裡，而是要怎麼去。如果你在還不知道自己想去哪裡前就先試著找出前往的**方法**，當然會感到**困惑**。

當你感到不知所措時，實在是因爲**吸收了太多訊息**，無法一起處理。這就像是你站在一個錯綜複雜的交叉路口，不知該往哪個方向走，而這也是爲了**創造自己的未來**而出現的無力感。此刻因爲事情雜亂，讓你有力不從心之感。當你把焦點投注在**想要的結果**上，那些似乎多到讓你覺得難以承受的訊息自然會變得井井有條，並對你產生助力。

事實與臆測之間可說有天壤之別。當你決定了你想要創造的成果，「你想要那個成果」這件事就變成事實了。有時候人們以爲自己已經決定要什麼了，所以選擇的是**做事的方法**，其實這就是一種假設了。當你選擇的是做事的方法，你只能臆測自己想要什麼，對於你真正想要創造的成果沒有幫助。當你自問又回答了「我想要的是什麼？」這個問題，你所創造的就是個事實了，而非只是模糊的臆測。

② **想清楚你要什麼成果，不要受到怎麼達到成果影響。**

當你先考慮怎麼**達到成果**，而非**成果是什麼**的時候，你等於是把你構思自己想要什麼的能力局限於你已經知道怎麼做的事情上面。但是，創造

歷程應該是讓你用來發現各種**你不知道的**事物。只會思考「怎麼做」，而不是思考「做什麼」的人實在是畫地自限。這是追隨前人腳步的好方式，但卻無法讓你有創新之舉。

創造時，你將會需要思考創造方式的問題，但這應該是等到你**知道自己想要什麼成果**之後。事實上，在從現狀邁向願景的路上，你很可能會驚訝地發現自己能夠發明出**很多聰明的創造方式**。

有時候，你想要的成果其實只是某個歷程中的一道步驟。對於許多人來講，金錢並非成果，而是幫他們達成真正成果的過程。對於某些人來講，個人關係並非成果，而是邁向自我圓滿或實現的過程。

如果你發現你想要的成果其實只是另一個最終成果的墊腳石，你就要找出**最後的成果**是什麼。你想要拿錢來做什麼？你想要透過個人關係達到什麼？**最後的成果是一個獨立的存在**，就算它可以幫你達成另一個成果，這也**並非**他的存在目的。

③ **想清楚你要什麼成果就好，不要管可能性的問題。**

為了構思你真正想要創造的是什麼，你必須把「你想要的」跟「你認為是可能的」區隔開來。一九〇三年，萊特兄弟打造出他們的第一架飛機，科學界與科技界都認為那麼重的機器不可能持續凌空飛翔。萊特兄弟當然不是從**看來可能**的事物裡面去思考兩人要做什麼，但他們有非常清楚的**願景**。

如果你發現你把自己想要創造的成果侷限在你**覺得可能**的東西裡面，你等於是**限制**與**妨礙**了自己的願景。如果你只是因為某些事物似乎不可能，你就不願承認它們是你想創造的，實際上你就是**扭曲了事實**。

測謊器所測量的是人們所承受的生理壓力。當你對自己說謊或扭曲事

實，你就是對自己的身體施壓。持續扭曲自己的欲求，累積多年的壓力可能會讓你的健康亮紅燈。**對自己說謊總是會毀了你與自己的關係，導致壓力產生，並認為現實具有潛在的危險與威脅。**

我曾為美國的慈善組織復活節封印基金會（Easter Seals Foundation）主持過一次研討會。與會者都患有肺氣腫、肺癌與氣喘等肺部疾病。研討會中某個群組設定的目標是讓與會者把他們真正想要的，跟他們認為是可能的東西區隔開來。

做這種練習時某位老婦人的問題特別大。

「別忘了，這個練習是要幫妳把妳想要的，跟妳覺得是可能的東西區隔開來，」我對她說。「那麼，妳想要什麼？」

「我不能說，」她回答我，「那真的是不可能的。」

「呃，」我說，「暫時別考慮可不可能。妳想要什麼？」

「我不能說我想要什麼，因為我永遠也沒辦法擁有。」

「我可以說出妳想要什麼，」我說。

「你可以？」

「當然，」我回答她。「妳要的是健康。」

「但我永遠也不可能健康了。」

「但那不是妳想要的嗎？」

「但我永遠也不可能健康了，」她又說了一遍。

「呃，」我問她，「如果我是個魔法精靈，把魔杖一揮，就能讓妳完全健康，妳願意嗎？」

她頓了一下，靜靜地說，「願意。」

「如果妳願意，」我補充說，「那你一定是想要。儘管你覺得似乎不可能——就算妳覺得**根本**不可能，妳還是想要自己健健康康的。」

「沒錯，」她說，「是這樣。」

「所以，現在跟妳自己說，事實上妳想要什麼，」我說。「跟自己說自己實際上想要什麼，從來不是錯的，就算妳認為妳不配擁有。」

她頓了一下，然後，低頭看看地板，她靜靜地說，「事實上，我的確想要健康。」

「說出來後，妳有怎樣嗎？」我問她。

「我真是不明白，」她回答我，看起來跟先前完全不一樣。「我覺得身體比較輕了，好像肩頭的重擔不見了。我覺得神清氣爽。現在好像體內有能量在流動一樣。」

過去，她因為**曲解**了自己對於健康的欲求而覺得有負擔，如今不管她是否持續疾病纏身，再也不用背負那種壓力了。因為**否認自己其實想要健康**，她背負了無形的壓力，而那當然對她是不好的。

很多人都有辦法克服嚴重健康問題的阻礙，理由在於他們非常**清楚自己想要什麼**，其中不乏知名案例，案例多到我們可以說奇蹟式康復是可能的。

綽號「寶貝」的迪德瑞克森・札哈里亞斯（"Babe" Didrikson Zaharias）是知名的奧運選手與職業高爾夫球球員，她因為疾病而跛腳後，醫生說她再也無法走路或打高爾夫球；於是她創造一個希望能再打職業高

爾夫的願景，靠著這個願景，她竟然還打了好幾年的高球錦標賽。海倫·凱勒（Helen Keller）於嬰兒時期就因為生病而導致眼盲耳聾，許多專科醫生都認為未來她不可能對社會有任何貢獻。但是她的老師安·蘇利文（Anne Sullivan）的願景卻是希望讓海倫能用特別的方式與人溝通，當個負責任的人，接受教育，並且服務社會。

如果你對自己說謊或者扭曲事實，不願正視自己想要的東西，類似的驚人改變發生的機率就比較低了。

就像研討會上那個女人描述的那樣，當人們能對自己說出實際上想要的是什麼，常常就會覺得身體變輕，感覺身體有能量在流動。

一位住在紐約市的「創意科技」課程學員曾幫一位戲劇經紀人當過九年的助理。先前老闆曾經承諾發股票給她，但一直沒拿到。她懷孕了，沒辦法再工作。上「創意科技」課程的時候，她聽說有個助理戲劇經紀人的職務出缺。儘管她懷疑自己懷孕後是否還能做好工作，但還是去面試了。

結果，那一位經紀人喜歡她在家裡工作的提議，錄取了她。此外，那個經紀人還給她一間辦公室，讓她偶爾可以去工作，薪水也是先前的三倍。幾個月後，她獲得拔擢成為該公司的合夥人。若是她沒有把她**想要的**與她**覺得可能的**東西區隔開來，她根本就不可能達到這些成就。

一位來自亞特蘭大的傢俱工在上「創意科技」課程期間決定拓展他的傢俱店、更新設備，並且與別人一起合作。他覺得這似乎不可能辦得到，但他還是想這麼做。上完課程後，五個月內他就取得了一份金額將近百萬的大型合約。他不但將設備全部換新，還招聘了新工作人員。掙扎多年後，這一切還是發生了。如果他把自己的抱負局限於看來可能實現的事物上，他就沒有辦法創造出這等成就。

精確地把你想要的成就勾勒出來是一門藝術，它始於你有辦法**拋開可**

能性的問題，確定自己想要什麼的時候。

願景是一種組織性原則

在與一群藝術家談話時，畢卡索陳述了作畫時的原創願景對於最後成果的影響：

> 作畫時如果能夠用攝影機把過程拍下來，一定很有趣——不是畫作完成過程中的各階段，而是它蛻變的過程。我們就可以看出一個畫家的心靈如何為夢想找到出路，逐漸將它實現，但非常重要的一件事是，我們必須看出畫作基本上並未改變，儘管外表看來有異，但最初的願景仍是一樣的。

願景自有一股**力量**，因為透過願景你能夠輕易地擺脫平凡，追求卓越。願景能讓你的行動**有組織**，**聚焦**在你的價值上，並且**清楚看出**現狀中有哪些部分是與願景相關。

羅傑·塞欣斯曾描繪過貝多芬的音樂願景對他作曲的過程產生了什麼影響，他寫道：「等到願景完美地實現時，他絕對不會有所疑慮，而是念頭一閃，就確認了那是他想要的。」

塞欣斯接著表示：「願景關照著整體，願景扮演著突出的角色，而且看起來越來越像創造行動中不可或缺的一部分。」

願景也有一種魔力。之所以叫做魔力，是因為創造者雖然沒有看見整個創造過程，但是卻能夠一眼看出**創造結果**是怎樣的。

據羅傑·塞欣斯的觀察，貝多芬在創作時並未強烈地意識到他的構想

與創作過程，只是任由願景的引領，持續走下去。「通常來講，」塞欣斯解釋道，「直到整個過程結束後，他才意識到思想的來龍去脈；最常出現的狀況是，作品完成後，連他自己都不是馬上看得懂。」

貝多芬的願景好像讓他的心裡多出一雙眼睛，帶著他創作出最後成果，許多作曲家都曾表示自己有過這種對自己的作品感到讚嘆不已的情緒。

願景像一雙眼睛，可以看出哪裡還沒有到位，可以超脫現狀，看見還有所欠缺的地方。像這樣能夠超脫現在與過去，從未知的境地構思出尚未存在的東西，這是人類的天賦異稟。

偉大的二十世紀作曲家卡爾海因茲‧史托克豪森（Karlheinz Stockhausen）曾寫道：「我們必須暫時閉上雙眼，仔細傾聽。總有些天籟是沒有任何人聽過的。」

第　十　章

勇於面對現狀

認清現實有兩種截然不同的方式：有人是因爲生活所
迫，被迫去接受現實，也有人用主動的方式去接受。
當你試著去認清現實，了解何謂現實，你才能夠創造
出對自己而言眞正重要的事物⋯⋯

不要睜眼說瞎話

　　某天有個男人早上醒來後深信自己變成了殭屍。他跟老婆說自己變成了殭屍，她覺得這想法實在太扯，想勸他別鬧了。

　　「你才不是殭屍，」她說。

　　「我是殭屍，」他答道。

　　「你為什麼覺得自己是殭屍，」她無奈地問道。

　　他認真地說：「妳不覺得殭屍都知道自己是殭屍嗎？」

　　他老婆知道這樣不會有什麼結果，於是打電話給婆婆說發生了什麼狀況。婆婆試著幫忙。

　　「我是你媽。難道我生出了殭屍，自己卻不知道嗎？」

　　「妳不知道，」他解釋道，「我是後來才變殭屍的。」

　　「我養大兒子不是為了讓他變成殭屍，或者特別希望他是殭屍，」他媽拜託他別鬧了。

　　「但我就是變殭屍了，」他說，媽媽的親情攻勢無效，訴諸他的罪惡感也沒有用。

　　後來，他老婆請牧師來跟老公談一談。

　　「你不是什麼殭屍，可能只是出現中年危機而已，」過去這位牧師總是想當個心理學家，一開口就是行話。

　　「殭屍才不會有中年危機，」那個男人一句話就把他頂了回去。

　　牧師建議找人幫他做心理分析。妻子幫他掛了急診，一小時後她丈夫就到了心理醫師的診所去了。

「你覺得自己是殭屍？」心理醫師問道。

「我知道我是殭屍。」那個男人說。

「你覺得，殭屍會流血嗎？」心理醫師問他。

「當然不會，」那個男人說，「殭屍是活死人耶，不會流血。」心理醫師的高傲態度讓他有一點生氣。

「嗯，那你看看，」心理醫師說完後拿起一根大頭針，在那男人的指頭上扎了一下。那個男人驚訝不已，三四分鐘都沒講話。

「我現在才知道，」那個男人終於開口了，「原來殭屍會流血耶！」

曾經有一頭獅子遇到一隻猴子，獅子覺得這是證明自己「叢林之王」地位的良機。

「嘿，猴子！」獅子咆哮道。

「小的在，大王，」猴子用顫抖的聲音回答。

「誰才是叢林之王？」獅子咆哮的聲音更大了。

「這還用說嗎，當然是您啊！」

「你可別忘了！」獅子說，心裡感到志得意滿。

稍後獅子遇到一匹斑馬。

「嘿……斑馬！」獅子咆哮道。

「小的在，大王，」斑馬用帶有鼻音的聲音回答。

「誰才是叢林之王？」獅子持續咆哮著。

「是你啊，大王，就是你，」斑馬囁嚅地說，裝得很熱情。

「你可別忘了！」獅子咆哮道。

稍後，獅子遇到了大象。「嘿，大象，誰才是叢林之王？」獅子用最凶狠的口吻吼叫咆哮。

大象不發一語，只是用象鼻把獅子捲起來，往一棵樹丟過去。然後牠朝獅子走過去，踩住獅尾。然後又把獅子捲起來，往地上一摔。大象走開時，狼狽的獅子抬頭大叫：「嘿！不知道答案就算了，幹嘛抓狂啊！」

要某些人面對現實很難。這件事看來似乎應該很簡單，只要認清明擺著的事實就好了。但是小時候我們都有說真話，但大人卻叫我們閉嘴的經驗。

「奶奶家裡有怪味。」

「住口，別說那種話。」

小孩之所以學會說謊，原因在於那是避免與權威人物發生衝突的方式——而那些人的體型與體重通常都是他們的好幾倍。

「你進去過我的衣櫥嗎？」

「呃，沒有啊。」

「那我的衣櫥裡怎麼會有你的口香糖包裝紙？」

「呃……我也不知道。」

「你的功課做好了嗎？」

「喔，我做好了，可是不小心留在校車上了。」

「這是你這禮拜第三次沒有帶功課回家，而且每次都用一些爛理由來推託。」

「呃……我的功課就是會遇到奇怪的狀況，我也不知道為什麼。」

「你昨天是幾點上床睡覺的？」

「沒有很晚啊。」

「欸，我剛好知道時間，那時候已經是凌晨兩點半了！」

「是喔！感覺起來沒那麼晚。總之啊，就汽車爆胎了。不過，既然你知道時間，還問我幹嘛？」

「我只是在想你有沒有自知之明！」

「嗯……呃……我不知道已經那麼晚了……因為我的手錶壞了。」

「手錶給我看看。」

「我，啊……我找不到手錶。」

「那你手腕上戴的是什麼？」

「喔……這是……這是另一支手錶。」

到了長大以後：

「你知道你的車速有多快嗎？」

「是喔，我超速了嗎？」

「測速槍顯示的是時速七十五英哩。」

「我真的沒感覺到有那麼快。也許是我的時速表壞了。」

給我個好理由

有時候，如果你**知道自己失敗的理由**，就能調整行動，促成自己創造出最後的成果。但這跟你用理由來為失敗找**藉口**，可說完全是兩回事。找出自己的行動**有何成效**，是一種學習經驗，而非試著**解釋**自己為什麼沒有成功。

不說實話的人通常就會落入**自欺欺人**的處境裡。例如你跟人有約，遲到了，於是就在路上想出一個最好的藉口。等到你抵達時，你不只已經準備好搬出理由，幾乎連自己都信以為真了。為了避免自身行動產生負面效果，我們採取的策略通常就是**避免說真話**。

我們的社會向來看重理由與藉口。大多數人都認為，只要他們為自己的失敗找好理由，有時候就能**避免**一些負面後果。許多人曲解真相的方式是丟出一顆煙霧彈，用許多似是而非的理由來**自欺欺人**。

有些人則是覺得，當自己**生病**時，別人比較不會怪他們。所以他們通常會裝病，讓自己有**合理的**藉口可以不用達到預期的水準。

也有人用**情緒不好**為藉口，說什麼「不要在我心煩意亂的時候，叫我為什麼事負責。」

某些人為了解釋他們的行為，常常宣稱自己是「受環境拖累」。「聽我說，我也很想去參加莎拉的生日派對，但是正要離開我家時，我老闆就打電話來了。你也知道他有多喜歡聊天，所以我就被他的電話纏住了。你

要我怎麼辦,不管自己的飯碗嗎?」

舊金山市議員哈維·米爾克(Harvey Milk)與市長喬治·莫斯科尼(George Moscone)遭到槍擊身亡時,兇手丹·懷特(Dan White)宣稱當天他的血糖太高,這就是知名的「奶油夾心蛋糕抗辯」(Twinkie defense)。大家都把他的抗辯當成一回事,懷特因此獲得輕判過關。

在面對這種**不負責任**或造成**重大傷害**的行徑時,居然能找出那麼多出理由與藉口,這就是為什麼我們的社會不可能發揮潛力、達到偉大成就。但是藝術家必須達到的向來是人類的最高標準,在這樣的傳統中,藉口是有效或者必要的嗎?就算搞砸了某次演出、拍出了爛片,創作的畫作、唱片、劇本、小說或者詩作表現不佳,我們也**很少**看到有藝術家搬出藉口來幫自己開脫。

有些人無法達成自己想要的成果時,似乎就是喜歡編造一些**戲劇性**的理由。他們不勇敢追求自己想要的,但卻很愛說東道西,**解釋**自己為什麼「辦不到」。

有了理由才能面對現實

有時候如果你能**了解**自己失敗的理由,就能**調整**行動,創造出最後的成果,但是這與失敗時為自己找理由是截然不同的。找出自己的行動有何成效,是一種**學習經驗**,而非試著解釋自己為什麼沒有成功。例如,當挑戰者號(Challenger)太空梭爆炸,太空人全部殉難時,找出原因是很重要的工作。這至少能達成兩個目標:首先是**糾正未來的錯誤**,確保以後的太空探險任務安全無虞,其次則是有助於**舒緩因為悲劇而造成的傷痛**。挑戰者號爆炸前不久,那些太空人才剛剛出現在電視轉播的畫面上,向世人

揮手道別，我們很難接受一批能人志士就這樣永遠離開世間。看到我們這個世代中一群最優秀的人才如此戲劇性地驟逝，實在令人難以接受。

找到真正原因後，我們才有辦法**接受**他們已經離去的事實，知道此生再也無法看到他們，知道他們原本在未來可能成真的美夢如今已經破滅。

失去摯愛的人，常會胡思亂想。他生前最後幾天都在做什麼？生前最後幾個小時做了什麼，說了什麼？他去世時，有誰在身邊？死因為何？原本救得了他嗎？

找出答案後，真有什麼差別嗎？**實際上沒有**。一個人死後，知道再多相關細節也無法讓人起死回生。那麼，找出答案的目的是什麼呢？

知道「事發經過」的細節，將能幫你接受原本難以接受的事實。哀悼期間，你能試著讓自己接受人死不能復生的事實。摯愛之死常常讓人感到方寸大亂，接下來才會情緒趨穩，恢復內心平靜。然後，又無緣無故地情緒失控。每次出現這種狀況時，哀悼者都必須面對失落感的另一個面向。

在哀悼者**接受事實**之前，他們都不能夠繼續過正常的日子。他們有可能被困在過去，想要試著緊抓住死者生前的那些時光。

家父死後，家母無法接受他已經去世的事實。她把他所有的東西都按照他去世那一天的模樣留在原處，她不讓任何人移動或更動他的衣櫥、梳妝台或床頭櫃。家父生前有製作彩色玻璃的嗜好，於是她完全沒有動過他去世那一天還在用的工作桌。我想，她認為若能把那些東西保持原樣，就是真誠地對待他，**好像這樣就能夠讓他死而復生似的**。

她的娘家親人與朋友們試著幫她度過這一段哀悼期，但她就是無法感到寬慰。她試著讓家父活在她心裡，因此也**拒絕**了生命裡的某個真相。死守過去，拒絕接受真相，她的痛苦不會因此減輕，只會**延長**。

每當家母看見其他人慶祝結婚紀念日時，她總會用某種方式跟我們說

她和家父結了幾年婚。如果他還在,他們就能共度第幾年結婚紀念日。她總是用許多時間回想兩人的過往,好像還在跟他吵架,好像他還跟她在一起鬧脾氣,分享所有的喜樂與計畫。

家母的確也試著去過沒有家父的日子,但是因為並未完全接受他已經去世的事實,所以生命不再完整。隨著時間過去,**她內心的矛盾**越來越強烈,一方面雖然想要**繼續新人生**,另一方面卻仍死守著過去。

因為她並未接受家父之死,她也無法接受自己的人生。後來她跟他一樣猝逝,完全無預警。**只有學會了解事實,不死抓著過去的人才能夠活出真正的人生。**我絕不是教你要失憶。這跟忘掉過去不一樣,而是要你記住,逝者已矣。過去不是現在,不管過去充滿了失落與失敗,還是成功與勝利。過去無論如何就不是現在,現在也不是過去。

兩種天性

認清現實有兩種截然不同的方式:有人是因為生活所迫,**被迫**去接受現實,也有人用**主動**的方式去接受。當你試著去認清現實,了解何謂現實,你才能夠創造出對自己而言真正重要的事物。常言道,「創作必須為藝術而藝術」,你則是「為真相而真相」——你想認清現實,只因為那就是現實,不為其他理由。

唯一能讓你開啟創造歷程的,就只有**現實**這個基礎,這件事是完全不能取巧的。**認清現實**是一種你必須熟悉的重要技能,但若你想要迴避它,卻也是符合人性的。我們的兩種天性之間存在著一個衝突,其中一種天性是用「選擇性接受」的方式去面對現實。避免痛苦與折磨是我們的天性,但卻會導致我們遭遇更多的痛苦與折磨。因為深怕無法面對自己的發現,

我們會發展出一種**迴避眞相**的策略，我們寧願不去面對壞消息。

另一種天性，則是我們都有**渴望創造**。當我們在時空中移動時，我們活在不斷改變的狀態之下，自然會有一種**想要知道**改變爲何的傾向。改變是正面或負面的？漸進的或突然的？

此外，我們的抱負遠大。我們都是**天生的**創建者。我們創建文明，我們也想創建出自己的人生。

爲了遵循此一天性，我們必須**認清事實**爲何，無論我們是否喜歡自己的發現。無論這發現讓我們的心情變好變壞，無論感到挫折或滿意。

有兩種天性導致我們採取不同的行動。其中一種是**不願認清現實**，另一種則是**認清現實**。兩者之間的衝突通常並不明顯，但有時則會。當你一方面在進行創造，另一方面卻試著避免痛苦，你就會走到一個面臨選擇的十字路口。當壓力來臨時，你該怎麼做？你會避免潛在的痛苦，扭曲現實，或者是看清現實，讓你自己得以創造願景，盡情體驗各種感覺？

這是個價值選擇的問題，**不同的選擇會導致你採取不同的行動**。如果避免痛苦的價值高於創造的價值，你就會採取行動，迴避看來有問題的那一部分現實。如果創造的價值更高，你將會追求確切的現實，儘管偶爾情緒不好也無所謂。

概念中的現實也許不是現實

藝術家兼教師亞瑟‧史騰（Arthur Stern）曾帶著幾位學生到紐約市的河濱公園（Riverside Park）去。他指著橫越哈德遜河（Hudson River）上方的三棟建築物：一間公寓樓房、一座儲存槽，還有一家工廠。史騰要學

生指出三棟建築的顏色。眾人的共識是，公寓是紅色，儲存槽是白色，而工廠則是橘色的。

接下來史騰遞了幾張小小的灰色卡片給學生們，卡片上都打了一個個小洞。（史騰稱這種卡片為「卡孔屏幕」。）接著他要每一位學生拿著卡片，把手伸直，透過那一個小洞來觀看三棟建築。他再度詢問建築的顏色。學生們沉默不語，一會兒後其中某個終於開口了。「它們是藍色的，就像透過小洞看到的其他景物一樣。」其他學生也同意，「紅色」的公寓變藍了。「白色」的儲存槽變藍了，「橘色」的工廠也一樣。史騰的學生們有了大發現。**一開始他們看到的並非現實，而是他們概念中的現實。**

學畫的學生必須學會的事情之一是，他們所看見的是他們以為自己看見的，而非眼前的事實，這是一個傳統。因此，對於畫家而言，學會看見**眼前**的現實，而不是只看見**概念中**的現實，是必要的技巧。如果想把樹木或人臉畫得像，就需要此一技巧。如果他們畫不出自己所看到的東西，就無法精確地再現眼前的現實。

就像亞瑟・史騰在《看到並且畫出正確色彩》（*How to See Color and Paint It*）一書裡面所寫的：

> 學生以為水是藍的，所以把湖泊畫成藍色的。但事實上這一座湖可能會出現紅、橙、黃、褐等各種顏色，因為湖面上到處都是秋天湖濱樹木的倒影。或者是學生因為以為雲是白的，就畫出白雲——儘管雲的顏色有可能是黃、紅或者紫羅蘭等各種顏色，因為灑在雲朵上的陽光有各種顏色，隨著一天的不同時間持續變換，而且雲朵也會反映出下方土地的顏色。

　　卡孔屏幕的功能跟過去幾百年來畫家們所發明出來的各種裝置一樣，其功能在於把我們心裡的「過濾器」**關掉**，我們才**不會**看到我們以為自己看到的。因此，透過卡孔屏幕上面的小洞，在接近傍晚的天色中，學生們才有辦法不把自己所看到的建築物當成紅、白、藍各種顏色的。如今他們所看到的建築，因為反映著天空與河面的顏色，所以都變成是藍色的。

現實並非概念

　　觀察眼前的現實時，人們常常**看不到**自己眼前的一切，而是都只看到自己**概念中**的現實。他們並未看見眼前的實情，而是只看到他們以為自己看到的。當你在構思創造願景時，概念是很有用的，但是若你誤把自己的概念當成現實，就有可能看不出你周遭的現狀為何。

　　我們已經習慣於依賴概念中的現實，而**非**直接觀察現實，這是一種便宜行事之計。與其觀察眼前的現實，還不如假設我們的既有概念與現實相似，因為這樣省事多了。我們擁有驚人的**歸納能力**，這在許多方面都很有幫助。我們總是試著觀察行為模式，了解趨勢與行為的傾向，設法化繁為簡。

　　但是，就像學畫畫的學生必須學會認清眼前的現實，創造者也必須學會**不帶有色眼光去認清現實**。

相似與差異

　　想要認清現實，方法之一是把我們**所看到的**跟自己**已經知道**的拿來比較一下。這就是所謂**歸類**的能力。如果我們沒有這種能力，就無法透過經驗來學習。如果你未曾見過任何計程車，或者連聽都沒聽過，那麼你的計

程車初體驗就會建立出一個**新的類型**：計程車。下次你再看到一輛計程車時，你就能認得出來。你會觀察這一輛計程車與前面那一輛之間有何相像之處。也許它們都是黃色的、也許它們的側邊車身上都有寫字、也許車內靠近司機的地方都裝有一具里程表。這些相似性能夠幫助你把這一輛車跟前一輛都**歸類**為計程車。

有了這種歸類能力，你就能夠善用你先前關於計程車的所有體驗。如果你無法像這樣歸類，每看到一輛計程車，你都必須**從頭**了解起。這樣多麼沒有效率啊！這樣的知識基礎有助於你的日常生活比較輕鬆一點。這是人類擁有的了不起能力。**藉由找出相似性，我們可以透過經驗成長。**我們可以了解這個世界，用這種知識在大街上走路，到餐廳裡點菜，或者打電話。

過去我出國時曾經碰到一種我完全不熟悉的電話系統，我非常喜歡這種從**已知**世界移動到**未知**世界的經驗。像這樣連怎麼打電話都不知道，該放多少錢進去，也不知道如何接通接線生，實在是美妙無比的經驗。等到我終於接通接線生了，才發現她不會說英語，我也不會說她的語言。這種時候我們終將明白自己過去所學到的一切有多麼珍貴，不該視其為理所當然。但是，想像一下：如果你的一輩子都學不會怎樣使用電話或電視，甚或不會開門，會是怎樣的光景。你不再像偶爾不知所措時感到挺有趣的，而是**會真的**無所適從。

我們之所以能擁有語言能力，就是因為能夠辨認個別的事物與觀念，並且將它們歸為各個類型。當我們使用「樹木」一詞時，其實就是援引了「草木」這個類型。沒有任何一棵樹與另一棵樹一模一樣。但是我們可以把各種樹木歸類為一個群組裡的不同成員，藉此就可以把我們先前所學的一切拿來面對任何一棵樹。

一旦我們找得出**相似**之處，並且把它們**歸爲**一個個類型時，下一步就是找出**差異**之處：**從某個類型的一般性特色轉而關注某個項目的差異。**

例如，當我們提及威斯康辛州小鎮米爾斯湖（Lake Mills）歡樂街三三一號瓊斯先生家前院的那一棵樹時，我們既有的是樹木的**一般概念**，也就是這棵樹與其他樹的**相似**之處，接著我們可以找出這一棵樹與其他樹木有所**不同**的特色。它有幾根樹枝？它有多高？它的樹葉是什麼顏色的？樹幹的形狀爲何？樹皮的紋理長什麼樣子？

大多數時候，以**相似性**爲基礎，把我們感受到的真實狀況**歸類**爲各種類型有助於我們很快地理解自己的現實處境。一旦把類型建立起來後，就能夠找出一般性特色與某個東西的獨特之處有何**差異**。但有時候這種方式無法奏效。也許在觀察現實之際，我們會**假設**自己知道即將看到什麼，這種假設可能會讓我們看到的現實帶有**偏見**。當我們用**既定概念**中的現實來取代現實，我們所得到的就不是觀察結果，而是**刻板印象**。

當人們把**概念架構**中的現實當眞，就會把現實**扭曲**成與偏見相符。政治立場堅定的人常常**扭曲現實**，藉此**強化**他們對於這個世界的政治詮釋。在共產主義者眼裡，現實被區隔爲兩個部分：「人民」和「剝削人民的人」。這就是所謂**階級鬥爭**的概念。因爲有先入爲主的偏見，共產主義者必須假定，只要當權者並非另一個共產主義者，就一定會嘗試著剝削人民。

他們發展出一種強烈的**階級意識**，階級有兩種，一好一壞。好人終將戰勝壞人，正義因此得以彰顯。就算掌權者展現出利他主義的精神，也一定會被他們**忽視**。遭到壓迫的人裡面如果有一些牆頭草，他們也不會在意。此外，如果當權者不夠壞，他們的不當行徑一定會被誇大，被剝削者如果不夠好，也會被美化。

當現實遭到**概念**遮蔽，我們就**很難察覺**周遭的實際情形如何。不管是

懷疑論者、基本教義派、浪漫主義者、極端主義者、種族歧視者或者理想主義者等等，都可能會**曲解**或**誤解**事實，進而**強化**他們的世界觀。因此他們很難感受到那些與自己的理論相左的事實。

如果你在檢視現實之前就已經認定自己會有什麼發現，那你就會特別注意那些能夠強化**既存概念**的事實。

有些人對於現實的概念特別**偏激**；其他人的概念則是比較**溫和**。當既存概念比較溫和時，旁人比較難看出他們的現實觀是有偏見的。一定要把他們的原則予以**徹底落實**，才能看出他們的溫和偏見。

大約在十五年前，我到朋友家裡去參加一個派對。賓客裡面有個中年婦女，她身上戴著一支看來像土星的胸針。我問她為什麼要把土星胸針戴在身上。

> 「喔，這不是土星，」她邊說邊環顧四周，確定沒有人聽到我們的談話，「這是太空船。」
>
> 「好吧，」我又跟她說，「那妳為什麼要戴著太空船胸針？」
>
> 她又左顧右盼了一下，低聲跟我說：「你聽我說，再過三年就會有一批太空船在地球登陸，建立一個統治全世界的政府。」
>
> 「我懂了，」我的口氣好像覺得她的一番解釋再明白不過了，「那些從外太空來的人是誰啊？」
>
> 此刻她露出了嚴肅的眼神：「他們是玄天上師。」
>
> 我非常了解自己對於那些「玄天上師」所抱持的形上學立場，同時也很喜歡惡作劇，所以我問她：「如果他們是玄天上師，為什麼不直接在地球上現身就好了，還要搭太空船過來？」

「嗯，」她的語氣認真無比，「他們不想嚇壞任何人。」

如今，這些本來該搭乘太空船來的朋友們已經遲到了一段時日。如果他們真的來了，應該會有不少人感到開心，我就是其中之一。就把收垃圾與造橋鋪路等事情交給他們做吧，當然別忘了還有太空計畫。但是，恐怕至今我們仍然得自己來，真是遺憾。真不知道那位女士對於他們的遲到會提出什麼說辭？也許是我們搞砸了？可能因為我們的演化程度太低，太空族群才會對我們不屑一顧。又或者他們的高等文明沒有類似卡西歐電子錶的東西，所以沒有時間觀念？

從現在的時局看來，真正有**信仰**的人反而會感到比較安心。精確地觀察現實的技能是可以透過**持續磨練**來提升，並且與時俱進的，但是當我們**囿於**各種關於現實的信仰、理論、臆測、前提、假設與概念，就無法精確地觀察現實。

當你開始觀察現實的時候，你必須把自己當成一無所知。把你的**既存概念**與**觀察結果**區分開來。也許你認為這很難辦到。但如果你真想知道現實是怎麼一回事，你的觀察結果就**不能**摻雜著偏見。你必須透過**練習**才能夠拋開既存概念，觀察到真實的情況。當你深諳此道之後，你就等於擁有了一種有力的工具，能夠幫你創造出人生中**最重要**的東西。

第 2 部

創造的歷程

在創造取向中，你內在的身心靈與情緒面向都會進行自我創造，協調地配合合作。藉著此一合作關係，生命的最小阻力之路將會引領你實現你在這世界上最深刻與深沉的生活目的。

第 十 一 章

創造的週期

創造歷程的三個階段都會讓你產生不同的能量,每一種能量都能幫你繼續往下一個階段邁進。萌芽期的能量幫你往同化期邁進,同化期的能量促使你得以往完成期邁進,至於完成期的能量則是可以幫你走向另一個新的萌芽期……

　　在成長與進行創造的人生過程中，我們會歷經三個主要的階段：萌芽、同化、完成。每一個**完整的創造歷程**都會走完這個三階段的週期，而且順序永遠是一樣的。

　　這個創造的週期跟人類出生前的週期一樣，都是自然而且有機的，兩者也都有「萌芽」、「同化」與「完成」這三個階段。

　　萌芽期是在**受孕**時就發生的，它是整個創造歷程得以啓動的主要源頭。

　　同化期是第二個主要階段，它與人類的**孕育期**很像，胚胎會在這段期間發展成長。

　　完成期是最後一個階段，也就是人類**出生**的階段。

萌芽期

　　在創造你想要的成果時，萌芽期有一股非常特別的能量：它是任何事物在開始時的**特有能量**。當你展開各種計劃時，你常會感受到這種能量迸發出來：像是剛開始實施某種飲食方式、剛投入一份新工作、當你的公司決定開始製造一系列的新產品、當你開始處理某個法律案件、當你開始研究與設計某種高科技工具、當你的管理團隊訂下一個新目標、當你剛剛把一套音響設備帶回家時、當你認識某個很談得來的人、當你開了一門新課或者開始主持一個研討會、當你開始撰寫一份重要的研究報告，還有當你剛剛買了一間新房子時。

　　作曲家羅傑・塞欣斯曾這樣描述所謂的「萌芽」：「**一股讓創造歷程動了起來的衝力。**」

　　大導演希區考克（Alfred Hitchcock）覺得最快樂的事，就是電影的**構**

思與**籌設**階段。在他利用攝影、表演、場景、服裝與其他電影元素進行創作的幾個月以前,因為受到萌芽期特有能量的推動,他會先把整部片用分鏡表畫下來,一格格全都畫在長長的黃色筆記紙上面。他很喜歡自己說的一句話:構思、編劇與籌設的過程比拍片工作本身刺激多了。不是只有希區考克如此享受創作歷程的萌芽階段,許多人都深愛萌芽期的**刺激感**。

在這剛開始的階段裡,創作者會感受到強烈的興奮感,興味盎然而且很新鮮。常見的現象還包括各種卓越洞見、領悟、熱忱、改變以及充滿力量的感受。然而,大家也都知道,通常萌芽期開始沒有多久後這些衝勁就**會漸漸消逝**。

不幸的是,大多數用來促進人類成長,發揮潛能的理論主要都是聚焦在萌芽期。儘管這個階段在創造歷程中很**重要**而且力道十足,但是光靠它並不足以產生真正的持續成就,因為它只是讓你踏出第一步而已。即便你的萌芽期體驗美好無比,但接下來你**並未**進展到創造歷程的另外兩個階段,那些體驗並沒有太大意義。也許它們能讓你留下美好的記憶,但卻無法成為你人生成就的**基礎**。許多人之所以樂於參加研討會,喜歡到上了癮,理由之一是他們太愛萌芽期那種**充滿能量**的感覺。然而,他們並不知道怎樣把那種能量帶往下一個階段。所以他們四處尋找更具萌芽力道的經驗,希望那種經驗能夠長久延續下去。但是這世界上沒有那種事,萌芽期是**無法**持續的。萌芽期只是個開始。它無法取代整個創造週期。對萌芽期上癮會讓你就像那些只在船上談戀愛的人一樣。船隻到港後,戀情也就結束了。

即便希區考克熱愛創造歷程中的萌芽期,他一樣也擅長駕馭其他階段。若他只是個耽溺於萌芽期的電影導演,他可能連一部片都拍不出來。

對於創造者來講,萌芽期會帶著他們邁向創造週期中的**下一個階段**。即便在萌芽期還沒結束時,創造者就開始有所期待,甚至常常已經進入了

下一個階段：「同化期」。

同化期

同化期是創造歷程中的**關鍵**階段。就像人類誕生前的孕育期一樣，同化期的成長是**最不明顯**的，特別是在剛開始時。

在這個內化的階段裡，你想要創造的成果正以一種有機的方式成長，從內在發展，運用了各種內在的資源，而你則是同時進行內在的思考與採取外在的行動。

某家大型金融機構的資深副總裁開始撰寫一個涉及數百萬美元的新計畫提案。她不確定該怎樣組織手上的資料。所有必要的資訊都拿到手了，但她**還沒**找到一種清楚而有洞見的表達方式。她把所有想要表達的東西都胡亂寫進提案裡，但並未按照應有的秩序來呈現。接著，她在首頁的頂端寫了一段筆記，**描繪**出她在報告裡想要提出的成果，藉此提醒自己。

接下來她出去走一走，讓自己轉移注意力。回到辦公桌後，她又把筆記拿起來看一遍，然後擺在桌子的邊邊。她拿出一張新的紙，開始列出一個個範疇，把資料都歸類進去，那些範疇都是她之前**沒有**想到過的。接著她開始用文書處理機幫提案打草稿，一段內容**開始成形**了，接著又出現另一段。一股**動能**開始漸漸累積，那速度幾乎比她打字的速度還快，提案的其他部分也都完成了。這是提案的初稿，而且她當然還要稍微編輯與修改一下，但是在她從萌芽期進入同化期的過程中，她想要的成果又變得更為**明確具體**了。

當你在學習新的舞步、新的管理手法、新的電腦程式、新的外語或者新的技巧時，無論時間較長較短，你也會歷經相似的同化期。

每當你在**構思願景**時，萌芽期的能量會自然而然出現。到了同化期，你所做的，是教自己認識此一願景。你就是在把願景內化，讓它成爲你的一部分。你的願景不再只是新認識的人，而是變成一位**老朋友**。就某方面來講，此一願景已經與你融爲一體。在你有意識與無意識之間，你想創造的東西開始**茁壯發展**。大致上而言這種發展並不是那麼明顯，因爲同化作用有一種**隱而不顯**的特性。你開始胸懷洞見，有自己的觀念，也能進行各種聯想，也出現了更多的動能。你的創作品開始成形。它變得越來越明確可感。你開始覺得你的創造品變成了一種實體。它開始**獲得**了自己的生命。

儘管對於藝術家而言「同化」是一種**難以言喻**的作用，但他們都能意識到它的存在，也清楚它對於創造歷程的重大貢獻。到了這一個階段，他們會自然而然地觸及到創造活動的**內在**與**隱含特性**。

羅傑·塞欣斯把作曲家所體驗到的第二個創作階段，也就是把「同化」稱爲**執行**（execution）：

> 執行的過程首先是在內心傾聽音樂成形的過程；讓音樂得以成長；追隨著靈感與構想，跟著去它們要去的任何地方。在作曲家的想像中也許會出現一個樂句、主題、節奏甚或和弦，在能量的帶領之下，讓作曲家因爲一股動能或張力的驅使，往下一個樂句、主題或和弦移動。

莫札特在寫給某位朋友的信件裡曾解釋樂曲是怎樣自然形成的，他也強調同化過程的**隱然**特質，音樂的構想從內在的某處成形，準備好時就自動**現身**，在此之前我們是無法逼它出現的：

過去，當我只有自己一個人，全然獨處，而且精神振奮時，例如
乘坐馬車或好好吃一頓後去散步，還是夜裡無法入眠時；這些就
是我思路最順暢，思緒豐沛的時候。我不知道靈感何時會來，怎
麼來的，而且我再怎麼逼自己也沒有用。我把令我愉悅的靈感留
在記憶裡，將那些音樂哼給自己聽（一直有人跟我說我有這種習
慣）。如果我重複這個程序，很快就會知道該怎麼安排那些樂句
才是最恰當的，也就是能夠符合對位的規則，或是徹底呈現各種
樂器的特殊性等等。

某次葛楚德·史坦因與一群畫家談話時，用極其**圖像式**的口吻描繪同
化作用是怎麼一回事：

我們沒辦法走進子宮裡，把孩子塑造出來；他們就是在那裡，自
己成形，出來時已經是完整的——它就在那裡，是我們製造出來
的，我們也感覺得到，但卻得等它自己出來。

同化的階段會產生**動能**，所以當你歷經創造週期之際，因為結構性張
力而產生的最小阻力之路會帶著你邁向想要的成果——**成果會自己成形，
成為一個實體。**

數學家兼物理學家龐加萊（Jules Henri Poincaré）把同化過程當成一
種**看不見**的作用。對他來講，成果「反映出先前長久的下意識作為。」龐
加萊在他那一本論述數學創作的書裡面曾說過這種內化過程非常重要，而
且此一過程的動能終將把它轉化成一種**有意識**的形式：

在我看來，在數學的發明過程中，這種下意識作為的功能是無可爭辯的，在其他例子中也可以發現這種狀況，只是沒那麼明顯。通常在解答難題時，第一次出擊時都不會有什麼成果。稍事休息，不管時間長短，接著再坐下來重新著手。半個小時內，往往跟先前一樣沒有收穫，突然間一個**關鍵性**的概念自己從腦海浮現。

也許我們可以說，意識的作為之所以能發揮效果，是因為被休息時間打斷，心智才得以恢復力量與鮮活感。但可能性更高的是，在休息期間，下意識的作為仍持續著，稍後其成效才自動浮現在那一位幾何學學者腦海裡，而先前我所引述的案例也都是這樣。儘管他不是在散步或旅行的休息時間內有所領悟，而是經過一段時間的解題才得到答案，但此一成果卻與意識無關；有意識的作為最多只具有刺激的功能，因為適當的刺激，那些成果好像都是在休息期間就已經達到，只是還停留在下意識層次，要等到他意識到了才會浮現腦海。

龐加萊說他自己就曾經歷過這種同化階段，因此才得以把兩個**顯然無關**的數學領域連結在一起。出現成果之前，他努力了好一陣子，「但顯然徒勞無功」：

失敗令我感到厭惡，於是我到海邊去待了幾天，想想別的事情。某天早上我在懸崖上散步時，那個概念突然浮現我的腦海，帶有簡潔而且直接明確的特性，我想到的是：三元二次方程式的算術

轉換就跟非歐基里德幾何學的算術轉換一樣。

結果，把兩者連結在一起之後，帶來了**影響深遠**的成果，也為許多新的數學研究領域開啟了大門。

完成期

創造歷程的最後一個階段是完成期，成果於此刻問世，完整呈現出來，大功告成，同時你則是必須學會如何與你創造出來的成果**共處**。

把你想創造的東西**完整地**實現，顯然是很重要的事。但是很少人能在這個階段有好的表現。

我們都知道有很多人**並未**讓創造活動大功告成：很多博士生只需一篇論文就可以獲得學位，但卻一直沒有寫完；企業家創了業，但財務狀況始終吃緊；工程師只需再做幾個決定就能讓計畫問世，但是卻因為許許多多的細節搞不定而被困住；業務人員只需要把幾件事安排好，就能談妥一份重要合約，但卻出了差錯，痛失佳機；在家裡車庫造船的業餘船匠只需要進行最後的填隙工作就完工，但始終沒辦法讓作品得以出海；也有人開始上空手道的課，但是就在開始上手的時候把課停掉了。

就在成果即將問世的千鈞一髮之際，這些人就是有辦法把事情**搞砸**。

某些人在擁有想要的東西時會開始感到不安。因此，在完成期這個關鍵階段裡，他們必須**接受**自己創造的東西或者學會與其共處，因此這也是創造歷程的**關鍵**。這是一種**欣然接受自己努力成果的能力**。

就像作曲家在完成新作後必須公諸於世，其他領域的作品也必須由創

造者向這個世界「釋出」。此後，成果獲得了**獨立**於創造者的存在：創造者也才能夠欣然**接受**自己的成果

每當柯爾・波特（Cole Porter）創作的音樂劇開幕上演時，他通常都會體驗到上述所謂「釋出」與「接受」的兩個步驟。開幕上演後，他總是認為作品已經成為一個**外在實體**，完全**獨立**於他而存在。對他來講，作品一經完成就獲得了自主性，創作者無法再加以干涉。大多數藝術家都認為創作就像生小孩，作品問世後就有了自己特有的**生命**與**身分**。

電視新聞主播菲麗絲・海因斯（Phyllis Haynes）也是曾得過獎的電影製片，她完成了一部影片後，欣賞時覺得自己就像只是個**觀眾**而已：

> 參與電影計畫時，我總是全盤掌握每個步驟裡面的所有電影元素，逐漸實現電影的**願景**。

> 電影拍完後欣賞時，我總覺得那是**別人**拍的。片裡的妙語仍能讓我大笑，好像我從沒聽過那樣。而且我還是充滿感動，好像是第一次看那部電影似的。我之所以能參與計畫，是因為我能把自己身為藝術家與觀眾的身分**區隔**開來。這很有幫助，因為當我準備要進行下一個計劃時，我仍算是上一個計劃的觀眾，而這是個優點。

持續前進

創造歷程的三個階段都會讓你產生不同的**能量**，每一種能量都能幫你繼續往下一個階段邁進。

　　萌芽期的能量幫你往同化期邁進，同化期的能量促使你得以往完成期邁進，至於完成期的能量則是可以幫你走向另一個**新的**萌芽期。

　　對於柯爾‧波特而言，一齣音樂劇的完成能激發他寫出下一齣。龐加萊在海邊領悟出一個數學原理後，他又回家投入其他關於數學的聯想與發現工作。成為成品的畫布也能幫畫家在心裡萌發出關於新畫作的構想。

　　去年我發行了兩張音樂專輯。第一張專輯叫做《高速公路上的雨夜》（*Rainy Night on the Highway*），它花了我五個月時間進行作曲與製作。就在第一張專輯即將完成時，我又開始籌劃第二張，叫做《空中的符號》（*Air Signs*）。它的作曲與製作工作只花了我一個禮拜的時間。第一張專輯的創造歷程產生了許多**動能**，能量甚至延伸到下一張專輯裡。要是我沒有耗費五個月的時間在《高速公路上的雨夜》上面，《空中的符號》就不可能在那麼短的時間內完成。

　　創作力這種能量的本質並不會遞減，而是越來越多，呈倍數成長。

　　若你能夠煮出美味的一餐，你就比較容易煮出另一餐。如果你能夠成功地打造出一座花園，隔年要再打造出另一座也就不成問題了。

　　完成期讓你能夠**持續前進**。

　　創造週期的三個階段各有不同的特殊能量。接下來我們將會更完整地依序深入探索這三個階段。

第 十 二 章

萌芽期與選擇

做選擇是創造歷程中的關鍵部分。你不只必須選擇自己要創造什麼，一路上你也必須要做出一個個策略性的選擇，與你的行動、實驗、價值、優先順序、等級以及是否要繼續努力等有關的選擇……

做選擇

在萌芽期裡面，你所做的不只是構思出自己想要什麼，找出一個**可以前進**的方向，最重要的還是要設法讓「創造的種子」開始**成長**茁壯。

而如果你要讓「創造的種子」開始成長茁壯，則是必須**選出你想要創造的成果**。

當你進行抉擇時，你會善用許多平常沒有用到的**能量**與**資源**。

常常有人**無法**聚焦在他們所選擇的成果上，因此做了選擇也沒有用。

學會做選擇

我常跟某位同事一起吃午餐。打開菜單後，我會在十五到二十秒內把菜單闔起來，準備點菜。我那一位朋友則是往往仔細研究菜單，嚴肅的神態好像正在治學的耶穌會教士。通常來講，那位女服務生為了幫我們把菜點好，必須來我們的桌邊兩趟。有天，朋友問我為什麼我總是能夠**立刻**就做好決定，我跟他解釋我的秘訣。

多年前，我早就練就了一身如何在餐廳裡做決定的本領。我總是打開菜單，**立刻**選好一道菜。在這實驗的階段裡，有時候我很高興，有時也會失望。一段時間過後，我學會了怎樣讓目光找到**正確**的菜餚，並且**立刻**做出決定。選好後，我會研究一下菜單，看我的選擇是否正確，我幾乎沒有失誤。總之，我學會了很快就被我**想要**的東西吸引，點菜時**確信**自己會樂於享用自己的選擇。

我問我朋友是怎麼做選擇的。

他說，他會仔細**研究**每一道菜，與其他菜餚做**比較**。如果菜單裡的選項很多，他就需要大費周章。他必須仔細看過每一道菜之後才能確定沒有

錯過自己想要的東西。

交談過程中，他注意到人生的許多其他選擇也都是這麼做出來的。他**並未**直接檢視自己想要什麼，而是會先衡量**所有**的選項。換言之，當你試著**避免**錯過可能做出的好選擇時，等於是在培養**猶豫不決**的習慣。

餐廳的菜單如此複雜，但我卻能立刻做出選擇，這讓我朋友感到很不可思議。他實驗了一下，發現這種方法對他來講也很有用。他發現，他的目光很快就會被他想吃的東西吸引。當他把菜單的其他部份研究一遍過後，發現自己的選擇也很正確。後來，他說他幫自己還有幫點菜的人省了很多時間。如今，他可以用來吃飯的時間也變多了。

的確，這只是個微不足道的成果。但是，**學會了如何達到小成果，最後才能有更大的成就。**

做出正確的選擇

偉大的二十世紀作曲家卡爾海因茲‧史托克豪森（Karlheinz Stockhausen）曾經如此評論音樂創作活動的本質：「作曲這件事最神奇之處在於，我們必須做出數千個隨意的選擇，像是音符的符頭（notehead）和符尾（clef）要畫多大，符桿（stem）要畫多長。這些決定對於樂音都沒有影響，但是藉由做決定，我們可以培養出果決的習慣。」

練習做決定時，你等於是開始培養做正確決定的**直覺**，這些決定能幫你以**最成功**的方式創造出你想要的東西。你覺得誰的成功機率較高？是曾經無數次迴避抉擇的人，還是曾經做過無數次選擇，因此有機會判斷選擇對錯的人？

做選擇是需要**練習**的，選擇是一種**培養**出來的能力。做選擇的次數越多，你就越會選擇。

你應該練習選擇，而我建議的方式，則是先做一些**迅速**而**微不足道**的選擇，因為後果涉及的風險較小。下次到餐廳吃飯時，快一點決定你要點什麼。最糟的結果不過就是你想吃豌豆，但卻吃到了四季豆。

選擇與創造你想要的東西

傳統教育中，學習做抉擇是最受忽視與低估的一部分。讓我們的教育工作者有所疑慮的是，如果學生獲得選擇的餘地，也許他們的選擇可能會與師長的選擇**不同**。他們會選擇去上學嗎？他們會選擇做功課嗎？他們會選擇聽話，端正品行，善加利用時間嗎？

有些老師以為，只要跟學生說選擇是**有限**的，就是幫他們為人生做好準備。因此，他們教會學生的，其實是**妥協**：學著忍受自己並不喜歡的東西，因為一輩子會碰到的這種東西可多著咧。

這當然就會讓學生**無法**去創造自己真正想要的東西。

做選擇是創造歷程中的關鍵部分。你不只必須選擇自己要創造什麼，一路上你也必須要做出一個個**策略性**的選擇，與你的行動、實驗、價值、優先順序、等級以及是否要**繼續努力**等有關的選擇。

因為創造是一種藝術，很多地方都只能約略言之。我們**沒有**可以遵循的公式，也沒有**死板**的規則需要去遵守。歸根究柢，所謂創造就是一種**即興演出**。一路走來，你必須持續進行**從無到有**的虛構活動。你學會如何**創新**，你發現能夠讓你學習到東西的，不只是成功的，也包括**失敗**的經驗。假以時日，你就能培養出自己**特有**的創造歷程，你的本能也越來越能做出對你**有利**的抉擇。

既然學校或家庭並未給我們太多機會培養抉擇的技巧，這也難怪許多孩子們會受到各種**問題**侵擾，例如毒癮、未婚懷孕、自殺、與社會疏離，

還有對未來感到**困惑**與**猶豫**。與選擇做功課相較,看電視當然容易多了。與選擇面對**複雜**的人生相較,吸毒當然容易多了。與考慮**長壽**和**健康**的目標相較,受到熱情的慾望驅使,進行不安全的性行為當然容易多了。

有些選擇比其他選擇好。如果選擇這個主題能夠成為教育的重點,孩子們就能準備好創造自己的未來,而不是在未來只會做一些**反抗**或**順應**環境的事情。

學習永遠不會太晚。即便你一輩子都在做一些**很隨興的**決定,如今你還是能學會用極具**策略**的方式來協調自己的各種抉擇。畢竟,你有選擇的餘地,**既然能夠做比較好的選擇,為什麼要做比較差的呢?**

迴避有效的選擇

處於反抗—順應取向之中人若是想要**迴避**或者**破壞**有效的選擇,他們有常用的八種方式,每一種都能**斷送**選擇本來能發揮的潛力。

① 有限的選擇——只選擇那些看來可能或者合理的選項

喬治想要當醫生。然而,因為家裡經濟狀況不好,他爸媽一直勸他放棄。儘管他聰明到足以當醫生,但他似乎無法靠自己繳出醫學院的學費,所以他把醫生這個選項從他的理想清單裡**刪掉**了。他所考慮的,就只有那些看來「合理的」選項。**妥協**的結果是,他成為了一位藥師。

如果你只考慮那些看來**可能**或**合理**的選擇,像喬治一樣,你等於是**斷送**了自己想要的東西,剩下的就只有**妥協**而已。喬治對於藥學的熱情從來就比不上醫學。為什麼?因為沒有任何人會對妥協的結果展現熱情。

在公司裡,不管是工程、管理、業務、行銷與製造等部門,不管職務階級高低,都有許多**缺乏**熱情與創見的人員,只是因為選擇**有限**才會去做

那些工作。他們知道自己每天都生活在妥協裡，但是他們試著用一種「合理」的方式來過他們創造出來的生活。他們所能接觸到的，其實都是**僅限**於生活範圍內的那一些選擇。

② **間接的選擇——選擇過程，而非結果**

有些人選擇「上大學」，而非選擇「接受教育」；選擇「吃健康的食物」，而非選擇「當個健康的人」。因為他們做了這種選擇，在過程中浪費了不少力氣，成果因而**受限於過程**，實現成果的方式也很有限。

海莉葉深信她的人際關係源自於她的父女關係不佳。多年來，她從許多書裡面想要找出方法，對他表達出心裡的憤怒。她參加過幾場教人表達憤怒情緒的座談會，也試過各種心理治療方法。接受治療時，偶爾她會發現自己拉開嗓子尖叫，哭得涕泗縱橫，列舉出父親讓她怨恨的地方，也想像出一些父女之間的對話，跟很多互助團體成員分享她的父女關係。

海莉葉實際上希望的，只是當一個**完整**的人。

她選擇的其實是**過程**，而非她想要的**結果**，她選擇那些過程的原因是希望能藉此達到成果。因為追求的是過程，海莉葉不曾選擇成為她自己想要成為的完整人格——儘管她試著**說服**自己相信那些選擇可以幫她培養完整人格。

當公司獲利下滑時，憂心忡忡的高層主管可能會發現他們正把希望投注在**新的**過程上。「讓我們把所有的銷售人力都投注在這一場以卓越為主題的座談會上，看看是否有幫助。」

許多人常常深陷於過程之中，以至於**看不清楚**或者壓根**忘了**自己真正想要的結果。如果欠缺對於結果的願景，他們就**沒有**太大機會可以創造出自己想要的東西。他們甚至**不清楚**自己要追求的結果是什麼。

③ 用消除法來進行選擇——把所有其他可能性都消除掉，讓唯一的選項留
下來

做這種選擇的人常常把差異極端化，造成無可化解的衝突，因此他們
「被迫」選擇明顯的**僅剩**選項。

很多人往往是靠這種**消去選擇法**來改變自己的生活現狀。大多數人都
有過這種經驗：事態被我們搞得越來越糟，到最後因為實在無法忍受了，
只好離開，某些人甚至把這當成他們的**生活方式**。大多數情況之下，他們
之所以會離開，都是因為**衝突的張力**升高了。

例如，傑瑞與老婆的歧見惡化，最後吵得不可開交，在酒吧裡他跟朋
友說：「情況變糟了，我不得不離開她。我沒有別的選擇。」等到傑瑞真
的離婚時，夫妻倆的關係已經陷入了**冷戰**，每兩三天就會大吵一架。傑瑞
無視於兩人的歡樂時光，把糟糕的狀況看得比實際上還糟。在他看來，衝
突越演越烈，到最後似乎已經一發不可收拾。他覺得除了走人之外，沒有
其他選擇。

很多人也是這樣辭職的。透過**自我肯定**的方式，他們把自己與同事和
資深主管之間的關係搞僵了，**誤解**越來越嚴重。他們把一些微不足道的評
論看成批評，就連辦公室的牆壁看起來也像是想要害他，每一天好像都比
以前還要**黯淡**。他覺得早上起床好困難，**不想**去面對辦公室裡的風暴。這
種人常跟朋友抱怨，朋友勸他們找新工作，他們開始與那些似乎很喜歡公
司的同事有了積怨。火上加油的是，他們開始對整間公司的操守**存疑**。通
常來講，他們已經無心工作，只專注在**衝突**上。當有人在這種情況下離開
公司時，看來好像是一種追隨道德理想的義行。「我沒有選擇。我一定要
離開。是你的話你會怎麼辦？」

我們這個時代的政治傾向之一就是左派與右派的極端化，因此僅剩的

兩個**極端**選項都是我們討厭的：右派的暴政，或是左派的暴政。因此人們認為自己受制於環境，面對著兩個不喜歡的選擇，被迫從兩個爛蘋果裡面選一個比較好的。不管是中美洲、北愛爾蘭、中東或非洲，會發生那麼多政治上的悲劇，當然都是這種**消去選擇法**的後果。

④ **藉由棄權來進行選擇──透過不選擇的方式來進行「選擇」，因此不管接下來怎樣，似乎都不是選擇的結果**

　　最後期限錯過了、合約沒有簽署、「批准」的命令沒有發出去、選舉時沒有去投票。

　　因為**無力選擇**或者**不願選擇**，屬於這種狀況的人選擇**順應**環境的影響，放棄了自己的權力。像這樣拒絕選擇的話，從一開始就**斷送**了任何有效行動的可能性。接下來，唯一能做的就只有針對後果做**回應**了。

⑤ **有先決條件的選擇──在選擇上面強加一堆條件**

　　以下兩個常見的句型可以用來說明**有條件**的選擇是怎麼一回事：「等到……的時候，我就會這麼選擇。」「如果將來……，我就會這麼選擇。」

　　「等到我加薪的時候，我就會開始這個新計劃。」、「等到詹恩與卡爾被指派到我的團隊，我就會設計新的方法。」、「等到我婆婆搬出去住，我就會買一個新家。」

　　這些人**並未直接**選擇自己想要的東西，而是把某些條件或狀況**強加**在結果之上。「等到我找到完美的男（女）朋友，我就會覺得快樂了。」這意味著，在他們找到完美的男（女）朋友以前，他們是都不會快樂的，而且他們對於快樂所做出的選擇也取決於是否能找到完美的男（女）朋友。這種人任由某些**隨機**的**外在條件**來左右自己的生活，而且這些條件好像有

某種**神祕**的力量似的，足以造就令他們滿意的環境。

⑥ 回應式的選擇——選擇的目的是爲了克服某個衝突

　　有些人做選擇時不是爲了**開啓**某個創造歷程，而是爲了**舒緩不舒適**或者**排解壓力**。

　　某位電腦公司高層主管在員工會議上宣布：「我們盡可能趕快製造出一台筆電吧！因爲我們的最大競爭對手已經投入生產他們的筆電了。」

　　工程團隊失寵於老闆，團隊負責人與老闆吵架後向其他成員建議：「我們來仿效那些外國的設計師，一起設計出一個可以幫我們奪回市佔率的車體吧！」

　　每當**環境**因素的刺激升高到令人感到**不安**的關鍵點時，這一類人就會藉由進行**選擇**來舒緩不安。無論導致不安的事物爲何，它才是眞正擁有力量的，無力的他們只是藉由做選擇來**舒緩不安**罷了。

　　我們的社會深信大多數人都會進行這種**回應式**的選擇，所以當社會不希望人們出現某些行徑時，總是會威脅他們：如果你做了那些事，你的日子就會不好過，無論是被罰錢、被關、被驅逐、被羞辱、被排斥甚至被處以死刑。這種反應式的選擇跟我們的**膝反射**沒有兩樣，就像某些駕駛人在公路上看到州警，就會自動放慢車速。

⑦ **透過輿論來做選擇——先找出其他人願意推薦的選項，照著這種民意調查的結果來做選擇**

　　因爲處於這種模式下的人常常利用**成功**的人際關係來促使別人與他們達成共識，因此他們所調查出來的民意結果，往往與他們眞正想要的相符。然而，因爲意見是別人給的，所以他們**並不是**按照自己的意願來選擇，選

擇所反映出來的是他所調查**那一群人**的意志。

有個女人用以下這段話來描述她是怎樣找到一份新工作的：

> 我老闆很難溝通，最近我覺得我的工作快讓我煩死了，我感覺不
> 到其他員工的支持。事實上，他們似乎都只關心一些膚淺的小
> 事。在此同時，一間令人感到激勵的公司邀請我加入他們。我的
> 新工作看來極具挑戰性，讓我有參與感，且被受重視。而且將要
> 與我共事的人都非常關切公司的組織轉變。你們覺得我該怎麼
> 做？我該辭職，去做新的工作嗎？

很難想像有誰會建議她留在舊公司。在這個案例中，她想要**說服**別人
的意圖非常明顯。一般而言，這一類人用來說服別人的方式比較隱晦一點，
但基本上策略是相同的。

我曾認識某位大公司高層主管，他透過**輿論**來做選擇的方式與上述例
子不同。每當面臨必須幫公司做抉擇時，他會向認識的人**徵詢建議**與**意見**。
接著，他只接受與他意願相符的那些意見。如果他的選擇結果並不成功，
他會回去找那些讓他接受了建議的人，**為了失敗而責怪他們**。

⑧ **前世就做好的選擇**——這種選擇所根據的是某種關於宇宙本質的模糊形
上學觀念

這種理論所主張的是，不管在現狀中你所得到的是什麼，如果不是因
為**這輩子**的選擇而得到的，就是因為**前世**的選擇：「我有痔瘡，所以一定
是我做了選擇才會得痔瘡。」

如果你接受這種觀念，等於是**被迫**做出這個結論：幫你選擇出這個人

生處境的，是某個外在於你的意識的「分身」——包括那些你不想要的處境。因此，你這輩子的力量是來自於你的某個未知「分身」，因此**由不得你掌控**。

　　事實上，如今你所經歷的生活經驗有某部分是源自於**先前**你自己所建立起來的**結構**。如果最小阻力之路把你帶往你不喜歡的結果，你應該從你所建立的結構裡去找原因，而不是歸咎於某種**反常**的，或是你在**不知情**的情況下做出的選擇。通常來講，這種處境都**不是**你選擇的，也非你想要的。

選擇與力量

　　人們做選擇的方式反映出他們覺得最具影響力的是什麼，還有如何**啟動**與**運用**那一股力量。前述的八種無效選擇方式各自反映出某種反抗—順應取向的特色，處於那八種情境下的人們不是**放棄**了自己的力量，就是把力量**拱手讓給**自身以外的事物或人物。

　　當你在進行創造時，你的力量就不會取決於你所身處的**情境**。也就是說，你的創造力並非來自於**環境**，而是來自於你**自己**。**沒有任何力量逼你去創造自己想要的東西，無論任何人物或事物都無法剝奪你的力量。**

創造取向中的選擇

　　在創造取向中，你會有意識地選擇你自己樂見的成果。

　　做選擇看來簡單，但可別被騙了：你必須**持續練習**才能做出對的選擇。如前所述，某種錯誤的選擇方式是**選擇過程**，而非選擇你想要的**成果**。許多人認真投入那些可以達成成果的過程，但實際上都沒有選擇自己想要的成果——不管是正式或非正式地選擇。有些人會吃一些特別的健康食品，攝取大量的維他命，認真運動，不碰酒、咖啡、香菸、巧克力、漂白麵粉、

紅肉與精糖，但實際上卻並未選擇健康的身體。許多人採取一些**有益健康的行動**，但並未選擇成為**健康的人**。

　　某些上層管理人員參加商業研討會，學習新的行銷、管理、生產等等技巧，深信這些作為「有益於公司」。接著他們也會讓員工接受一堆**訓練**，希望那些訓練能夠為公司組織帶來正面的改變。這一類管理人員盲目信任他們所選擇的**過程**，但是採取的行動卻未能聚焦在**創造歷程**上。這只是另一個尋求正確回應之道的例子。

　　就許多案例而言，不管是管理人員或者吃健康食物的人都是選擇了過程，採取自認「對他們有益」的行動。好像他們把全部的心力都投注在那個**過程**裡，希望此一過程能為他們帶來希望的成果。通常來講他們都專注在過程上，但不必然對**成果**很投入。

　　如果你能**選擇**成為一個健康的人，你就能善用來自於體內與內心，來自於**精神**的內在資源。選擇成為健康的人，你才能讓結構張力的要素之一，也就是讓願景成形。透過選擇，你就能聚焦在**能量**上面，將它釋放出來，然後你往往就能趨近於那些對你而言最有益健康，最有幫助的歷程。

　　當組織選擇的是某個**成果**時，其成員也能夠更易於善用組織的**資源**。他們會更容易就找出有助於促成成果的歷程，或者是自己創造出能促成成果的手段，並且予以實行。

　　當你只是選擇歷程時，你**並未**建立起結構性張力，你也沒有獲得那些能幫你完成創造歷程的能量。

選擇負面的成果

　　有些人所選擇的，不是**他們想要的東西**，而是選擇**避免他們不想要的**

東西。某些人並未選擇健康，而是選擇遠離疾病。

當你做的選擇只是爲了**避免**不想要的東西，你就無法把結構性張力建立起來。你所建立起來的，反而只是一種**衝突結構**。

有些人之所以實行嚴格的飲食方式，並且認眞運動，並不是他們有多清楚的健康理念，而是顯然想要**避免**疾病纏身。他們所恐懼的，不只是一般的小感冒，而是心臟病、癌症、胃潰瘍、高血壓、糖尿病與其它具有威脅性的疾病。他們採取**迴避**的策略，強調他們不想要的東西（他們不想得重病，或者不想死），而不是強調他們想要的（活力與生命）。

他們的行爲受到**結構性衝突**的驅使，在這種衝突中，最小阻力之路就是採取行動，試圖化解**無法化解**的衝突。

這種結構性衝突常令人感到不舒服，實際上它是一種**生死衝突**。因爲他們想要確保自己能活命，也就是確保自己不會得重病或者死掉，他們所牢記的是一個**負面**的願景——這個願景告訴他們：你隨時都可能會出事（得癌症或者心臟病發）。因此他們讓衝突**惡化**了，他們讓自己持續處於**高壓力**的狀態下，因爲他們不能接受自己得病。

他們的策略是讓自己**保持**在這種衝突狀態中。也許他們是這樣想的：「如果我吃糖或者漂白麵粉，我就會得癌症死掉，所以我一定不能吃那種食物。我必須時時警惕。」他們採取種種行動，例如只吃有機食物與運動，但行動的焦點不是健康的身體，而是要**舒緩自己的情緒**——消除那些自己所創造出來的恐懼與擔憂情緒。

他們長期強迫自己相信自身是**無力**的；他們生活中的力量來自於食物或運動，而非他們自身；如果他們吃某些食物或者不運動，生命就會受到威脅。他們深信自己如果爲所欲爲就是不負責任的，所以必須**自我控制**，方式是時時告訴自己，如果怠於運動就可能會有危險，如果不堅持下去，

就是不負責任。

　　我不是說吃健康食物或者做大量運動這種事本身有什麼錯。在創造取向中，一旦你有意識地**選擇**了健康，你一樣也會傾向於攝取某些食物，做某些形式的運動，你所投入的是一個**有機**的歷程。這個有機歷程的**結構性傾向**是讓你受到那些特別有益健康的生活方式吸引。這些生活方式也許包括吃健康食物與運動這種**預期之中**的一般生活方式，也有些是**出乎意料**之外的。

　　如果你試著**強迫**自己去做某些事，也許你就會失去自己原有的自然生活節奏，如此一來你就沒有辦法像本來那樣，隨著生活節奏的改變去進行不同類型的活動。

　　例如，也許你每天都**遵循**固定的飲食習慣；然而，你原有有的生活節奏也許是希望你在某天能夠攝取較多蛋白質。因為你的飲食習慣過於死板，導致你可能忽略了自己的生活節奏，錯過了你的身體在某天特別需要的食物或營養，導致你無法讓自己更健康。

你不想要的東西

　　全世界許多大公司的成員都把大部份心力用於**避免**他們不想要的東西：他們不想要不合作的工作團隊、行事不當的管理階層、過多的存貨、損失、退貨、有缺陷的產品、信用問題、官司、財務透支、破產、惡意收購等等。

　　在創造歷程中，你不會去選擇**避免那些你不想要的東西**。你一定是為了得到自己想要的東西而去做選擇。

　　當然，如果你能搞清楚有什麼東西是你**不想要**，但目前卻擁有的，的確有所助益，因為通常你想要的東西就是剛好與你不想要的東西**完全相反**。

如果你不希望自己的車子持續拋錨，你想要的可能就是一部車況能保持正常的車子。如果你不希望在無聊的工作環境中工作，也許你想要的，就是一份有趣又有挑戰性的工作。如果你不想跟一群不投入又常猶豫不決的員工工作，也許你就是希望自己的同事能夠熱情又果決。如果你不想要常常與自己的伴侶爭論吵架，也許你想要的就是一個完全相反的，愛你又支持你，而且與你關係和諧的愛人。

當你把大量能量聚焦在人生的**問題**上，你很容易就只看到眼前那些問題。某些時候，你會覺得唯一重要的事，似乎就是**讓問題不再是個問題**，或者將它**解決**。

問題如果看來越膠著，你就越可能認為自己想要的，是**避免**那些問題，或者只會去做自己認為**可能**的事情。

我常常至少花十五分鐘的時間問別人一個問題：你想要創造什麼？結果對方卻一直跟我說「我不想要這個」或者「我不想要那個」，抑或是「我不想要面對這個問題」，還有「我想要擺脫那個問題」。

想像一下，難道作曲家貝拉‧巴爾托克（Béla Bartók）是這樣創作出他的第三號弦樂四重奏的嗎？「我不想創作管絃樂，我不想要創作鋼琴樂曲，我不希望我的作品跟其他作曲家一樣，我不想要我的作品那麼呆板。」我想你應該也看得出來，如果把注意力聚焦在你**不想要**的東西上面，你就**無法**創造出了不起的願景，當你進入創造的萌芽期，也無法產生太大的**能量**。

當你所選擇的都是自己不想要的東西，你就會受到它們主宰，你想要的東西就無法受到應有的重視。

正式地做出選擇

做選擇時，你應該採取兩個步驟：

首先，想清楚自己想要的是什麼，也就是對於你想創造的東西要懷抱著清晰的願景。

其次，為求正式起見，請你確確實實地說出這句話：「我想要選擇擁有的是……」。

重點不是大聲說出那一句話，而是一定要**對你自己**，對著你的**內心深處**說：**確實選出你想要的結果**。說出自己的選擇跟念咒的人喃喃自語並不相同，我也不是要你一再覆述那句話，以求自我肯定。我只是要你把自己的選擇具體地化為**語言**，讓你的願景顯得更為**聚焦**。

當你做出**正式**的選擇時，你就是讓「萌芽的種子」開始成長茁壯了。你把所有的能量**掌控**在自己手裡，讓能量幫你朝著你的選擇邁進。你進入了創造週期的第一個階段。

對於許多人來說，做出此一正式選擇，等於是在片刻間躍入了一個**未知的**境地，特別是他們所選擇的涉及了他們自己過去未曾選擇過的大事。然而，在懸而未決的時刻過後，他們通常會覺得神智清明，渾身充滿能量，連身體也變輕了。當你做出選擇後，無論你是否會有上述的奇特體驗，你都等於是帶著能量**主動出擊**，朝著你選擇的方向出發。若你所選擇的是你**想要**的成果，你的選擇將會充滿力量。

第 十 三 章

首要、次要與基本的選擇

如果你處於創造取向之中，一旦你清楚了自己的首要
選擇，無論在達成成就之前你需要做多少次要選擇，
一路上你都會很清楚自己的首要選擇爲何，做次要選
擇時也會比較容易……

　　創造歷程中的策略元素是三種截然有別的選擇：**首要、次要與基本的選擇。**

首要選擇

首要選擇關係到你的重大成就。

　　人的一生幾乎都會在各個領域做出**首要**的選擇。在職場上，也許你會選擇成為公司裡績效最好的經理、選擇把超導體應用在實際的用途上、選擇發明一種運送危險物質的安全方法、選擇把人工智慧與先進的檢索系統整合在一起、選擇在新加坡開一家製造廠。就個人生活而言，你的首要選擇包括選擇很棒的男（女）朋友、選擇有意義的工作、選擇一間讓自己感覺像家的房子，或選擇很棒的假期。你可以選擇創造藝術品，煮一頓美味大餐，或主持一個很棒的座談會或者會議。**你之所以做出首要的選擇，只是為了選擇達到某個成果。**就算達到它之後的確可能會把你引導到另一個成果，但這不是你做那個首要選擇的目的。**首要選擇不是一連串步驟裡面的一個步驟，它是一個終極目標。**

　　儘管首要選擇也許會讓其他成果成真，或者為未來的成果奠立基礎，做為一種選擇，它的**主要目的**就只是讓你達到你所**選擇**的目標。畫家作畫時，其首要選擇是把畫畫出來，而不是把畫作當成職業生涯的墊腳石，或者讓自己覺得滿意，抑或是賺錢。發明家發明的目的並非取得專利，而是希望他發明的東西能**問世**。

　　自從在一九六六年發明了可變波長染料雷射（Tunable dye laser）這種技術以來，瑪莉·黛德麗·史派斯（Mary Dietrich Spaeth）就一直積極研發雷射同位素分離（laser isotope separation）的過程。跟大多數發明家一

樣，她的**首要目標**是看見自己發明的東西**問世**，而非藉此賺錢或是取得專利。

當時她受聘於休斯飛機公司（Hughes Aircraft Company），她曾描述過該公司如何試著利用她所發明出來的東西研發出一具紅寶石測距儀（ruby range finder），但卻未成功。她確定一定可以，最後休斯公司指派了另一個工作給她：

> 他們下了一個直接明確的命令，要我別繼續了，但我還是繼續做，結果多年來幫他們省了一大堆錢。然而，當時我持續發展出來的概念大多都是無法取得專利的。事實上，對於取得專利這件事我從來沒有多少興趣。我比較有興趣的是把不同的東西湊在一起發揮功效。我覺得取得專利是一件苦差事，我比較有興趣的是發明出有用的東西，而非取得一只專利證書。

對於你想要的東西，如果你不能確定它本身就是你想達成的成果，或它只是達成另一個成果的步驟，你只需捫心自問：「**這個選擇的目的為何？**」

如果，選擇的目的是為了達成某個成果**以外**的東西，那它就只是**過程**的一部分。因此，這個選擇就不是**首要**選擇，最多也只是**次要**選擇而已。

如果它的目的不是促使你達到**進一步**的成果，那它就是你要的那個成果本身，因此就是首要選擇。

我曾問過某個朋友為何彈鋼琴，她說：「因為我愛彈鋼琴。」這就是一個首要選擇的例子。

對於藝術家來講，他們的首要選擇可能只是**創造的樂趣**而已。就像

二十世紀的雕刻家亨利・摩爾（Henry Moore）曾說過的：「有時候我畫畫只是爲了畫畫本身的樂趣而已。」

　　我有個名廚朋友曾在幫我們煮晚餐時跟我說：「我喜歡做的，是在廚房裡即興演出。通常來講，我都不知道要煮什麼當晚餐，就像今晚一樣。讓我覺得最享受的是把食材拿來進行**即興演出**，看看最後做出什麼東西來。」

　　我這位朋友所做的的確是首要選擇，而且他選擇達成的成果至少有兩個。首先是一頓美味的晚餐，那天晚上稍早時他也許還**不清楚**自己煮出來的東西會有什麼風貌與味道，但他知道自己所追求的晚餐**特質**是什麼。他能確定自己的首要選擇（一頓美味的晚餐）可以**符合**好食物的美學與美味標準。

　　他心裡想的第二個成果，則只是烹飪的**樂趣**。這個成果就像我那一位鋼琴家朋友喜歡彈琴一樣，或是登山家登山時的刺激感，還有度假的人喜歡躺在陽光普照的沙灘上。對他來講，烹飪經驗本身就是個**目的**，與想要煮出晚餐的目的是兩回事。

　　處於反抗—順應取向中的人通常**很難**做出首要選擇，因爲他們強調的是**方法**（如何達到他們想去的地方），而非**成果**（他們最後想去的地方）。

　　我認識一些人總是積極追求**方法**，但卻無法構思出自己**想要什麼**。他們能夠想出來的，就只有一個個**步驟**，而這些步驟又把他們**導向**其他步驟。

　　座談會時我問某個人：「你想要什麼？」

　　他說：「我想要發掘自我。」

　　我試著讓他聚焦在他想要的成果上，於是追問：「找到自己之後，你能擁有什麼？」

他回答：「這樣我就能看出是什麼讓我退卻。」

「看出是什麼讓你退卻之後，又會怎樣呢？」

「這樣我就能克服障礙，不再阻擋自己。」

「知道怎樣克服障礙，」我持續追問，「然後呢？」

「那我就不會再阻擋自己。」

「不再阻擋自己之後，你會怎樣呢？」

「呃，我不知道，」他這麼回答我。

只顧追求**過程**的人被問及自己將會抵達何處的時候，他們通常看不出過程的盡頭會是哪裡，即便持續被追問個五六遍，他們還是說不出答案。

練習進行首要選擇

如果你知道自己想要透過**首要選擇**達到的成果是什麼，你就能夠獲得一股龐大的**力量**。一旦你做出首要選擇，你自然而然就會以**有效**的方式來重新安排與組織自己的生活，藉此**實現**自己選擇的成果。

當你正式做出首要選擇，一股**萌芽期的能量**應運而生，你也能看清自己需要做哪些策略性的**次要選擇**——也就是能夠**支持**首要選擇的種種選擇。當你在進行策略性的次要選擇時，你就是讓自己的行動**配合**你想要創造的東西，如此一來你所採取的每一個步驟都能**奠立基礎**、**創造動能**，進而實現你的首要選擇。以下幾個步驟不失為一個好的開始：

● **步驟一：**
把你現在到死前想要的所有東西都**列出來**。包括你個人生活中與職場

上的目標，也包括你希望這個世界達到的目標。坦誠地列出來。列這個清
單時**別管**是否可能，還有可能性多高。

也包括你希望與別人建立起**哪些性質**的人際關係。但是不要把你**希望**
別人怎樣表現也列進來。如果你說「我希望哈利能夠……」，那等於是試
著把你的意志強加在哈利身上，你該做的是聚焦在你**想要的**關係的本質與
性質。請你這樣寫：「我想要建立一種能夠具有下列性質的關係……」你
最後建立起來的關係可能與哈利有關，也可能與他無關。

你所列出來的，一定是你想要的東西。別把你不想要的東西列進來，
像是「不想要再有戰爭」、「不想要再與經理爭執」、「不想要再得胃潰
瘍」。

還有，另一種不要列進去的是你認為自己**應該**想要的東西，所謂應該
想要，是指別人希望你應該要，或者你認為自己如果不要的話，就太自私
了。

姑且把這個清單當成一個草稿。

• **步驟二：**

把你的清單重讀一遍，確認你想要的**主要人生**要素都在裡面。如果發
現有所遺漏，就補加進去，也把**不是**真正想要的刪除掉。

• **步驟三：**

用這個問題來檢驗清單上的每一個項目：**「如果我能達到這個成果，
我願意嗎？」**

如果答案是否定的，你就必須把那一項**刪掉**，抑或加以**調整**，藉此讓
清單上的每個項目都是你**真正想要**的。有時你會發現，本來你以為自己很

在意某個成果，但實際上並非如此。

如果檢驗過後答案是肯定的，請你**正式**地選擇你所列出來的東西，做法是對自己說：「我選擇的成果是：＿＿＿＿＿（把你想要的東西填進去）」。

●步驟四：

持續這麼做，直到你已經把所有你**真正想要**的東西都列了出來。

透過作出這些選擇，你就已經是踏出創造歷程的第一步了。把你想要的東西構思出來、做出選擇，這就是你在萌芽期該做的事。當你選擇出你想要的東西時，你等於是釋出了一股萌芽期的**能量**，讓你能夠朝自己想去的方向走下去。

次要選擇

這種可以幫你朝首要成果邁進的選擇，叫做次要選擇。

因此，為了煮一頓飯所需的食材（首要選擇），也許你會選擇去購物（次要選擇）。或是為了完成一本你想要編撰的參考書（首要選擇），也許你會選擇購買一個可以把參考書目按照字母順序排列的文字處理軟體（次要選擇）。

次要選擇可以輔助首要選擇。

幾個月前，我決定把自己的肌肉練好，這是我的首要選擇。而我的次要選擇，就是做三個月的舉重訓練。每天我也會做一些其他次要選擇來**輔助**我的首要選擇。

三個月重量訓練期間，早上起來時我通常會浮現一個念頭：「今天早

上我可以多睡一點。畢竟過去幾天我都在做訓練。我的表現很好。今天早上我不需要做訓練！」

接下來我會起床，穿著睡袍與拖鞋下樓。

下樓後我會這麼想：「現在我醒了，我可以去一下洗手間就好，然後就回床上睡覺。畢竟我不是真的需要做練習！」

接著我會穿上運動服與運動鞋。

一旦把練習用的服裝穿上後，我心裡會這樣想：「現在我醒了，也穿好衣服了，我可以偷個懶，看一下我喜歡的書，度過一個很棒的早上！」

此時我會把夾克穿上，走出前門。

上車後我又有別的想法：「現在我上車了，真棒！我可以開車去買一些可頌！」

接著我會開車去做重量訓練。

通常，到這個時候，不想做訓練的念頭會暫時消失。然而，大概在整套訓練結束前，還剩下兩三個動作時，我會有另一個念頭出現：「我做得很好！今天我的確是做夠了，不需要完成整套訓練！」

之後，我會把最後的幾套動作做完。

這就是用一連串**次要選擇來輔助首要選擇**的例子。儘管留在床上比較輕鬆，但我還是有辦法起床；睡回床上也比較輕鬆，但我就是有辦法穿上衣服；留在家裡比較輕鬆，但我就是能夠出門；開車到麵包店比較輕鬆，但我還是去了健身房；不把整套訓練做完比較輕鬆，但我還是把它完成了。

過程中的每個步驟我都能夠輕易地做出次要選擇，只因我顯然已經做了首要選擇。過程中我並沒有出現失落感或者放棄了什麼。大部分浮現腦海的念頭都只是對於不同行為選擇的描述。我的確可以待在床上就好，在家讀書就好，吃可頌就好，也不用把訓練做完。這些都是我本來可以做的

選擇。

然而，每次做決定時，我都有辦法看清什麼對我而言才是重要的。我不曾需要與自己爭辯，也不曾感到掙扎。在整個過程中，最重要的只有一件事：我的首要選擇是想要擁有健美的身體。我在做每一個次要選擇時，無論是起床、去健身房或完成舉重訓練，都非常容易、毫不猶豫，**因爲每個選擇都會直接支持我的首要選擇。**

並非所有次要選擇都能跟起床或穿衣服一樣可以簡單達成。對於選擇成爲專業音樂家或運動員的人來講，次要選擇也許就是多年的練習。

如果你處於創造取向之中，一旦你清楚了自己的首要選擇，無論在達成成就之前你需要做多少次要選擇，一路上你都會很**清楚**自己的首要選擇爲何，做次要選擇時也會比較容易。那些選擇變成你顯然**必須**採取的行動。

次要選擇永遠是從屬於首要選擇的。通常來講，如果離開了首要選擇的脈絡，我們根本就沒有理由去做次要選擇。

長時間練習可能不是運動員與音樂家喜歡的事，但他們還是照練：不是因爲責任或義務，或是任何形式的自我控制，而是他們必須做出與首要選擇一致的次要選擇，而他們的首要選擇就是能夠做音樂表演，或在運動方面出類拔萃。最後他們甚或會愛上次要選擇，只因次要選擇能夠鼎力**輔助**他們的最終願景。

爵士薩克斯風好手傑瑞・伯根齊（Jerry Bergonzi）曾這樣闡述他製作音樂專輯的過程：

> 願景是讓我的唱片得以問世的載體，次要選擇則是載體的引擎，
> 一切努力都是出於愛。

進行首要與次要選擇的領導者

身為組織裡的創造者，領導人必須了解**首要**選擇與**次要**選擇之間的關係——前者如成就、目的與目標，後者則包括工作團隊的策略性選擇、工作時間、時機、訓練、排程、研究與會議等等。

組織常常依賴領袖來**決定**價值與功能的層級。他們通常必須決定各種要創造的東西的**順序**。儘管對於其他人來講這些成就看來也許價值相同，但領袖卻必須決定它們的**重要性**孰高孰低。

一旦工作團隊**知道**那些選擇是首要的，怎樣進行次要選擇就很**明顯**了：因為次要選擇永遠能夠輔助首要選擇。

簡單的首要選擇可能只是要研發某種產品，次要選擇則是可能涉及各種研發工作、進行時間管理、籌措財源與把計畫團隊裡的工程師組織起來。

相互排斥的欲求

如果某個上班日你起床時覺得很累，想要賴床，但是你的工作卻讓你不得不在某個特定時間去上工，你該選擇賴床還是起床去工作呢？

在這種情況下，你的欲求有兩個，但卻**互相排斥**。你不能夠選擇賴床，但同時又去工作。

一旦你知道自己的首要選擇是什麼，你就很容易知道該怎麼做了。

如果工作是你的首要選擇，那麼次要選擇就應該能夠輔助首要選擇，也就是你必須起床，穿好衣服，去上班。

當兩個欲求相互排斥時，有些人會感到困惑。他們會覺得困住了，無法選擇。結果，他們通常**無法**做出真正的選擇。他們反而會像機器人一樣

起床工作，或者是因爲罪惡感、害怕被懲罰或有所損失才去工作。

除非他們在這種情況下做出**眞正的選擇**，無論最後做出什麼選擇，他們總是會感覺到一點點不甘願，甚至怨懟。他們可能拖著身體去工作了，但他們的心思卻偶爾或暫時飄回了床上，埋怨自己被工作時程綁死了。

在反抗—順應取向中，人們通常覺得這種衝突是**無解的兩難**。兩種選擇被當成價值與重要性相當。無論選擇哪一者，處於反抗—順應取向中的人總會感到失落與一定程度的**無力感**。他們認爲自己是因爲**環境**而被逼自己放棄自己想要的東西。

在創造取向中，身爲創造者，各種成就的重要性高低由你自己決定。接著你必須決定什麼才是首要的。這會讓你永遠保持**強大的創造力**，整個行動的過程都能有效地促成你最重視的成果（也就是你的首要選擇）。對於你想要但卻不能擁有的東西，你不會有失落感與無力感，而且你總是選擇你**最想要**的東西。你比較沒那麼想要的東西變成從屬於你更重要的欲求。

此外，當你爲了支持你的首要選擇而做出次要選擇時，首要選擇做爲一種重要成果，它的定義就更清楚了，因此可能更加容易創造。

鍛鍊健美身體對我來講之所以更爲容易，是因爲一路走來我做了許多的次要選擇，而且每做一個次要選擇，我就能更清楚地把健美的身體定義成首要選擇。

在做那些次要選擇時，我們似乎一點也不需要有所放棄。當我們在做次要選擇時，也就是當我們在做那些能夠**輔助**首要選擇的選擇時，我們是在做自己眞正想做的事。進行**策略性**的選擇能夠爲我們帶來龐大的力量。

長期目標與短期需求

　　某些首要選擇是長期的目標。通常來講，當我們在追求那些目標時，都會遇到一些短期需求的干擾——也就是會有一些似乎必須立刻面對的情況。

　　長期目標與**短期需求**的角色截然不同，因為它們會帶你走向**不同**的境地，產生不同的結果。

　　每個人都有長期的目標：教育自己的小孩、寫一本以長島地區野生花卉為主題的書、成為公司的總裁、取得臨床心理師證照，或是環遊世界，每個人都可以開出一份**專屬**的清單。

　　每個人也都有短期的需求，其中許多都是我們極為熟悉的：「我餓了」、「我好無聊」、「我想看晚場電影」、「我不想念書」、「我沒有那一件洋裝就活不下去」、「我必須在截稿期限前交稿」，還有「我需要休息一下」。

　　當短期需求出現時，我們永遠都必須**採取行動**。而且那些行動都具有舒緩的效果，通常會讓我們覺得好過一點。像是吃東西、喝東西、吃藥、去血拚、看電視看好幾個小時，或是去找一些樂子。

　　每當我們的行動是受到「舒緩」這個**目的**驅使時，通常不能為自己帶來最大的好處。這種行動雖然能讓我們好過一點，但感覺並不持久，原因不只是在於這些行動並**不能幫我達成長期目標**，也是因為造成短期需求出現的**衝突**仍然存在。事實上，有些人似乎就是不斷在**滿足**自己的短期需求，一個接一個。

　　每當你捫心自問：「這一輩子我想要達到的成就是什麼？」你不但可以牢記自己的長期目標，也比較容易採取各種達成目標所需的行動。次要

選擇也就變得比較容易一點。即便受到**暫時性衝突**的干擾，你還是不會偏離自己的人生方向。

當我們清楚地**定義**首要選擇，並且做出一個個**輔助**首要選擇的次要選擇時，我們就有能力分辨哪些是長期目標，哪些是可能會讓你分心的短期需求。

葛雷哥萊曾是個木匠。每當有人聘他做某件事時，大家總是問他需要多久時間。他當然也會根據木工所需時數來估算時間。然而，一旦他開始某個案子，他總是任由自己分心：收聽收音機的新聞報導、聽一下外面的人在聊什麼，或是接家裡打來的電話。因為**分心**的事情那麼多，他發現每個案子都會耗費原先預估時間的兩倍才能完成，他的顧客們非常討厭這一點。上完「創意科技」課程後，他培養出一種透過**選擇**來支持長期目標的習慣，而不是支持那些似乎永遠都會讓工作進度亂掉的**短期需求**。他不再聽人聊天或是思考家裡的事情，而是**全神貫注**在木工的案子上面。藉此他才有辦法按照預估時間來完成所有案子。每當他發現自己即將分心時，他都會做出一個策略性的次要選擇，讓自己繼續進行案子。

藉由基本的選擇來奠立基礎

最後能做出一番大事的人早年似乎不見得有所成。許多最成功的歷史人物年輕時都沒有**展現**出成功的顯著跡象，畢卡索甚至需要一位家教幫他準備中學入學考試，但最後那家教卻放棄了他，因為他實在太難教了。

愛因斯坦小時候被老師們當成懶惰與遲鈍的學生。他講話時總是吞吞吐吐，語言學習對他來講很困難，成績也不好。迫於壓力，他的親戚們同意幫忙出資，讓愛因斯坦到蘇黎世的綜合技術學院（Polytechnic

Institute）去就讀，但他在入學考試時被刷掉，必須回到中學補上表現較差的科目。

美國的第一夫人艾莉諾・羅斯福（Eleanor Roosevelt）是一位偉大的人道主義者，從她小時候的表現看來，似乎成功的機會不太高。艾莉諾有做白日夢的習慣，連母親都覺得她實在是個很難搞的小孩。她的親戚說她總是會說謊，偷糖果，算術、拼字與文法都很差勁。她會咬指甲，害怕小偷又怕黑，而且害羞又笨拙。

小說家普魯斯特（Marcel Proust）小時候老師們總是抱怨他的作文沒有條理。史蒂芬・克萊恩（Stephen Crane）、尤金・歐尼爾（Eugene O'Neill）、威廉・福克納（William Faulkner）與史考特・費茲傑羅（F. Scott Fitzgerald）等文學家讀大學時也都有過被當的經驗。作曲家普契尼（Giacomo Puccini）則是常常考試不過。

然而這些人在長大成人後卻都成為世界上最成功而且顯赫的創作者。為什麼？

DMA 公司草創時，我剛剛開始投入有關人類創意活動的工作領域，令我感到訝異的是，某些「創意科技」課程的學員能夠**輕易**地創造出他們想要的成果，同樣課程的某些學員卻很難做到。

有好幾個月的時間我一直在思考這兩種人**最大的差別**在哪裡。我感到困惑不已，因為那些表現最好的人都不是原先看來成功機率最高的。

接著我就發現了**基本選擇**的現象。所謂的基本選擇是一種與存在狀態，或者與基本生活取向有關的選擇，而首要選擇則是關乎各種具體的成就，次要選擇則是可以支持那些成就的選擇。

當你把自己投入某個基本的人生取向，或者基本的存在狀態時，你就是做了基本選擇。

　　許多成功的男男女女，例如我在上面列舉出來的人士，就都曾在人生中做過基本的選擇。因此，早年經驗並未侷限了他們的人生方向。一旦做出基本選擇後，他們就可以改變自己的方向，創造出對他們來講很重要的東西。

　　基本選擇是讓首要與次要選擇得以奠立的基礎。

　　如果你不曾做過「成為非吸菸者」的基本選擇，不管你用什麼方式戒菸，都不會成功。也許你會嘗試催眠，厭惡療法（Aversion therapy），參加戒菸班，用漸進式的方法戒菸或是突然完全不抽菸。如果你不曾做過「成為非吸菸者」的基本選擇，上述各種方式都不會管用的。

　　就另一方面而言，如果你做了「成為非吸菸者」的**基本選擇**，不管你用哪一種方法，都會管用。此外，在做出基本選擇後，你自然而然就會選出那些對你**最有用**的方法，因為它們最能幫你達到成效。

　　「成為非吸菸者」是一種**基本的**存在狀態，它與癮君子想要試著戒菸的狀態截然不同。

　　「創意科技」課程剛剛問世時，那些最成功的學員都曾針對自己想要創造的事物做出基本選擇。

　　至於那些沒有做出基本選擇的人，他們的**成長**與**發展取向**是截然不同的。他們並未把達成自己想要的成就當成他們的志業，而是**被動**的任由環境來主宰一切。他們希望自己**身處的環境**或者**遵循的方法**能夠改變他們。

　　就另一方面而言，有些人則是透過基本選擇來選擇自己想要的人生，他們對於達到成就這件事一點也不被動。他們會**主動出擊**，盡力實現任何對自己可能有利的事情。

　　自從我發現**基本選擇**的現象後，我就開始向每一位「創意科技」課程

學員宣達基本選擇的重要性，還有要怎樣利用基本選擇來幫自己。因此，幾乎所有學員都能以更快的速度**熟悉**自己的創造歷程。

　　其中一個例子是某位自從八歲就罹患幽閉恐懼症的女學員，當時她不小心把自己困在老舊的大行李箱裡，兩天後才被發現。因此她總是避免搭乘火車與飛機。參加「創意科技」課程期間，她決定到西班牙去度假。這個選擇的實現機率看來不高，因為她這輩子還沒搭過飛機。過去她只要一想到置身飛機裡面就會覺得緊張。接下來她做了一個基本選擇：她希望她能夠成為自己人生的**主宰性創造力**。選擇到西班牙去旅行這件事與她的幽閉恐懼症也許是互相衝突的。但是因為她做了一個基本選擇，突然間發現自己不再恐懼。她訂好機票後就上路了。因為她做的基本選擇是**希望自己能成為主宰人生的力量，**她才能夠改變自己的取向，讓自己的選擇**發揮影響力，**擺脫過去環境的主宰。她的幽閉恐懼症就這樣不藥而癒，再也沒有困擾她，幾乎像是個奇蹟。從這個最佳範例中我們可以看到，當你做出一個基本選擇，你就能夠**改變**自己的取向。你就有辦法**重新安排**自己的首要與次要選擇，讓它們與你的基本選擇相符。當人們根據自己的最高價值做出基本選擇，或是為了實現某個人生目的而做出基本選擇時，就會發生許多過去看來不可能或可能性不高的改變。

　　隨著時移事易，你可能會忘記自己在最乎什麼。但是，事實上你的確非常在乎這種基本選擇，所以你還是可以**輕易**做出選擇的。

一個關乎靈魂與方向的選擇

　　歌劇作曲家普契尼曾說：「怎樣才能有意識而且有目標地運用我們自己的靈魂力量？這可以說是個最高機密。……然後我感覺到體內有一股熾

熱的慾望與強烈的決心,想要創造某種有價值的東西。」

神學家馬丁‧布伯(Martin Buber)曾把基本選擇描繪爲「方向」。在他寫的《但以理:關於實現的對談》(*Daniel: Conversations about Realizations*)裡面,布伯解釋道:

> 方向是人類靈魂的基本張力,有時候方向能夠帶著我們離開充滿
> 可能性的領域,做出某個特定的選擇,透過行動來實現它。

布伯所關心的是人類文明的未來,他建議我們要做出**有意識**的基本選擇。用布伯的話說來,進行基本選擇就是所謂的「採取有方向的行動」。

對於大多數人來講,基本選擇就是選擇**自由**、健康與**忠於自我**。

所謂自由有**內在**與**外在**的表達形式。外在自由包括選擇的能力與爲自己的人生創造環境。內在自由則是包括**不受任何侷限**的經驗。

健康包括身體、心理、情緒與性靈等各種層面,還有**個別**與**集體**之別。

忠於自我就是選擇一種符合自我天性與道德的生活方式,活出個人的獨特目的。

基本選擇的諸多特性

基本選擇不會因爲內在或外在環境的改變而受影響。如果你的基本選擇是忠於自己,那麼不管你覺得士氣高昂或沮喪,不管你感到充實或挫折,不管你是在家裡或在職場上,與你在一起的人是敵是友,你的行動都會**忠於你自己**。

反過來講,如果有一天你覺得不忠於自己也無所謂,因爲在某個特定

的情況下忠於自己讓你感到不方便或是不安，那你可能是**一開始**就並未選擇忠於自己。你只是忠於你自己在某個時間點剛好身處的**情況**或**環境**而已。當你做出基本選擇，你就絕對不會認為不方便與不安是個問題，因為你的行動永遠會與你的基本選擇**相符**。

　　一旦你做出基本選擇，你在面對現實處境時，就會有一個**全新的基礎**可以依靠，環境的意義通常會因為基本選擇而**改變**。你會開始發現，無論你所身處的是什麼環境，你都能夠**落實**你的基本選擇。如果你的基本選擇是忠於自己，你就會觀察環境，如果為了忠於自己，你有必要改變環境的話，你就會用**觀察結果**來改變環境。

　　我認識某位曾經在一家大型投資公司工作的股票經紀人。他常抱怨工作環境與公司讓他處境艱難。然而，一旦他做出忠於自己的基本選擇後，他就有辦法**改變**自己與工作環境的關係：原本他好像是那個環境的受害者，後來他的一切遭遇變成好像是必要的回饋而已。他最常抱怨的就是他老闆，批評老闆不願幫助他。在他做出基本選擇後，他就開始全心全意盡力支持他老闆。結果他的工作經驗**完全改觀**了，對於顧客而言，他變成一個更有效率的股票經紀人，原本讓他不滿的工作也變成讓他心滿意足。他不再等待工作上發生什麼讓他滿意的事，而是開始帶著**滿意**的心情去上班。

　　在反抗—順應取向中，人們往往會等待環境中出現能讓自己感到滿足的事。但這種人難免失望，因為令人滿意的事不會自己出現在環境裡。

　　如果是處於創意取向，你會**創造**出讓自己滿意的事，不用依賴環境。然後你會帶著滿意的心情到你必須面對的環境裡去。

　　你永遠不用等待你參與的各種案子來讓你感到滿意。因此你也不用推測或瞎猜哪些計畫會讓你感到滿意。你需要考慮的，就只有你對於那些計

畫是否有**足夠**的參與感，還有你是否知道，不管你自己做了什麼，你總是會有一定程度的**滿意感**。當你參與一個案子時，你不會別有心機——你不是因為分析了會有什麼收穫才參與的。你所擁有的就只是**滿腔熱忱**，全心投入的目的就只是為了看到案子**大功告成**。

一旦你做出某個基本選擇，例如你選擇忠於自己，你就是為自己的人生開創了一個**新的結構**，那結構中的最小阻力之路會幫你落實你的基本選擇。在這個新的結構中，也許你會發現突然間自己很**容易**就能把你不喜歡的承諾拋諸腦後。你也許會突然間**改掉**了多年積習，像是嚼舌根、愛漂亮、抱怨與責怪別人，或者喜歡找人取暖。你之所以能夠戒除積習，是因為你**遵循**自己的基本選擇，獲得了龐大的力量，而不是因為你硬逼著自己改掉習慣。

我用來訓練心理治療師的方法之一就是**善用基本選擇**。我鼓勵他們，首先透過治療來讓病人知道自己想要的是什麼（首要選擇），我也建議他們跟病人解釋次要選擇具有什麼能量。接下來的重要步驟是要治療師們鼓勵病人做出基本選擇：選擇實現完整的自己、選擇健康與自由，並且忠於自我。大多數人在做出基本選擇後都能**創造**全新的人生取向。除非他們能夠選擇這樣的取向，否則治療就不會有效，或者效果不能長久。

首要選擇與基本選擇

首要選擇關乎**具體的成就**，而基本選擇則是關乎**人生取向**或**存在狀態**。

你可以做出「成為交響樂團樂手」的首要選擇，而且為了達成此一選

定的目標而做出一個個次要選擇。然而在這過程中你卻可以不用做出任何能夠發揮最高潛力的基本選擇。

你的首要選擇，也可以是擁有一間顏色很漂亮的房屋，把衣櫥整理好或是發展出一份充滿趣味的事業，但同樣的你也**不用**透過基本選擇讓你成為自己生命中的創造力。

很多人都選擇走向宗教之路（首要選擇），但是卻沒有先做出以**最高精神信仰**為生活準則的基本選擇。

很多人選擇結婚（首要選擇），但是卻沒有透過基本選擇來選擇**忠於自己**的夫妻關係。

基本選擇與反抗—順應取向

處於反抗—順應取向的人都**未曾**針對自己的人生做出忠實的基本選擇。

值得注意的是，做基本選擇時並不一定要非常正式。有些人就算沒有正式做出基本選擇，還是能夠忠於自己。但是，基本上，透過他們的生活方式，他們就等於是選擇忠於自己了。然而，如果他們能夠正式進行選擇，透過選擇而產生的力量將會更為龐大。

在從反抗—順應取向轉移到創造取向的過程中，如果你沒有做出基本選擇的話，就會造成**關鍵的差別**。若是你並未做出基本選擇，選擇成為自己人生的主宰創造力，無論你企圖透過任何作為來幫助自己或是強化自己的人生，你也只是用更為**精細**的方式來針對**環境**進行反應而已。結果這只會強化你的反抗—順應取向。

此外，在反抗—順應取向中，為了試著改善自己，你可能會試圖改善

自己，儘管此舉可能會讓你產生改變與變動的假象，但是不太可能真的出現任何有意義的改變。即便你的作為看來可能有**暫時**的效用，但卻無法落實你內心最深處的**真實欲求**。

反過來說，一旦你做出基本選擇，選擇成為自己人生中的主宰創造力，不管你採用什麼方式來**改善**與**發展**自己都會有用，而且你也特別容易發現那些對你而言**最有用**的方法。

主宰自己人生的創造力

整個創意取向的基礎，都建立在一個基本選擇上：選擇成為主宰自己人生的創造力。一旦你做出這個選擇後，你就會覺得現有處境的意義**改變**了：它不再是一種你**被迫**接受的外在環境，你會養成一種人生觀，認為現有處境與創造過程相關，對你而言是一種必要的回饋。選擇成為主宰自己人生的創造力並不意味著你必須逼自己接受另一種現實觀，你也不用透過意志力來進行自我控制，或是時時牢記某個座右銘，抑或自我肯定，擺出某種姿態。那只是一種選擇，你會選擇是因為你內心有一股**欲求**，想成為**主宰自己人生**的創造力，而不是因為出於需求或衝突，甚或因為環境的緣故，而是因為那就是你**想要**的。

做過選擇後，「**欲求**」一詞的意義對你而言就改變了，它從「無所謂的願望與希望」變成「人類所懷抱的崇高真實願景」。「**盡人事**」一詞的意義也不再是「為了企圖恢復情緒平穩而採取的行動」，而是變成「為了將懷抱的願景徹底實現而採取的行動」。

此外，你的生活的整體特質也會有極大的轉變，從原本的悲慘、沉悶、痛苦、忍耐、掙扎、千篇一律與無聊等等反抗—順應取向的特色變成創造

取向特有的充滿刺激與冒險。因為此一基本選擇，你時時刻刻都有可能表達出真正的人類精神，任何完善美好的事物都有可能會出現。但你之所以做出此一選擇，不是為了讓自己免於痛苦或掙扎。事實上，當你做出此一選擇之後，你才更加能夠**全心投入人生**，無論時機好壞皆然。

情緒、態度與行為

當你的取向轉變為**創造取向**時，你的許多態度可能還是沒有改變。也許，你還是一樣討厭某些人、一樣因為辦公室裡的小事而生氣、一樣對自己的經濟問題感到氣餒。也許你的政治與宗教立場仍然沒變、也許你還是比較喜歡住在世界上的某些城市與地區、也許你還像過去那樣消極、愛批評與暴躁不安。人生取向的基本改變主要並非改變你的**態度**、風格或**生活方式**。然而，你還是會感覺到改變。你會做出任何必要的改變，藉此**支持**自己身為創造者的生活方式，把生活用於**創造自己認為重要的東西**。

許多改變將會導致你的人生風貌與過去完全不同。有些人在做出**忠於自己**的基本選擇後，也改變了自己的工作環境、人際關係、行為，也有能力朝自己認為重要的東西邁進。凡是與忠於自己這個目標有違的事情，他們就不會再做了。

在我們的「創意科技」學員檔案裡，這種例子可說俯拾皆是。其中有一位資深副總裁的公司名列《財星》（Fortune）的前五百大，他發現自己進入企業後就一直以成為公司執行長為目標。當他做出了忠於自己的基本選擇時，他才發現自己在乎的**從來就不是**執行長一職。然而，他的確**在乎**自己所效力的公司。當他重新檢視自己在乎什麼時，他發現他真正想要的是**好好領導**他已經在負責的那個部門。他決定**繼續**做現在的工作。他之所

以能對於公司重生一股熱情與幹勁,都是因爲做出了**基本選擇**。當高層提議由他接任執行長一職,他拒絕了。如今他的工作效能比以往都還要高,他**愛**自己的工作,不再因爲有一股「想往上爬」的空洞抱負而有負擔。

另一個學員本來是事業有成的顧問,一旦她做出基本選擇,選擇忠於自己,她就決定**轉換跑道**。她喜歡當顧問,但她發現自己**眞正**喜愛的是喜歡與許多人共事,而不是與他們在狹窄的商場上互動。她發現顧問工作只是可以幫她達成眞正目的的**手段**。於是,她在三十六歲開始到某家知名大學研讀心理學,如今是一位事業有成的臨床心理師。

有個學員當了許多年的老菸槍,年約四十出頭時他決定透過基本選擇成爲一個健康的人。過去他曾戒過幾次菸,但都沒成功過。一旦他做出這個基本選擇後,他不但徹底戒了菸,改變飲食方式,也開始規律地做運動。就算他沒有做出基本選擇還是能夠採取上述所有行動,但是成功的機會卻不會那麼大。過去他也曾試著去做那些事,但從來沒辦法把它們變成自己的**生活方式**。

當你做出某個**基本選擇**,你就會讓你的**性格特質**發生作用,如此一來它們就能夠在你的**生活**中徹底彰顯。你的每一個特性都會成爲現實處境的構成元素,成爲**創造歷程**的一部分。此外,此一取向轉變的重點並非行爲的改變,而是具有影響力的**潛在結構**改變了。你的行爲當然會不一樣,但那是因爲結構改變而**自然衍生**的後果,因爲創造取向的最小阻力之路會**引導**你的行爲有助於創造你想創造的東西。

所以說,如果我所描述的此一轉變不是行爲、情緒、態度或生活型態的改變,那它到底是什麼呢?它是你的**存在結構**的改變,而此一改變將會決定你是否有能力把你自身最崇高的那一面在這世上展現出來。

如何進行基本選擇

進行基本選擇的方式大致上與首要選擇一樣。

首先，你所選擇的一定要是你**真心想要的**。這個步驟很關鍵。如果你不是真的希望成為主宰自己人生的創造力，你就不能做出那個基本選擇。

如果你**不是很清楚**地想要那個選擇本身，它就不能算是你的基本選擇。例如，也許你選擇的是自由，只因你覺得不自由。就此而論，你選擇自由只是為了**反抗**不自由。你不是為了自由而做出基本選擇，因為你還不知道自由是怎麼一回事，你只是不想要繼續不自由而已。在這種情況下，如果你以自由為基本選擇，其實是沒有意義的，因為就**結構**的角度而論，這對於你的自由並不會有太大影響。

如果想要以**自由**為基本選擇，首先你必須真正體認自由是怎麼一回事，並且意識到自由就是你想要的。「如果你能擁有自由，你願意嗎？」如果答案是肯定的，那麼自由才是你真正想要的。在做這個基本選擇時，如果你知道自己想要自由，與過去、現在與未來的環境都沒有關係，你就能夠輕易而且清楚地選擇自由。

在從反抗─順應取向轉移到創意取向的過程中，「自由」這個基本選擇是**不可或缺**的選擇之一。以下是幾個讓轉移過程得以**徹底實現**的步驟。

●步驟1：

了解你**真正想要**的是什麼。為了做到這一點，請你想想看以下幾點是不是你真正想要的。不要認定它們自然而然就是你想要的。事實上，我想請你**不要進行任何假設**。一開始不要有任何**先入為主**之見。我建議你至少要花兩分鐘時間想一想，但時間不要超過五分鐘：

你想要⋯

①**成為主宰自己人生的創造力嗎？**

②**忠於自己嗎？**

③**獲得健康（包括身體、情緒、心理與性靈等各個層次）嗎？**

④**自由嗎？**

● **步驟2：**

選擇你想要的東西。

如果你想要的是自由、健康、忠於自己，還有成為主宰自己人生的創造力，那麼請你依序在內心正式做出以下四個選擇，對自己說：

①**我選擇成為主宰自己人生的創造力。**

②**我選擇忠於自我。**

③**我選擇健康。**

④**我選擇自由。**

基本選擇的效用

如果你做出了**基本選擇**，假以時日，你也許會發現自己的生活方式有了一些自然的改變與轉變。也許你會注意到自己非常自由、非常健康，而且極為**忠於自己**，同時也能徹底與有效地創造自己**想要**的東西。這些改變都是從**新的人生取向**與其**結構**衍生而來的。

你會自然而然地**重整人生**，藉此符合上述的四個基本選擇。環境的改變可能快也可能慢。但一旦你做出那些選擇後，時間就站在你這一邊了，因為如今你人生的結構性傾向是趨向於落實那些選擇的。

　　此刻你可能自然而然想要問一個問題：可以舉例說明這種人生的改變是怎麼一回事嗎？但是在創造取向中，我們沒辦法預測這種轉變會是怎麼一回事。事實上，如果我們不試著去探尋這種轉變的模式與樣貌，對我們可能還比較好一點，因為一旦有了既定樣貌，我們就會不禁試著照那個樣貌去行事。

　　儘管貝多芬與莫札特都是偉大作曲家，但是貝多芬的創作過程漫長而乏味，與莫札特的快速與精采**截然不同**。創造自己想要的人生時，你的創造方式與其他任何人都不會一樣。

　　如果你看書看到這裡都還沒有做出自己的四個基本選擇，我建議你跳回去前面，好好考慮那**四項選擇**。如果你真心想要它們，就做出選擇。

　　我可以跟你描述香草口味冰淇淋的味道給你聽，但是直到你親自品嘗過以前，你都不會了解我所描述的是什麼。事實上，確實做出那四個基本選擇完全不同於只是**過目一遍**。想要體驗基本選擇的力量，最好的方式就是**做選擇**。

第 十 四 章

同化期

每當你把學到的東西同化時,你的同化經驗都會變得
更爲深入。甚至你也把未來的學習經驗都予以同化
了。因此專業演員在背台詞時才會越來越快。音樂家
在演奏一些困難的樂段時,也會越來越熟練……

一個自然而普通的階段

同化期在萌芽期之後接踵而來，它是成長與發展過程中最為**自然**與**普通**的現象。我們都很熟悉「同化」這種現象。小時候我們學走路時，當我們開始把平衡、協調與運動等技巧結合在一起時，我們就曾體驗過「同化」是什麼。當我們開始學說話時，我們也是把母語的**語彙**和**語法**同化並結合在一起。當我們開始學寫字時，我們所同化的則是**字母**與**字彙**，還有運用鉛筆或原子筆時必要的**肌肉運動**。接著當我開始學騎腳踏車時，我們所同化的則是一邊**保持平衡**，一邊踩著踏板**往前行進**的技巧。

成年後，我們持續把同化的技巧運用在運動、專業、人際關係與日常生活等種種領域裡。

同化期是成長與發展過程中的**重要**階段，因為我們就是在這個階段裡把錯綜複雜的身心技巧**結合**在一起，把它們變成**自身內在**的一部分。

然而，同化期卻仍然是大家都不太了解的。

同化期的開始

我們對於同化期的了解之所以那麼少，理由之一是在這段期間，成長與發展是**暫時**看不出來的。有很長一段時間，彷彿沒有任何大事發生過或者就算發生也沒人知道。同化期剛開始常見的現象是**沒有發生**任何改變。

此時，萌芽期的興奮感剛剛消逝，但創造活動的新發展卻**尚不明顯**，人們常常會**放棄**追求他們想要的成就。許多學音樂的學生就是在這個時候放棄學習樂器，也有些剛開始去做運動或體適能活動的人不再去健身房。許多學外語的成人則是失去興趣，或者變得「忙到學不下去」。

在這創造週期的**關鍵**階段裡，創造者常感受到的情緒包括**不安**、**挫折**與**失望**。他們會說：「似乎沒有任何動靜」、「看起來我好像沒什麼進展」、「我看不到任何進步的徵兆」。

如果你仍處於反抗—順應取向之中，此時你的最小阻力之路就是**放棄**。放棄的目的就是**避免挫折**、**失望**與**覺得浪費時間**等情緒。

如果你處於創造取向中，同化期之初的關鍵時刻裡雖然看來沒有任何動靜，但卻不是一種威脅，主要理由有兩個。

第一個理由是：處於創造取向之中的人都知道，創造歷程裡本來就有些時期似乎**沒有任何動靜**。他們也了解的更深刻道理是，那些他們正在創造的成就此時並非發展停滯，而是獲得了**強化**。這個道理是經驗之談。

學騎腳踏車時，有一段時間——有可能是一天，也有可能是一整個禮拜，學騎的人常常失去平衡跌倒。許多帆板運動（sailboarding）的初學者發現，剛開始時他們掉到水裡的時間遠比站在帆板上多。至於剛開始學電腦時，做算術與寫備忘錄所用的時間也可能比手寫還要多。

同化期是個**充斥嘗試**、**錯誤**與**實驗**的階段，這是極其自然的。但是，透過實驗你卻能有所得，進而達到你想要的成果。失去平衡，從腳踏車或帆板上掉下來並非失敗，而是學習的經驗。你會把這種學習經驗吸收與同化，成為自己的**直覺式知識**與**能力**。

同化不只是一種學習，因為透過同化，你會讓學到的東西成為你的一部分。創造歷程是一種**持續學習**的領域。此外，你不只是學到了你在練習的技巧，也有了以下的體悟：

① **你能夠學習。**
② **在任何創造歷程中，你能夠把你所需要的一切知識予以同化。**

每當你把學到的東西同化時，你的同化經驗都會變得更為**深入**。甚至你也把**未來**的學習經驗都予以同化了。因此專業演員在背台詞時才會**越來越快**。音樂家在演奏一些困難的樂段時，也會越來越熟練。計程車司機在學習新的行車路線時，一樣是日益駕輕就熟。透過學習，汽車技師能夠更快就看出問題所在，並且了解新引擎的設計原理。

同化與結構性張力

在創造取向中，同化期之初之所以不會讓創造者感受到威脅，還有**第二個理由**。即便你覺得**似乎沒有任何改變**或者**想要達成的結果沒有進展**，但是這個**觀察結果**就是你對於**現狀**的描述之一。因此，這個觀察的功能就是可以用來凸顯「你所擁有的」與「你想要的成就」之間的落差，進而**強化**結構性張力。

越來越深入的同化現象

在實現願景的過程中，同化現象也會**越來越深入**。

當我剛剛到波士頓音樂學院去就讀時，豎笛演奏家艾提里歐・波多（Attilio Poto）是我的老師之一。第一週他要我學的東西比我既有的程度還要**困難**許多，而苦練一週後我還是演奏不好。到了第二週課程時，本來我以為波多老師會要我至少再花一個禮拜練習同樣的東西。結果，他卻要我練習書裡的下一個作業，與我先前苦練一週的東西相較，它更是**難上加難**。

我又花了一整週時間練習演奏新功課，等到要上第三週課程時，我還是演奏不好。我跟波多老師反映，應該讓我把那個功課**多練一週**，我的技

巧才能更爲純熟。波多老師笑而不答，只是把課本翻到下一頁，那功課又更難了。

三週以來，他指派給我的功課越來越難演奏，每次我雖然都練了一週，但卻都演奏不好。

到了第六堂課，波多先生又跳回他幫我出的第一道功課，也就是第一週時他要我演奏的東西。儘管我已經有五個禮拜沒有練習了，我卻能演奏得很好。接著他又跳回第二週的功課，我還是一樣有好表現。

假使先前我花了六週時間練習前兩週的功課，我就不可能演奏得像當天那麼好。

波多老師深諳同化期的道理，但當時我才剛剛開始了解而已：**如果想要把你現階段的東西予以同化，最有效的方式就是接著進行下一個階段，**即便你覺得自己還沒有準備好。當你進行下一個階段時，你就有辦法把前後兩個階段的東西結合在一起，效果超乎你的想像。

同化是一種內在的歷程

當你開始把願景予以同化時，你**內在**的創造歷程已經開始有所轉變，產生**相互配合**與**連結**的作用，形成了種種關係。你整個人會自然而然**聚精會神**起來，你的每一次呼吸，一舉一動，還有生活方式都是以願景爲依據。

創造歷程到了這個階段，你的意識層次思維與內在的直覺式思維常常會有所互動，創造活動開始獲得了**新的生命**。創造活動本身開始有了自己的身分與本能，還有發展規則與韻律，以及自己的能量與精神。

美國詩人丹‧夏納罕（Dan Shanahan）曾經如此描述這個創造者與創造活動開始出現**互動**的創造階段：

寫詩寫了二十年後，我才有時間觀察我創作歷程與方式的改變。十八、九歲時我剛剛開始寫詩，字詞是最重要的。通常只要一個字就能讓我獲得靈感，完成一整首詩。

然後到了二十出頭時，我開始看到語言在我的身邊四處流動，無所不在。不管是石頭、天空或是人們的熱切眼神，好像世間一切都在對我說話、唱歌，四處流動。寫詩所需的一切好像水果一樣高掛空中，讓人可以隨手摘取。對我來講這是一大轉變。

如今我的內在有一個聲音呼喊著，或是讓我意識到某個地方抑或一連串意象，我試著把內在記憶的語言與我對於周遭世界的反思結合在一起。我現在比較信任這樣的做法，比較不那麼拘泥於我對於詩作的概念。傳統的聲音與意義結構仍在，但是多年來與詩為伍的經驗讓我得以持續發現與創造出到目前為止都沒有人知道的表達方式。

過去幾年來我都是用可以掛紙的大型白板來寫詩。白板的表面很大，這讓我得以把那些意象當成圖畫一樣。我可以時而走向我的詩，時而遠離，好像把它當成風景畫。詩作是靠自己擴張，而且獨立存在的，不太需要我。它有了生命，我們雙方會來回對話，一問一答。

就像剛剛種下去的種子會發芽，在土壤裡立足，你的願景剛剛萌芽時也會在你所建立起來的**結構性張力**中生根。

一旦植物根部的**基本系統**建立起來後，此一結構的最小阻力之路就是從土壤裡冒出可見的嫩枝。接下來的成長過程不但會往**內在**深入，也會**向外**彰顯出來。

當你的願景在同化期開始**生根**時，隨著創造活動的開展，它的運動會**越來越深入**，也日益明顯。

有機的同化階段

一九七〇到七一年間，大部分時間我都住在森林裡觀察**自然週期**的變化。身為作曲家，我總是喜歡設法找出大自然的各種**結構性原則**，將其融入作品中，對我來講，森林的環境就像是一個大教室，讓我認識**自然秩序**與**各種交互影響的有機力量**。

那一段期間我開始更深入體認一個原則：**舊的形式瓦解時總會有新的形式崛起**，就像枯死的樹幹上會長出青苔，枯死的樹葉之間也會冒出幼苗。這種**生滅不息**的現象自然有其道理可循，它充塞於森林的**有機系統**之間。

在創造歷程中，也有一種類似的道理存在，特別是在創造週期的同化階段裡。同化是一種有機的歷程，從中產生的某些**力量**將會自然而然地建立起新的**有用結構**，也有一些力量會自然而然地把已經過時，而且比較沒有用的結構**淘汰**掉。

新英格蘭地區擁有全世界最漂亮的秋葉景緻之一。葉色宛如五彩繽紛，有鮮紅、淡黃、藍紫、鮮橘等顏色，全都與深綠、銀色與灰色的常綠樹葉還有尚未變色的葉子混在一起。樹葉變得晶瑩剔透，好像陽光可以射穿它們，美景令人屏息。很快的，那些顏色擴及地面，整個鄉間的樹上與樹底都變了色。從九月底一直到十月的大部分時間，還有十一月的第一週，

新英格蘭地區呈現出**變化萬千**的活潑面貌。

接著，樹上變得光禿禿一片。地上樹葉從棕色、灰色變成色澤黯淡。秋雨降臨。大地一片蕭索，空氣冷冽。觀光客都不見了，新英格蘭人都躲入了室內。它們開始準備要度過漫長寒冬，與其說那是一個季節，它比較像是沒有盡頭的夜晚。新英格蘭人從來沒有想過要試著把那美麗的季節保留下來。他們並未保存那些顏色鮮艷的樹葉，而是收集起來，把它們點成一個小火堆。沒有人登梯爬樹，把樹葉都用釘書機釘回樹枝上。

然而，我們並不總是能夠把這種智慧運用在生活的其他領域，並且敬畏大自然的力量。我們人類有**留戀**的特色，想要**超越**季節與生命的循環。我們常常會懷念珍貴的美麗時刻，不斷留戀，而且通常都是等到太遲的時候。**我們害怕結束，我們痛恨改變，我們無視於四季交替與生命的循環。**

這些循環不會因為我們的忽視就消失，各種交互影響的力量會遵循最小阻力之路。隨著成長階段的發展，這些力量會依序進入**形成期**、成熟期與**衰敗期**。當衰敗期來臨時你卻想要維持現狀，只會徒勞無功。當新的形成期來臨，你卻試著維持現狀，你也一樣不會成功。

時候到了，有些東西會聚集在一起，但也有**離散**的一天，這是一個有機的過程。如果你想要用**人為**的方式來控制有機的歷程，你不只會**失敗**，還會培養出一種**無視於生命有機本質**的態度。你不會了解週期的運行方式。你也不會知道四時運轉之道。

也許你想要維持住一段即將分崩離析的關係。如果它的運動方向是朝著崩離而去，你的所作所為只是**延後**了它結束的時日。如果你想維持住，但它卻快要分崩離析了，那一股崩離的力量只會更為強烈而已。理由在於，結構因為你的人為介入而產生了**補償作用**。

也許你所面對的是一個即將趨於更為**緊密**的關係。藉由維持現狀，你

也只能盡可能讓這個關係不要更爲緊密而已。

也許你的工作或者家庭岌岌可危。如果你忽略了自己所身處的**自然週期**，你會變得更難以爲生活帶來**改變**。你會沒有辦法把那些改變予以**同化**。

在創造歷程中，**改變是一種規律**。舊的生命會被新生命取代。老的形式之後又會有新的形式崛起。舊觀念與價值也終將不敵新的觀念與價值。生命是會運動、變動的，有時變老，有時變年輕，不會有任何東西會變成化石。創造歷程就像是一個不斷**浴火重生**的歷程，新生命從過去的灰燼與塵土中興起。

反映出此一原則的是丹·夏納罕根據一個眞實故事而寫成的詩作〈阿尼亞克老婦的故事〉（Story of the Woman of Aniak），收錄在他的《阿拉斯加詩集》（*The Alaska Poems*）裡面：

> 每年莓果成熟時她會離開村子，
> 獨自走入苔原的她禁語不食，只吃莓果，
> 藉此恢復精神。
> 七天後她回來了。
> 沒有人擔心她，因為她是充滿智慧的，
> 愛斯基摩老婦，知道怎樣照顧自己。
> 某年阿尼亞克的每個人都知道她將一去不返。
> 老婦人跟以往一樣，
> 因為長年靜默而散發炯炯目光。
> 村裡的人感覺到她離開了，她的腳步穿過他們，
> 帶著悲傷與認命的心情。
> 七天後有人循跡而去，

過了兩天才找到她。她看來像在睡覺。

她的臉龐如天空般安詳。

她已經拖著疲倦的身軀盡可能走遠，

最後在苔原上，拋開身體而去。

　　該離開時就知道要離開，這實在是一種不凡的智慧。與這種智慧衝突的，是人類喜歡在不該堅持時繼續堅持下去的本性。羅伯‧佛洛斯特的詩作〈勉強〉（Reluctance）把此一情況描寫得很優美：

啊，到何時人心才會認為

與萬物一起變遷

不是一種倒行逆施，

優雅地屈服於天道，

鞠躬接受結束

不管是愛情或季節？

　　當你建立起一股結構張力時，最小阻力之路可能會包含著從**舊形式**衍生出來的**新形式**。有些觀念、事件、安排、關聯與表達形式可能會改變，然而此一改變卻是創造歷程的**有機本質**。

　　這與社會上一般的觀念是多麼不同啊！我們總是希望在一個只會**不斷改變**的宇宙裡守住永恆。

　　最能反映出此一原則的，莫過於美國商界。整個一九六〇年代美國商界一片榮景。許多大企業人士認為，他們必須面對的唯一挑戰就是必須設法**增加**不斷擴張的毛利率。當時的經濟持續穩定成長，處於全面擴張的狀

態下，美國商界認為那是他們的「成就」。儘管當時商界應該進行創新，大家卻都自滿了起來。但是時代改變了，世界持續往前走。難道美國消費者會被競爭力持續成長的亞洲業界搶走是什麼意外之事嗎？美國汽車製造商只剩最後一招，也就是訴諸於**最不牢靠**的愛國情操，呼籲大家購買品質較差，但價格昂貴的國貨。

突然間商界一片恐慌。為了反抗此一新環境，出現了類似「**再工業化**」（reindustrialization）的詞彙，成為當時的流行標語。美國商界開始採納日本的管理方式，品管圈、勞資合作與員工入股制等經營模式像野火般擴散開來，但是美國商界只是在玩**苦苦追趕**的遊戲而已。機器人威脅了人類的工作機會，創新的速度**變慢**。新專家遊走於美國各大企業之間，就像受雇槍手在舊西部大行其道。企業的性格改變了。年輕的經理人掙得了一席之地，他們的態度激烈、理解力強、有活力而時髦，放棄了過去董事會會議室裡常見的牢靠、安穩、有條理等氣質，還有「名校學生的社會網絡」（old-boy network），散漫與有創意變成了主要的風格。一開始改變的是高科技業，接著是金融業與華爾街，老舊牛仔褲與設計品牌牛仔褲變成新的大企業地位象徵。公司裡如果有一群又一群員工看起來像一九六〇年代晚期的嬉皮，好像也不是什麼壞事。**反應快**而**懂得應變**的經理人在組織裡躍居高位，老派的經理人全都被趕出門。

但是大家沒搞清楚重點。如果美國商界只是追隨潮流，而非能夠敏銳地察覺時代變遷的話，那麼美國所培養出來的資深高層主管恐怕都會誤認所謂進步，就只是組織一支會戴耳環、聽搖滾樂與熟知最新時尚風潮的管理團隊。如果我們只是**追隨潮流**，那就永遠都會**趕不上時代**，因為等到某種東西變成潮流時，就已經沒有創新的成分在裡面了。我們不能死守過去，甚至也不能死守現在。

美國的商界能夠學到教訓嗎？可以。美國與美式生活的最美妙特質就是**生來勤奮**與**充滿熱忱**，美國人天生就討厭官僚體系。美國是一個大國，始終懷抱著想要功成名就的人類**特有衝勁**。難道這只是一種漫無目的的企圖心，就像已經不再具有創意的歐洲對於美國的看法？或者西方已經在精神上破產了，就像蘇聯小說家索忍尼辛（Aleksandr Solzhenitsyn）所宣稱的那樣？

我的答案是否定的，但是時代還是會**一再改變**。來自日本的挑戰對於美國來講可說是一件非常好的事。因為，美國本來就具有革命的精神與傳統。而此一革命的目的不只是為了**推翻舊秩序**，而是為了**服膺更高的價值**。

我並非熟讀美國歷史的人，我只是跟任何美國人一樣對我們犯的錯與罪行抱持批判的態度。我不認為美國有多麼純真、正義、勇敢、純淨與崇高。從東岸到西岸，到處都可以看到最奇怪與詭異的事情。但是美國有一個最大的可取之處，那就是**學習能力**。崛起的亞洲經濟強權就是我們最好的老師。

同化期的關鍵：體現

你所體現的，常常就是你創造出來的。這個原則是同化期的關鍵。

體現（embodiment）與行為截然有別。把內心的寧靜體現出來不同於平靜的外在行為。不管是在商業、外交、宗教、政治與個人關係的領域裡，總是有些人能夠用**平靜的方式**來表達恨意與遂行暴力。

那些「和平鬥士」所體現的不是和平，而是**鬥爭**。那些擔心自身健康的人所體現的也不是健康，而是**恐懼**。至於那些對於權力與財富有貪欲的人，一樣也不是體現權力與財富。

本世紀最偉大的道德標竿之一就是金恩博士（Dr. Martin Luther King, Jr）。儘管他的確是個聰明透頂的人，但是他的領導能力並非來自於他的高智商。儘管他是二十世紀最有辯才的演說家之一，但他的領導能力不是來自於他的演說技巧。儘管他是人類史上最勇敢的人物之一，但他的領導能力也不是來自於他的勇氣。儘管他擁有美國社會最具原創性的精神，他的領導力也不用仰仗他的原創性。儘管他擁有上述的種種特質，但他還是有可能無法撼動這個世界。金恩博士之所以能夠在自由與正義的歷史上留下永難抹滅的印記，是因為他**有能力體現自己所標舉的那些價值。**

金恩博士不只傳播和平理念，他就是和平理念的**化身**。他不只歌頌同情心的價值，他自己對於把他當敵人的人也懷抱著同情心。他不只強調憐憫，他自己就能把憐憫**體現**出來。他不只鼓吹自由，他就是自由的**化身**。

金恩也是個懂得善用結構性張力的大師。在〈我有一個夢〉（I Have a Dream）這一段知名講詞裡面，他不但描繪一九六三年的美國社會現狀，也勾勒出心裡的自由與公理願景。這些意象的力量深入全世界的人心。自從他發表演說後，所有人心裡都浮現了**希望的意象**。隨著現狀的改變，我們仍能抱持夢想。我們可以把自由與公理的願景拿來跟世界的現狀來比較一下。我們是否能朝理想邁進，端視自己是否有心。此一美夢不會因為時間而流逝，只會變得更**強大**。這是我們為後代子孫留下來的遺緒。儘管我們必須如實面對現實，也一樣必須如實面對美夢。我們與美夢的距離可能時近時遠，但是對於美夢的欲求永遠是存在的。

在一座位於宏都拉斯境內的薩爾瓦多難民營裡，一位年輕的難民女孩站出來自動自發地祈禱，表達出她想要體現崇高價值的願望：

儘管我被壓迫，但我承諾我不會壓迫別人。

儘管我被剝削，但我承諾我不會剝削別人。

儘管我受苦受難，但我承諾我不會讓別人受苦受難。

儘管生活在一個充滿謊言的世界裡，但我承諾我不會說謊。

喔，天父啊！請幫我實現這些承諾，讓我的心裡不要有想要壓迫別人的想法，伸張正義，維護真相，如此一來或許我可以在自己的生命中看到祢的出現。

如果你所體現的是創造歷程，生命在變動與改變的過程中，將會幫你的忙。這就像是你應該**與自己的人生為友**，而不是為敵，如同古代禪宗的偈語所言：「清舉手指，宇宙隨之。」

此一體現行為不只是要採取正確的行動或者找出**新的回應方式**，它所體現的是結構性張力，它體現的是你的願景，還有你的現狀。

凱薩琳·布萊克（Cathleen Black）過去曾當過《仕女》（*Ms.*）與《紐約》（*New York*）等雜誌副主編，如今已經是《今日美國》（*USA Today*）這家革命性報社的發行人，她曾用簡單無比的一句話來說明何謂「體現」：「我只效力於我自己相信的媒體。過去對於與我打交道的人來講，我**就是**《仕女》，如今我**就是**《今日美國》。」

當你體現某種事物時，你不用做任何事，但你自身就說明了一切，這就好像所謂「行動勝於千言萬語」一樣。

此外，你也會把你所體現的事物予以同化。在你把你體現的事物予以同化的過程中，你的**內在發展**也會與你所體現的事物一致。你的意識的所有層面也會**自動相互配合**，一切以你所體現的事物為依歸。

同化的兩個階段

同化與體現一樣，也有兩個階段：**內化**與**外顯**的階段。你所創造的東西在你的內在世界裡成長，當你把它創造出來時，它終於往外自我展現出來。

在同化的過程中，你的內在與外在都必須採取行動。這種能量會自動生發積累，所以它的最小阻力之路是從內化到外顯的表現。

當你在學一種新的外語時，你會歷經上述兩種階段。首先，它對你來講就是一種「外在的語言」，直到你在練習的過程中逐漸將它**融入**自己。你越是**接受它**，它就越能夠成為你的**一部分**，這就是同化的**內化**階段。當你把某一種新的語言同化之後，你的外語就變流利了。你有辦法造句、學習字彙，學習概念上越來越複雜的語法。最後，那種外語終於徹底成為你內在的一部分，因此你可以用它來思考、來想像，甚至作夢。

當你能夠自發地用那種外語講話，與其他人溝通，同化就進入了外顯階段。你很**容易**就能把新的字彙記住，自然而然地把它用出來。事實上，你可以用這種新的語言來講話與書寫，創造出不曾有人教過你的東西。

把同化的過程用於你的生命中

被你同化成內在的一切通常都會外顯出來。內在的改變也會透過外在表現出來。你並沒有辦法改變外在環境的每一個環節，但是你一定能夠從內在進行改變。你不需要任何人的允許或同意。你不用等待外在資源給予你力量。當你對自己的創造歷程越來越**熟練**了，你可以把每一個新的創造

活動都予以**同化**，這也會讓未來每一次創造的成功機率越來越高。你可以藉由**體現**自己的創造歷程來**產生動能**。

第 十 五 章

創造的動能

在創造取向中，當你能夠持續把自己一路上採取的步驟予以同化，潛在的結構就會自行重整，因此最小阻力之路就會直接邁向你想創造的東西。而且，不斷增強的動能也能幫你更有效地在路上行進⋯⋯

同化作用如何累積動能

同化是一種**漸進**的過程，它是一個個步驟**相互累積**起來的，而這個有機的累積過程會產生**能量**。此一能量不斷自我聚積，整個同化過程也就獲得了動能。

如前所述，同化作用在成長或**學習**初期開始發揮效用後，你的同化能力會越來越強，無論是學習數學、管理、運動、烹飪、縫紉、會計、電腦科學或外語都是這樣。一旦你把學習的步驟予以同化之後，動能就聚積了起來，接下來你甚至有辦法把更爲**高階**的步驟予以同化。事實上，**同化的過程會越來越容易。**

如果你已經學會某種外語，想學另一種新的外語就會比較容易。學習外語時，你不只是把那種語言同化，被你同化的還包括你學習外語的**能力。如果你學會了兩種外語，學第三種時就會更爲容易。**

同化的結果也許是導致**等比級數**般的快速成長：同化了某件事物後，你就更易於同化越來越多事物。事實上，在創造取向中，一旦你把自己的創造歷程同化了，你對於自己的生命的整體**掌握能力**大增，當你想要創造對你而言最重的東西時，也就更爲自然與容易。

這個成長過程到了某個時刻，你的能力會發展到一定的程度，此時你終於**確定**自己有能力進行創造。之所以能夠確定，不是因爲你相信，還是你運用了自我肯定或者自我催眠的手法，而是你**眞正體驗**到了自己的成就。你的創造活動不只能爲自己發言，它也會對你說話。它會說：「你能創造。」等到你屢屢完成「萌芽、同化及完成」的**創造週期**後，你就會相信自己是個創造者。在那之前，就算你再怎樣對自己吹擂，你也無法相信，因爲那還不是事實。「我能做到！」或是「只要我想要，沒什麼辦不到的！」之類的口號如果眞有效用的話，最多也只是**虛張聲勢**，但口號所

說的並不眞實，也不重要。如果想用這種**扭曲**的方式來培養自信，你將會**難以精確地評估現狀**。

你是不是眞能創造出自己想要的東西，我們必須按照實例來判斷：等到你**眞的創造出來**後，你才是實際上能夠創造。只有等到你完成了，你才能夠百分之百精確地說那是可以完成的。除此之外，一切都還有待觀察。電子發明家史丹佛・歐佛辛斯基（Stanford Ovshinsky）擁有一百多項與高速雙向儀器（high-speed ovonic devices）有關的專利，在他的中心傳動車床（center-drive machine）普遍被世人使用之後，他曾在某次專訪時表示：

> 它讓我確信自己是個發明家，確信我做得出先前完全沒有人想過的東西。

> 那是一種自我肯定，一種正面的強化作用。一旦你開始擁有那樣的成就，你會心想，對啊，我會發明……沒有錯……我喜歡這樣……這眞是刺激……這就是我想要做的。所以，那可以說是你自己做出的承諾，就某種意義來講，也是你回應的一種呼聲。

同化是一種透過累積而建立起來的過程，這種過程是在一段時間內逐漸累積的。因此，同化階段的改變並非一蹴可及，而是**慢慢發展**出來的。

在日本，想要成為熟練的壽司師傅，必須花七年的時間。想要把大提琴練好，通常需要二十年以上的光景。至於傢俱工匠的技藝，則是往往要花至少十年才能學起來。

在創造取向中，學會創造人生的過程也不是一種立刻能達到的轉變，因為同化階段是創造歷程**不可或缺**的部分，需要一段時間**累積醞釀**。

　　許多心存善念的人在發展自己的「人類潛能」時，常常希望轉變能夠立刻發生。那些提倡人類潛能的理論大多也以此一希望爲號召：他們提倡「得到……」，好像一旦得到他們所說的東西之後，人生就會永遠改觀。有人則是說，應該「改變脈絡」，一旦改變後現實的**本質**就會顯現出來。還有人主張「頓悟」，一旦有了「頓悟」的經驗之後，你就能了解宇宙的**終極眞相**。也許那讓你獲得啓示的瞬間要經過好幾年才會來臨，但根據這一類理論，一旦獲得**啓示**後，你就算是「大功告成了」。

　　「突破」的概念就是以此一理論爲依據。首先你必須想像出一個**不存在**的障礙，以它爲突破的對象，然後面對那個障礙，接著你必須**抵抗**它對你構成的「阻礙」，「越過」障礙後，你的前途就會一片光明，大放異彩。有些人想像他們的人生布滿了一個個**有待突破**的障礙。他們所說的經驗也許是眞的。如果他們不進行實驗，透過實驗學習，將學到的東西加以應用，並且把這整個過程予以同化，一輩子難免要不斷用頭去撞那些障礙——障礙是想像的，他們自己能力不足才是眞的。

　　所謂「大功告成」的概念則是一種**幻想退休**的美夢。對於許多人而言，人生是由一連串討人厭的工作構成的，直到有一天他們不須爲了工作謀生才可以停下來。接下來就是好好休息，然後等死了。也許你可能會贏得一大筆賭金，如此一來就能提早辭職、好好休息，最後還是等死。但創造者幾乎都不會退休。

　　某天我跟我老婆蘿薩琳邀請一男一女來家裡吃點心、聊一聊，兩者都很迷人。他們倆都是專業的創作者：她織的布都非常漂亮、他則是個世界級的陶匠。我們自然而然都會聊到藝術。我問他們是否認識退休的藝術家，或有聽過誰退休的。

他說：「沒有。」

她也同意：「沒半個。」

事實上，我也一樣。也許在世界上的某個角落的確有某個退休的藝術家，但那一定是罕見的例外。就連上帝也曾休假，但那是根本**不值一提**的。

但這件事在社會上卻是如此截然不同，許多人都是以退休爲目標。通常他們的退休夢就是買一部休閒用的交通工具，每逢冬天就移居太陽帶，夏天搬回寒帶地區。這種事也許能帶來三分鐘熱度，但是像這樣整天觀光的日子可以過多久呢？

過去曾有一部叫做《66號公路》（*Route 66*）的電視連續劇，故事描述兩個年輕人爲了追求冒險、體驗與眞理而遊歷美國各地。他們倆過的日子簡直是太過夢幻了：他們有機會認識原本沒機會認識的人，談戀愛後又離開愛人，留下種種美好回憶，即便是在二十五年後又在電視上重播，看來還是如此新鮮而有意義。但是，就連劇中人巴茲與陶德（Buzz and Todd）也是一邊旅行、一邊工作。而在現實生活中，兩位演員也都是演技精湛的演藝工作者，從旁協助他們的也都是當時電視圈裡面最有創意的工作人員。

創作活動與其他大多數領域的最大差異到底在哪裡？爲什麼我們很少看到某位創作者悄悄引退，再也不提筆寫作或畫畫？

因爲每位創造者內心深處都**渴望**創作。這不是一般人所說的自大，而是一種更爲崇高的目的。對於創造者來講，他們總是有**下一步**可以走，有新的地方可以去。他們不會只是看時間過日子，等待一切告終。

創造者似乎天生就與生命的根本，也就是與**創造活動**密切相關。在

一個有那麼多東西可以進行創造的世界裡，創造目標怎麼可能有耗盡的一天？

偶爾我在與人聊天時會發現，對他們來講，人生彷彿一座牢籠——他們覺得人生在世有「重重業障」必須消除。等到我們有所了悟了，同時也把自己在世界上所犯下的一切罪孽都導正了，也就是我們可以離開的那天了。畢竟，人生不就是一連串的苦難與掙扎？所謂「性靈」生活的觀念裡通常就是充斥了這種悲觀的看法。一個個上師來來去去，他們都承諾可以提供出路。涅槃本身就是一種**精神層次的退休**觀念。

對於那些偉大的藝文大師能夠繼續留下來創作音樂、畫作與詩作，我實在是樂觀其成。也許他們如果真的能留下來，可能會多喜歡這個世界一點。

說到羅伯・佛洛斯特、喬佳・奧基夫，或是米開朗基羅、伏爾泰、歌德、田尼生（Tennyson）、雨果、威爾第、托爾斯泰、蕭伯納、海頓、邱吉爾或者畢卡索，他們哪一個不是活到八、九十歲，而且仍有自己的謬思女神當親密伴侶？我們在這些人身上發現的並非出世之道，而是**入世之道**：我們發現的是一個生命充滿未解之謎的世界，永遠有東西可以給予，永遠如此鮮活與新穎。

一九七○年代那種「找到⋯⋯」或「得到⋯⋯」的觀念已經去而不返了。終結這種觀念的，也就是那些抱持「找到⋯⋯」觀念的人。這種經驗往往無法讓人們獲得自己想要的退休生活——也就是不再懷抱志向、不再學習與奮鬥。他們並未發現一個可以幫助自己逃離複雜與諷刺生活的簡單解答。

創造的傳統向來強調的並非**立刻獲得啟發**，而是**穩定**的進步；不是尋求**生活的解脫**，而是**生活的方式**；不是危急無望，而是要讓生活充滿了**創**

新的意義。

我剛剛草創「創意科技」課程的時候，當時正要開始流行起來的是強調立刻能獲得啓發的研討會。我所規劃的基礎課程是五週，一週一次課。這種課表讓學員可以在課堂上學習創造歷程的**原則**，接著在週間進行練習與實驗。幾位朋友認為自己很了解人性，他們跟我說：幾乎沒有人願意上五個禮拜以上的課程。（等到已經有數萬人來上過「創意科技」課程之後，他們也自己來上，接著就改變了心意。）

對我來講，五週只是長期創意歷程練習的開始而已。如果你上了五週的外語課程，但沒有練習，你就沒有辦法開口說，還有閱讀與書寫那種外語。一直要等到你**練習**過後，透過同化作用把新技巧融入生活，你的外語才能流利起來。

創意歷程並非最難學習的技巧。它比大提琴、木工甚或捏壽司等技巧都容易多了。因為，與那些更為複雜的技巧相較，創造活動更符合人類的**天性**。但是想學習創造仍然需要**時間**和**經驗**。每一次創造活動都會為未來的創造奠立基礎，你對創造的熟悉度也會自然而然提升。時下流行「突然走紅」或「一夜致富」的觀念，但在創造時沒有人是像那樣突然「大功告成」的。

每一位創造者所投入的都是一種會**越來越熟練**的漸進式工作。貝多芬寫了九大交響曲，每一首曲子都體現了他的新發展，每一首也都為下一首增添了更強的創造力。假使貝多芬能夠活久一點，他就能寫出第十號交響曲，接著再寫第十一號。每一首都會把他的藝術境界往前推升，這不是一種突破，而是演進。

回歸到你的生活層面上，你是希望透過財富、名聲、退休或者死亡而獲得立刻解脫，還是你想把你所擁有的時間當成資源，設法讓你能夠創造

的事物**問世**？對於創造者來講，一輩子的時間何其珍貴。我們不但利用時間創造，也利用時間來欣賞與體驗事物。詩歌可能比其他任何藝術形式都更有辦法描繪各種特別的時刻——尤其是那種原本可能不會被注意，沒有人看得出來的時刻，即便是那些充滿痛苦與衝突的時刻也是值得欣賞與喜愛的。（對此我有個理論，任何東西如果還沒有被人寫進流行歌曲裡，也許就不是真實的。）

　　生命中的每個事件都能幫你的創造歷程累積動能。

同化階段的衍生作用

　　同化本身不但是個有機的歷程，它也傾向於衍生出其他有機歷程。**若想從你生命中的現狀邁向你的理想境地，你是沒有任何公式一般的道路可循的。**

　　那是一條逐漸以**有機的方式**發展出來的道路，而且你想要創造的東西，至少對於你的生命而言，則是獨一無二的。也許你會發現自己採取了過去未曾採取過的行動，出現過去未曾出現過的想法，同時也受到過去未曾有過的啟發。

　　波士頓交響樂團（Boston Symphony）的打擊樂手法蘭克・艾普斯坦（Frank Epstein）同時也是拼貼新音樂樂團（Collage New Music Ensemble）的創始者。他的樂團已經有超過十五年的歷史，如今是美國致力於演出新音樂的重量級團體之一。艾普斯坦在樂團中扮演的角色讓他有了全新的願望、經驗與方向：

　　　促使拼貼樂團問世的，是我在二十多年前的一個願望，當時我在

柏克郡音樂中心（Berkshire Music Center，波士頓交響樂團於夏天時的據點）當實習生，指導我們的是團長岡塞·舒勒（Gunther Schuller）。我的願望是表演新型態的室內樂，這對我來講是個全新的方向。我所受到的挑戰是必須培養新的技術與音樂技巧，新的音樂演奏概念，也有機會與作曲家們合作，實現他們的音樂願景。這讓我有了新的音樂與藝術目標，拼貼樂團的成立變成那種發展的憑藉。自從成立後，拼貼樂團已經投入了至少一百五十首新作品的表演工作。也許透過這些創新的刺激能夠衍生出未來的經典之作。也許我們正在創造歷史。

同化與反抗—順應取向

當你要從現狀邁向理想境地時，如果你試著用**人為**手段控制你走的路，你就會**抑制**了真正的同化作用。試著控制這條路的話，等於是限制了種種會發生在你生命中的可能性。

如果你處於反抗—順應取向中，你很容易就因為幾個理由而抑制了同化過程。

首先，在此一取向中，你所採取的行動**不會**衍生其他行動；你為了達到目標而採取的每個步驟都是完成就了事了，不會因為學習以及將學到的東西同化而產生動能。

其次，你所採取的每個新步驟與前一個步驟的**潛在難度**都一樣，因為前一個步驟對於你的學習與經驗並無幫助，不能幫你提升能力。每當你採取一個新步驟時，你也許會覺得自己就像從頭來過。你所採取的每一個步驟都是受到**現有環境**驅使的，因此**屈從**於環境。

　　第三個理由是，你壓根就不會想到許多能幫你創造成果的**關鍵步驟**，因為它們與你先入為主的觀念相去甚遠。

　　我們的教育有很大一部分是以辨認與比較為基礎：A 看來像 B，C 看來像 D。A 應該歸類為 B，C 應該歸類為 D。這是一種問題診斷式的生活方式，辨認環境、把環境跟你的既有知識拿來比較，然後採取適當的反應。這種訓練抑制了原創思考。

　　因為這種思考方式，人們試著透過**持續學習**來取得較大的比較基礎。但是像這樣不斷蒐集事實與理論，其實**無助**於我們的創造活動，也無法幫我們理解現實處境。當人們用這種方式思考，就會發現自己只是蒐集了無窮無盡的資訊，而且終究沒有多少用處。這是為什麼人們無法輕易地為生命創造動能的理由之一。曾有個史丹佛大學（Stanford University）的學生語重心長地對我說：「我學得越多，就懂得越少。」

　　「別學了，」我說。「那沒有用。」

　　他就是把學習當成**持續蒐集事實與理論**。而他之所以意識到自己「懂得越少」，是因為發現資訊實在是太多了，就算窮畢生之力，他所比較歸類的終究只不過是九牛一毛。他不只**沒辦法**創造動能，而且還進退失據。

　　因為創造歷程的許多事件都是無法預測，事先看不出來且非比尋常，而且有時候從線性的觀點看來**不合邏輯**的，所以蒐集再多的理論與事實對你也沒幫助，甚或可能有所妨礙。通常來講，創造歷程的許多步驟似乎「根本不合理」，但它們還是發生了。當你持續提升自己的創造力，以「數小就是美」的原則限縮創作可能性之際，這種非連續性的事件就變得可預測、可靠而且有用了。人們常常以為非比尋常的創造方式似乎是創造時的重點。其實不然。重點是你可以**輕易地**創造出自己想創造的東西。

　　在「創意科技」課程的學員檔案裡，我可以找出數以千計的例子來說

明非連續性事件是創造歷程的一部分。許多事件都**不是**他們計畫或預期的，但只要**有用**就該欣然接受。

有一位旅行業者的願景是把他的旅行社規模擴張為兩倍，某次在自己本來沒有計畫要參加的派對上遇到了一位所謂「不管事的夥伴」（silent partner）願意投資五萬美金在他的擴張計劃上。

一位經濟不寬裕的年輕編輯夢想著環遊世界，投宿豪華飯店，而且能到最棒的餐廳裡吃飯。結果有一家旅行指南出版社聘請她環遊世界，工作內容是為餐廳與飯店撰寫評鑑。

一位芝加哥的平面設計師一直想要幫某個紐約電視網的節目做平面設計工作。結果她在芝加哥贏得了「最佳電視平面設計師」的獎項，這引起某位紐約製作人的注意，結果她就受邀去做自己夢想中的工作了——為麥克尼爾·萊洛新聞時間（The MacNeil-Lehrer News Hours）擔任平面設計工作。

一個來自波士頓地區的婦女想要自創外燴公司。她開始幫一個知名的外燴廚師當洗碗工。因為廚師常常人手不足，所以她也接受了其他工作訓練。然而，她始終並未獲准當廚師。她做這一份工作的目的是學習，所以能夠像這樣待在自己最後想要創業的行業裡，她還是心存感激。某個週末有一場非常重要的婚禮，二廚卻生病了。他們再次欠缺人手，廚師要她代替二廚上場。因為她一直都在自修廚藝，她發現自己能夠順利頂替二廚。她透過「創意科技」課程而學到的重要價值之一是，**不管成功或失敗都是我們學習的機會。**所以她並未因為一開始的失敗而放棄。她反而是在那個週末培養出廚師工作的實務能力。事後十天內她老闆就邀請她加入外燴廚師的團隊了。

一位洛杉磯的吉他手在廣告公司擔任廣案文案撰寫人員。他決定不再

寫文案，改寫廣告歌曲。公司喜歡他的文案，但不讓他寫廣告歌。儘管還沒有看到新的工作機會，他還是決定要離職。隔天，一個已經七個月沒有聯絡的吉他學生的丈夫打電話給他。學生的丈夫在一家電台上班，提議與他簽約，要他為電台客戶撰寫錄製一首廣告歌曲。他寫的那首歌如今在全國各地都仍然聽得到。從此他也開啓了成功的廣告歌曲事業。

　　一位航太工程教授在一個死板板的研究環境裡工作，處處受到壓抑。他把大部分的創作能量都用來批評同事，對他們提出嘲諷的評語。上過「創意科技」課程之後他發現他在浪費自己的天賦。上課上到第四週後，他就在自己的領域裡創造出一個重大突破：他研發出一種可以用於直升機的新材料。他獲得了專利，開始為了說明自己的研究工作而展開世界之旅。等到他回來時，他的大學為他開設了一個新的學系，不但有一筆新編的預算，還享有自由研究的權力。

　　當你進入了同化階段，你所採取的每個步驟都會教你**接下來**要採取哪些步驟。你用於創造過程的能量會源源不斷，持續累積。你所需要的資源就是會**聚積**在一起。有時候，同化的有機歷程甚至還會出現一些非比尋常的**巧合**，把你直接送往你想去的地方。

動能與反抗—順應取向

　　對於身處反抗—順應取向的人而言，「動能」是成長與發展過程中**最難理解**與**捉摸不定**的特質，因此他們也不知道要怎樣使用它。在那種取向中，他們並不會藉由累積動能來達成自己想要的結果。因為他們採取行動只是為了避免或減少衝突造成的不安，所以只能體驗到來來去去的衝突，或是在瞬間爆發出來的**短暫能量**。

此外，因為他們所採取的每個步驟都是**單獨孤立**的，就像膝反射那樣與其他行動無關，每個行動都只是用來化解某個現存的衝突而已。有衝突，就會有反抗。在反抗—順應取向中，每一個行動—反抗的情境都是獨立事件，不會通往特定的地方，當然也無法脫離衝突的侷限。

在創造取向中，**累積能量**則是一件自然而容易的事。你所採取的每一個行動，無論是否有直接的成效，都會為你走的路累積**額外**能量。因此，你所做的每一件事，包括那些沒有直接成效的事，都會促成最後的成就。假以時日，你會覺得你想要的成就越來越**容易**創造。

河床的結構會自然而然讓水流沿著最小阻力之路前進。當水量增加時，水流的動能也增強，從河床通過的整體水力也增加了。

學會如何累積動能

所有成功的企業家都學會了如何**累積動能**。

其中一種方式，是建立起以下這種成功模式：刻意陸續達成**一個個較小的成就**，讓它們累積成最後的目標。每一個成就都會增強動能，你很容易就能將它們同化，這也有助於**累積信任度**與**熟練度**。

我認識的一位木匠兼雜工想要成為城裡的最大承包商之一。一開始，他只是受雇另一個承包商，此時他在城裡一個吸引年輕人與中產階級的地區買了一間老舊的房子，利用晚上與週末去整修它。把房子賣掉後，他就有錢可以再買下兩間老舊的房子，付錢給幾個朋友幫他裝修。

過沒多久，他就開始自立門戶了。四年後，他手下已經有二十個員工，他的承包生意也大發利市。接著他把注意力轉移到比較大間的房子，開始購入與裝修比較老的公寓大樓。

自然而然地，他也開起了第二家公司：一間公寓出租與管理公司。過沒多久他的第三間公司問世，他成為地產商。因為在承包工程與出租公寓的過程中他不斷累積經驗與技巧，儘管城裡到處建築公司林立，新公司成立後兩年內就開始經營得有聲有色。他的朋友都暱稱他為「公寓金剛」，因為他們說他總是在城裡的大樓上面爬來爬去。

隨著動能開始累積，他也累積了許多成功經商的能力。第一個建案之後的四、五年間，他的能力大增，不管是在財務資源、與銀行的關係、人力資源、建築業的技能等方面，能夠幫他忙的人也越來越多了。透過累積動能，他也培養出一種特殊能力：各種能夠幫他管理公司的人都被**吸引**到了他身邊。

如今，儘管他已經是幾家公司的負責人，與五年前相較他卻有更多時間可以留給自己。他喜歡他的工作與工作團隊，也愛他老婆。他曾說：「重點不是錢，有錢很好。但除了帶來方便之外，錢真的不是重點。重點是我為這世界帶來了美景。我把許多人跟地方都連結在一起，我正在**改變**城市的面貌。」

當你把你採取的行動同化之後，你也會累積能量，朝新的行動邁進。那位企業家所做到的，是讓他所採取的每一個行動都變成他的一部分。在他發展的過程中，他把這些步驟都**融合**在一起，每一個步驟都能幫他朝向目標邁進，而且更重要的是，透過每一個步驟，他都在學習怎樣利用動能來累積動能，進而達成未來的目標。

所謂累積動能不只是**有意識**地透過自己的行動來學習——無論行動結果的成敗。對於那一位成功的承包商而言，累積動能也意味著為他的企業**累積實力**。他的每一次事業布局都為他帶來可以往內吸收的額外能量，就像健身的人只要規律地運動，就能強化肌力與耐力。

如何運用動能

這位企業家到底是怎樣達到成就的？

首先，他不是解決問題，而是**累積動能**。一路走來的每一步，無論發生了什麼事，他都能夠把那些事都當成學習的經驗，學會如何更有效地累積動能。

其次，他懂得尋找累積的**新方式**。他尋找**接受挑戰**的機會，透過挑戰實驗。成爲地產商後，一開始他試著販賣一些超過他既有能力的案子。例如，他試著幫人兜售一大塊商業用地。雖然沒有成功，但他學到自己實在是不自量力。他把注意力轉向比較簡單的案子，例如販售民宅、比較小的出租公寓大樓以及具有獨立產權的公寓大樓，而且他還選擇比較容易成功的地產開發計畫。接著他開始尋找，同時也很容易就注意到一些在他的能力範圍內，但仍有相當程度挑戰性的建案。接受挑戰也讓他得以累積動能。他逐漸**開始擴張**。

第三，他發現經驗有助於累積動能。每一個他接下來的案子都讓他學到如何當個企業家。即便案子不成功，他還是學到了**新的**技巧。他學會了如何協調行政與財務管理工作，還有掌握時機。他不只自己學習，還幫助員工學習。早年他把風險降低，如此一來當他還在學習的時候也不至於讓公司倒閉。他每做一個決定，自己的決策能力也隨之**增強**：決策成功，他學到了成功的決策有哪些特色；反之如果不成功，他也能掌握無效決策的特色。他無時無刻都在幫自己**擴張企業視野**。

當他把學到的東西同化之後，他就能夠往後退一步，用越來越**寬廣**的視野去觀察**逐漸擴大**的事業版圖。透過此一視野，他也能夠**預測**業界的發展，把此一先見之明當成決策依據。逐漸的，最小阻力之路就會帶著他走

向越來越成功的境地，每次他成功了，也會獲得更多動能，帶他邁向**下一個**成就。

不拘泥於公式

因為這位承包商把他所採取的行動予以**同化**，他也成了熟悉自身特有創造歷程的專家。儘管他也有一些傳統的智慧可以採用，但他從來不會受其侷限。事實上，一路走來，他所做的一切就是**發展**出自己該採取的步驟，以及**特有**的創造方法。如果他完全依靠標準的公式來經營公司，他就沒有辦法累積動能，或是把他所採取的步驟予以同化。他之所以有辦法累積動能，並且把那些步驟同化，只是因為他發展出**完全屬於自己**的創造歷程。

全美國沒有任何一家商學院能教他搞懂身為承包商所需要知道的一切，因為某些他需要知道的東西都是專屬於他所面對的特定情境。創造歷程的重點是創新，而非不假思索地遵循傳統。

「人類的天性偏向於拘泥於形式，這不但令人吃驚，甚至是一種悲劇。」畫家康丁斯基（Wassily Kandinsky）在一封寫給作曲家荀伯格的信裡面這樣寫道。「過去，創造出新形式的人遭到唾棄。如今，同樣的形式卻變成一種再也無法撼動的律法。這真是一樁悲劇，因為這一次又一次顯示出人類大多都是依賴外在的東西。」

像康丁斯基與荀伯格這一類藝術先鋒，一路走來總是不斷在創造**新的**表現形式。他們不是為了形式本身而創作，也不是為了造就藝術派別或運動，而是為了表現出他們的**藝術願景**。

就像荀伯格在寫給康丁斯基的一封信裡面所說的：「我早就覺得我們這個時代畢竟非常偉大，會出現在此刻的可能性不只一個，而是許許多多

個。」

對於許多人自稱無調性主義者（atonalist），自稱為他的追隨者，荀伯格感到很尷尬。「去他的，」他跟康丁斯基說。「我在作曲時心裡從來沒有想過任何主義。那跟我有什麼關係？就我個人而言，我並不太喜歡那些運動，但至少我不用擔心他們會一直模仿我。在那麼多人引發運動風潮之後，一切都會立刻改變的。」

在創造取向中，你完全只能靠**自己**。即便你發現一本書或一門課程能提供有用的資訊，你仍然需要將那些資訊同化成為你的一部分，運用在**特有**的情境裡，藉此創造動能。

在創造取向中，當你能夠持續把自己一路上採取的步驟予以同化，潛在的結構就會自行重整，因此最小阻力之路就會直接邁向你想創造的東西。而且，不斷增強的**動能**也能幫你更有效地在路上行進。

將結構性張力同化

學習任何技巧時，一開始你一定必須搞清楚自己在學習的**步驟**。當你開始學開車時，你必須搞清楚自己的腳在哪一個踏板上，還有腳掌要用多少力氣。你必須想一想怎樣轉動方向盤，何時換檔，如何使用後照鏡，如何測量距離，如何倒車，如何路邊停車等等。

一旦你將這些**能力**同化了，你不再需要仔細思考腳掌需要施加多少力量才能讓車子平順安全地停下來。當你想要停車或減速時，你**自動**能夠完成必要的各個動作。

當你一開始把**結構性張力**用於創造特定的成果，你必須在腦海裡同時仔細牢記你的願景（你想創造的成果）與現狀（你身處的環境）。

當你有意識地練習同時**聚焦**在你的願景，並且**觀察現狀**，你將會開始有辦法把這個行動予以同化，最終讓它變成一個習慣。你也會自然而然地把結構性張力**融入內在**，讓它成為你內在結構的一股龐大力量。

多年前我遷居洛杉磯。剛去時，我聽當地人說洛杉磯會下雪，感到驚訝不已。因為不曾聽說那裡也會下雪，我問道：「什麼時候會下雪？」

他們回答：「等到我們花兩個小時，開車到山頂上時。」

因為我是在新英格蘭地區長大的，所謂「下雪」的概念與他們截然不同。對我來講，雪不是那種必須特地開車去看的東西。雪會自己飄下來。四周都是雪。

當你一開始利用結構性張力來創作時，你會想要「刻意尋找它」。它不是你正常生活方式的一部分。但是等到你與它的關係越來越**密切**，它將會被你同化到**生活**裡。你會發現它已經成為現實處境的一部分。到時候，你無時無刻都會意識到自己想創造什麼，什麼對你來講是重要的，而且你也會**主動**觀察自己的現實處境。

對你來講，同化作用本身也會變得極其**自然**而**自動**。當你開始達成自己想要的成就時，你會更易於達成**新的**或者**更深遠**的成就，因為你已經將結構性張力與創造取向給同化了。**藉由將結構性張力予以同化，你也會開始熟悉自己的創造歷程。**

第 十 六 章

以策略輔助創造

當你發現環境不如你意的時候，其實你正處於創造歷
程中極為有力的關鍵時刻。無論你喜歡或不喜歡你現
有的環境，它都是一種必要的反饋，你能夠藉它了解
創造活動的現況為何……

缺乏進展的時刻

在創造歷程中，有時候你看來就像**停滯不前**，甚或**往後倒退**，此刻你就需要講求**策略**了。顯然缺乏進展時你必須講求策略，因為此時你所採取的行動將會決定你最後是否能夠成功。

一位健行新手揹著背包站在阿帕拉契小徑（Appalachian Trail）沿途的一座山頂上，鄰近的山峰似乎只在半英哩外。他朝著另一座山的方向出發，結果發現自己走進了一道山谷，深度遠遠超乎自己的預期。他已經走了至少兩英哩。從谷裡看來，此刻他與那一座山峰的距離**好像**比他剛剛看到他的時候**還遠**。

我們通常會把自己與某個成就之間的距離想得比實際上還近。當那一位健行新手在谷裡時，他覺得自己與目的地的距離似乎比剛開始時還要遠，但實際上他已經比較接近了。他並未遠離第二座山峰、並未向後倒退，而且事實上還是朝著它前進。同樣的道理在創造歷程中，有時候你會覺得自己與成功之間的距離比剛開始時還遠，但事實上你已經比較靠近了。

那一位健行新手來到了攻頂過程中的策略性時刻，他大可以做兩個假設。他可以假設那一條似乎通往山頂的路實際上正帶著他**遠離**那一座山。或是他也可以假設第二座山峰比他原來所**認為的還要遠**。

他當然知道第二個假設是正確的，而第一個是錯的。然而，當你處於創造歷程之中，你不可能永遠都跟那一位健行新手一樣能看得那麼清楚。在邁向你想要的成果時，有時候你會發現通往成果的路可能遠比你**原先**認為的還要複雜或漫長。登頂的例子與創造歷程之間的差別在於，那位健行新手**知道**如果他**繼續**走下去，最後一定可以抵達第二個山頂。然而在創造歷程的策略性時刻裡，你卻**並不是每次都看得出**自己將會達到自己心裡的成果。

時間差

當你剛開始改變生活時,你通常都必須歷經**一段時間差**才能開始看到**改變**的成果。

如果你訓練汽車工廠生產線上的員工,在汽車產品品質提升以前,也是要歷經一段時間差。在汽車產品品質提升之後,到市場感受到品質**提升之前**(此一感受會反映在銷售數字上),也會有一段時間差。

通常來講,你在採取創造的行動之後,你想創造的成果**不會立刻**隨著行動而來。因此你有可能已經有效促成改變了,但有一段時間卻不自知。

如果你開始節食,你就會**預期**自己能減肥。但如果你在開始節食之前吃了一頓大餐,也許節食的第一天你的體重**實際**上是增加的。

此時你一定立刻就想要做出結論:節食導致體重增加,或者這種節食方式對你而言無效。然而,實情是節食的成效還**沒有機會**出現,行動與成果之間有一個時間差。

你對於**成果的定義**也是創造歷程的關鍵環節。體重增加其實是吃大餐的結果,可是如果你把它定義成開始節食的成果,你可能就會停止節食。

因為時間差,人們常常會放棄**實際上**有效的行動,但這些行動的成效卻**還沒有機會**出現。你為這些行動賦予的意義可能就會決定**動能得以累積**,或是被**削減**。若你能夠考慮時間差這個要素,你就能更精確地描述你的現狀。在評估可能成功的行動時,如果你對效能的評估**不夠精確**,你就很容易放棄行動。

行動**造就**成果，結果則讓你得以**定義**行動，或者為其賦予意義。未來你將會繼續採取什麼行動，取決於你如何定義「行動」與「成果」之間的關係。這也會影響你的動能。

進行創造時，在徹底達到你所選擇的成就之前，路上可能會**數度**遭逢時間差，而某些人可能會覺得非常挫折與驚慌。但是，當你**持續**朝著成就邁進時，這就是所謂的**策略性時刻**，因為這些時刻就是你有辦法**催化**創造歷程的重要契機。

隨著時間過去，還有你的**經驗**增多，你所採取的有效行動將會開始**促成**你想要的成就。你將學會如何採取**比較有效**的行動，藉由改變那些不是那麼有效的行動來**調整**你的路徑。

厭惡現狀

創造歷程中比較難以吸收的教訓之一，就是學會**如實地認清現狀**，而所謂實際的現狀往往與你所認為與希望的並不一樣。

現狀與你所期望的可能不符，但如果你**持續厭惡**此一事實，那你等於是妨礙了自己，**無法充分利用現狀來創造結構性張力。**

去泛舟的時候，你就必須有辦法如實地認清現狀。划進急流的時候，你可能會認為「這河水以前很平靜，現在也應該很平靜才對」，但就算再

怎麼厭惡你面對的現狀，也無助於安全穿越惡水巨岩。事實上，就因為你**無法立刻如實地認清現狀**，你也許會落水或撞上岩石。

就另一方面而言，如果抵達平靜的水域之後，你還是像在急流裡一樣持續划船，不但**浪費**了大量精力，你也一樣可能會落水或撞上岩石。

現狀往往與你所預期的不一樣。如果你對此一落差持續有所積怨，你就再也沒有辦法徹底認清現狀了。創造時的重要能力之一就是**當改變發生時，你必須要有認清現狀的能力**。

你討厭的情況

為了改善電子產品在海外的銷售情況，某間企業的高層主管安排了一場重要會議。來自歐洲各國的公司代表有五位，其中兩位無法參加事先安排好的會議，理由是歐洲突然出現暴風雪，班機因而取消。高層主管決定，照常開會。但開會時他一直對兩位代表未能出席這件事有所積怨。甚至他似乎把某一部分怨氣發洩在另外三位出席的代表身上。他**拒絕**如實地認清與接受現狀——也就是只有三個歐洲代表能夠來與他開會。

因為現狀通常包括令人討厭或計畫之外的情況，所以你也許傾向於**逃避**如實地接受現狀。這種不接受的態度會讓你**失去力量**，因為一旦你對身邊環境進行了**錯誤詮釋**，你就**無法創造**你想要的成就了。

分析現狀

有些人拒絕如實認清現狀的方式是**持續分析**現狀應該是怎麼一回事才對，「情況怎麼會變成這樣？」與「現在的情況到底是怎樣？」是兩個不同的問題。許多人把兩個問題搞混了，所以針對第一個問題提出許多理論

與解釋，因此浪費了許多時間。

　　一對中年夫婦正驅車前往大峽谷（the Grand Canyon）。那天早上他們在汽車旅館時有人說他們距離大峽谷還有四小時車程。開了四小時後，連個大峽谷的影子都還沒看見，他們還迷了路。最後他們發現了一座休息站，在那裡問到方向。但是從休息站到大峽谷的一個半小時路程裡他們倆持續討論他們之所以會迷路，是因爲哪些地方轉錯了，哪些地方該轉沒有轉。到了大峽谷以後，頭半個小時他們倆**還是持續**在分析自己爲何會迷路。

　　在反抗一順應取向中，進行這種**無用分析**的人通常有一個合理的藉口：如果能搞清楚自己爲什麼會落入現有的境地，是有好處的。

　　但事實是，**現在你就是處於這樣的境地裡。**

　　此外，弔詭的是，如果你不斷討論自己爲何會落入此一境地，往往會讓你搞不清楚你現在所面對的狀況爲何。這對夫妻的對話一點用處也沒有，因爲那**無助**於幫他們從迷路的地方前往大峽谷。

　　如果你發現你不斷重新檢視自己爲何會落入現在的生命處境，那麼你對於現狀的觀察就是已經被自己給模糊掉了。

　　一個年輕女孩離開她成長的中西部農村，找到第一份工作。她對自己在被暱稱爲「大蘋果」的紐約新生活感到很興奮，很快的她發現自己成長過程中學到的許多教訓，在曼哈頓是派不上用場的。與陌生人打招呼、幫助看來有麻煩的人、把錢跟自己的東西借給朋友，還有她在家鄉會做的許多事，開始爲她帶來問題。很快的她覺得自己還沒有爲都市生活的現實面做好準備。**她開始分析**她的家庭教養。她覺得自己是因爲爸媽與朋友的影響才會那麼天眞，眞是很討厭。她開始覺得紐約市，甚或整個世界都在與她爲敵，而且很危險。她開始覺得自己是一個「陌生地方的陌生人」。好

幾個月過去了，她**持續分析**自己有多麼無法應付這個新世界。但她的分析**完全無助**於幫她改善在都市生活裡的適應力。假使她能夠認清現狀，也就是紐約跟她的家鄉不同，而且她並不知道該怎樣在這裡過生活，她就不用花那麼多時間爲自己的處境感到**厭惡**與**憤怒**。因爲她知道怎麼在家鄉討生活，所以她就假設自己在其他任何地方也都能討生活。這是錯誤的。她反抗環境的方式是**試圖搞清楚**爲什麼自己的情況會變成這樣，而不是很**單純地認清**新環境就好了。

　　通常，當一對在一起很久的情侶分手後，各種複雜的情緒會讓人難以如實地觀察現況。他們也許會互相中傷，尋找各種報復的方式，只從片面的角度去看待對方，藉此忽視對方過去有人情味的地方。通常來講，這才是現實：**情侶中一定有一個人想要分手。**我們常說感情的事就像「兩個銅板才敲得響」，但如果要分手的話，只要一個人說不，就可以了。當一段感情結束時，至少是其中一個人已經說了不。一開始會出現的情緒包括覺得被拋棄、被冤枉、被背叛、失落感、沒有獲得公平的對待、痛苦、自尊受傷、被迫改變生活方式，還要面對一個不確定的未來，這一切都讓人在一開始**很難看清現狀**。事實上，在如此痛苦與困惑的時刻裡，任誰都是需要偉大的智慧才能保持客觀。但這就是所謂「認識現狀與從中學習」的另一個面向。唯有那些最擅長觀察現狀的人才有**邁開步伐**的機會，進而**繼續創造**他們想要的東西。

　　如果你越是能夠直接且快速地認清當下的現實，對你就越有利。當現狀與你本來預期的不同時，這種能力更是特別重要。你也許需要練習一下才能夠培養這種能力。在創造歷程中，如果你越是能夠有效地**直接察覺現況**的改變，你就越是能夠**找出**自己該怎樣自發地調整步伐，因應環境的改變。你會發現即便是預期之外的突然改變也沒什麼大害，而且應該被視爲

創造歷程中的珍貴與必要反饋。你永遠都能夠以現狀為你的**全新出發點**。

　　許多心理治療案例之所以成功，是因為能夠協助病患**接受現狀**。我們的心理是否健康與情緒能否穩定都是取決於我們是否能**認清現狀**。這意味著你必須**如實地**把真相告訴自己，不要加以扭曲改編，也不要找理由。

現狀的真相

　　因為反抗—順應取向對於避免不安的做法給予高度評價，所以人們通常不會把真相告訴別人或自己。

　　從小時候開始我們就承受了社會的龐大壓力，導致我們對現狀做出錯誤的詮釋。

　　我們跟小孩說：「沒有糖果了喔」——但實際上我們知道抽屜裡還有一堆，只是我們不希望孩子們把胃口給搞壞了。我們常常對真相做出錯誤詮釋，因為我們老是跟小孩說：「如果你說謊，鼻子就會變長」、「莎莉阿姨不胖，她只是多了幾磅體重而已」或者「你爸跟我沒有吵架，只是在……討論事情而已」。

　　這種**錯誤詮釋**都是被社會接受的，其主要功能是避免有人心裡受傷。當服務生最後來到餐桌邊，問我們說：「晚餐還可以嗎？」我們總是說：「還好。」但實際上我們真正想說的是：「糟透了。那一道牛肝煮得比鞋皮還硬。你**確定**那真的是**牛肝**嗎？蔬菜也煮得太爛，馬鈴薯太油了，點心不新鮮，服務跟餐點一樣差透了。」

　　某次我到英國海邊村莊一家旅館去投宿，凹凸不平的床墊讓我難過了一整夜。旅館女主人問我一切都還好嗎，我未加思索地說：「呃，你們的床墊有一點凹凸不平。」

她覺得有點被我冒犯了，於是說：「應該不會才對，那床墊是我們去年才買的！」

「也許你們應該要求退錢！」我回答道。但她不覺得這句話很有趣。

當你的確**已經有了**某些體驗之後，某些人就是想跟你爭論，說**應該**不是那樣。如果那一張床墊是不到一年前才換的，我睡起來就不應該有凹凸不平的感覺。如果肉是剛從市場裡買來的，那一道晚餐也不會那麼差勁。如果車子剛剛修好了，開車的人就應該不會聽到那麼大聲的雜音。

有些人之所以迴避真相，是因為認定別人**無法接受**事實。但實際上，幾乎每個人（包括你我在內）都比別人所認為的還要更堅強、更有彈性，也更有力量。

當你養成了錯誤詮釋現實的習慣，你就會覺得真相似乎很危險。

真相一點也**不危險**，它能讓你獲得**創造的自由**。你唯有透過認清真相，才能夠善用結構性張力的龐大能量，進而創造出你覺得重要的東西。

關鍵技巧

當你發現環境不如你意的時候，其實你正處於創造歷程中極為有力的關鍵時刻。**無論你喜歡或不喜歡你現有的環境，它都是一種必要的反饋，你能夠藉它了解創造活動的現況為何。**

此外，當你的處境或環境不如你意的時候，你所面臨的就是所謂的策略性時刻，因為在這些時刻裡你能夠**重新定義**你想要什麼（你的願景），還有你**目前置身何處**（現狀），讓兩者變得更清楚，你也得以**強化**結構性張力。

創造取向中的關鍵技巧也許能幫你善用你討厭的環境，讓它發揮催化

效果，把你推向你想去的地方。

這種技巧極其簡單，但卻蘊含龐大力量。

● 步驟 1：描述你現有的處境

換言之，你必須**徹底認清**現狀為何。如果你在前往大峽谷的路上迷路了，你必須把你的處境如實報告給自己，避免任何詮釋、分析或評論。「我迷路了，我不知道大峽谷在哪個方向，我來到了一個小鎮。」

● 步驟 2：描述你想去的地方

把你想要創造的**成果**說出來。「我想要去大峽谷。」切記，此刻請將「你想要的東西」跟「你認為是可能的東西」區隔開來，這樣你才能清楚掌握自己想要什麼。不要受制於環境，把自己局限在你認為是可能的範圍內。

● 步驟 3：再次正式地選擇你想要的成果

在心裡面說：「我選擇＿＿＿＿＿＿」，把你想要的成果填進空格裡。（「我想要去大峽谷。」）

● 步驟 4：繼續走下去

一旦你觀察到自己身處何方（現狀）與想去哪裡（願景），也正式地選擇了你想要創造的成果（重建結構性張力），你就該把注意力**轉移**到你不喜歡的處境之外，換個檔、改變話題。也許你可以看看風景、讀一本書、好好與伴侶相處，或是**繼續**做你在迷路或者被卡住之前做的事情。

　　偉大的數學家龐加萊曾經在演算一道算式時被卡住了，他小睡了一會兒。醒來後，他就找出了解答。一位有名的化學工程師在實驗室裡有所發現，但卻似乎無法找出一個公式來解釋自己的發現。他決定搭公車到城裡繞一繞。就在他一腳踏上公車時，答案就出現了。

　　作家約翰‧海德‧普瑞斯頓（John Hyde Preston）曾經這樣詢問葛楚德‧史坦因：

> 但是，如果妳在寫作時覺得停滯，被困住，詞窮了，只想得出一些呆板與無意義的字句，妳都會怎麼辦？如果妳覺得自己可能再也寫不出任何東西呢？

史坦因笑著回答：

> 普瑞斯頓，如果想繼續，就只能繼續寫下去。這是唯一的方式。如果你對這本書有深刻的感受，書的內容如果是最真實的，它就會跟你的感覺一樣深刻，而且你的書絕對不會比你的感覺還要真實或還要深刻。但是你還完全不了解自己的感覺，因為儘管你以為自己的感覺已經都出現了，全都昇華了，但是你還沒讓它流瀉出來。所以你怎麼知道它會是怎麼一回事？最棒的那部份是你現在還不知道的。如果你全都了解了，那就不叫創作，而是聽寫了。

實際運用關鍵技巧

當兩位歐洲代表因為大雪而無法出席會議時,那一位擔心海外銷售狀況的高層主管該怎樣利用關鍵技巧來面對這種他討厭的情況呢?

且看他應該怎樣利用上述四個步驟。

● 步驟1:描述現有的處境

那一位高層主管也許可以這樣描述他的處境:「事關公司海外銷售量的重要會議本來應該有五個歐洲代表出席,但現在只來了三個。」

這似乎是對於他的處境的適當描述。若是想要產生結構性張力,我們必須僅僅清楚地將現狀**如實表達**出來就好;任何理論、解釋、找藉口以及對於事實的修飾都是不必要的。那一位高層主管甚至不該把兩位代表無法出席的理由說出來,這一點是特別不重要的。

然而,接下來我們將會發現,就高層主管真正想要達到的成果看來,這種對於現狀的描述其實非常**不適當**。

● 步驟2:描述你想去的地方

那位高層主管也許可以將他想要的成果描述為:「一個全員到齊的會議,五位代表都能出席。」

這真的能如實描述他想要的成果嗎?

有時候這個步驟還挺棘手的。思考過後,我們會發現那位高層主管所描述的,事實上並非他想要創造的成果,而是他原本想要用來達到那個成果的**過程**。如果他一開始的目標只是希望舉行一個全員到齊的會議,那麼他就無法製造出有效的結構性張力,進而達成他想要創造的最終成果。為

什麼？因爲他**沒辦法看清楚**自己想要的成果是什麼。

他眞正想要的到底是什麼？

一經追問，我們也許會發現他眞正想要的成果，是「公司產品在海外的亮麗銷售成績單」。與公司代表開會只是爲了幫助達成此一成果的方式。他想要的成果與他一開始認爲的截然不同。既然他已經搞清楚他眞正想要什麼，他的願景應該可以被描述爲：「海外的亮麗銷售成績單」。

然而，他的願景一經澄清之後，我們就可以用他的願景來指出現狀描述中的**重點**。如果亮麗的海外銷售成績單是他的願景，那麼現狀中與海外銷售成績單有關的是什麼？此時他必須將關鍵技巧的第一個步驟予以**修正**。

● 步驟 1：描述現有的處境

那位高層主管所面臨的現狀，其實是公司產品在海外的銷售表現不佳。經過長久的延遲後，貨物才抵達當地的分銷點。因爲延遲，許多歐洲當地的商店發現難以滿足顧客。貨物從美國送到歐洲時並無問題；延遲的現象是發生在貨物抵達歐洲後。

適切地描述過現狀之後，那位高層主管才有辦法**澄清他的願景**。

● 步驟 2：描述你想去的地方

在實行第二個步驟時，那位高層主管可以將他想要的成果描述爲：「亮麗的海外銷售成績單，歐洲當地商店能夠在下單後三十天內收到貨物。」

此刻，那位高層主管必須避免去考慮他想要的成果可不可能達成。反正這個時候他沒辦法知道他的願景到底可不可行。他唯一能知道的，而且

唯一必須知道的是，這就是**他要的成果**。此外，在他心裡這個成果必須夠**清楚**，如此一來成果達成後，他才能夠發現成果達成了。

最後一個檢測是確定這到底是不是他**眞正想要**的成果，因此他必須回答此一問題：「如果你能夠透過三十天內送達的服務繳出海外銷售的亮麗成績單，你願意嗎？」他的答案很可能是肯定的。因此這就是他**想要的**成果，他已經準備好要進行下一個步驟了。

• 步驟 3. 再次正式地選擇你想要的成果

爲了正式進行選擇，那位高層主管也許可以在心裡面說：「我選擇透過三十天內送達的服務繳出海外銷售的亮麗成績單。」

• 步驟 4. 繼續走下去

爲了做到這一點，那位高層主管也許可以與那三位出席的歐洲代表好好開個會。藉此，他就在現狀（不佳的銷售成績）與他想要抵達的境地（亮麗的銷售成績單）之間**建立起了結構性張力**。他可以進而建立起一個有機的歷程，歷程裡的最小阻力之路就是通往「亮麗的銷售成績單」。

進入此一脈絡之後，對於那位高層主管而言，只有三個歐洲代表出席的會議就被他賦予全新的意義。

首先，這一場會議就可以發揮其**最高的潛在功效**，爲達成他想要的成果盡一份力——不管它能夠達成什麼功效。

其次，會議本身也許能夠直接促成產品銷售的亮麗成績單，也許不能。但這並不重要，因爲那位高層主管已經可以建立起**達到成果**所需的創造歷程。他可以用有機的方式做到這一點，因此他可以採用的不只是傳統的手法，也包括各種他未曾想過的方式。

你該怎樣把關鍵技巧應用在你的生活上？也許你正在打一份重要的報告，但是報告進行得並不順利。

使用關鍵技巧時，首先你必須**定義自己的現狀**（步驟 1）：

「我的報告離題了。三段裡面有兩段可以導向我的結論，但是第三段無法反映出我的重點。」

接著你可以**聚焦在你真正想要的成果上**（步驟 2）：

「我希望把這份報告寫得清楚、簡潔而且明確，能適當表達出概念。」

然後你正式地**選擇你要的成果**（步驟 3）：

「我選擇把這份報告寫得清楚、簡潔而且明確，能適當表達出概念。」

為了執行第四個步驟，也就是**繼續走下去**，或許你可以先去做別的事，也可以繼續寫報告。所謂繼續，也可以包括繼續進行你在實施這四個步驟之前正在做的事。

當你**繼續走下去**的時候，透過前三個步驟建立起來的結構性張力就會以一種有機的方式幫你創造出你想要的成果。

以下是另一個例子：

步驟 1：「我們設計的軟體運送到客戶那邊之後出現了重大瑕疵。當使用者要存檔時，軟體常常會當掉。已經有幾個人跟我們客訴，還有退貨了。市場上已經出現了關於那一款軟體的惡評了，儘管

它基本上是一種先進的高科技產品。出錯的只是七種公式裡面的一種，問題不難解決。」

步驟2：「我們希望這一款軟體的功效卓著，顧客滿意度超高。我們也希望這個軟體獲得同類型軟體中的最佳評價，可靠而且容易使用。」

步驟3：「我選擇讓這一款軟體的功效卓著，顧客滿意度超高。我們也希望這個軟體獲得同類型軟體中的最佳評價，可靠而且容易使用。」

步驟4：「接下來我們將以各種行動來落實願景，包括趕快修正瑕疵，要求銷售人員不要繼續販售瑕疵品，盡快把修正版軟體運送出去。」

還有另一個例子：

步驟1：「孩子們要求我給予他們更多關注，但我實在不願意。幾個小時後，我發現自己對他們出現不好的表現。我覺得自己被困住了。我已經有好幾個禮拜沒有跟任何一個大人好好講話了。我愛孩子們，但是我已經開始對他們展現出敵意，而非愛意。」

步驟2：「我希望與我的孩子們建立起好關係、我希望讓他們能夠獲得妥善照顧、我也希望給自己留一點時間、我希望我的人生充實豐富，各種經驗多采多姿。」

步驟3：「我選擇與我的孩子們建立起好關係、我選擇讓他們能夠獲得妥善照顧、我也選擇給自己留一點時間、我選擇讓我的人生充實豐富且多采多姿的經驗。」

步驟 4：「接下來也許我可以讀一本書、打電話給安親班、與孩子們一起遊玩，或者打電話給朋友。」

善用結構性張力

實施了關鍵技巧的第四個步驟之後，結構性張力**並未停歇**下來。這是一個很好的現象，因為，接下來你能夠更容易地將結構性張力予以同化。此一張力對你的最大幫助，就是它會衍生出一個**自然而然的過程**，其中的最小阻力之路能夠直接把你帶往你想要的成果。此一結構的自然傾向是讓你可以**獲得所有可用資源**，不管是你知道或不知道的，並且以有機的方式將資源重整，藉此化解你透過前三個步驟建立起來的張力。

「創造」這一門藝術的最重要訣竅之一就是**學會善用結構性張力**。如果時機未到，你就想要**設法化解**你自己建立起來的張力，你就會減損自己的創造力。例如，你也許會拒絕認清現狀：「我們的軟體沒有問題。只是使用者不會用而已。」或是你也許會掩飾自己的願景：「沒錯，我們錯過了大峽谷，但反正那就是一個大洞，誰想看啊！」

多年前，我曾經試著用一把手鋸去鋸一塊木頭。就在我笨手笨腳，毫無成效之際，一位精通木工的朋友剛好來訪。他笑著說：「讓你的工具發揮它既有的功能就好了。」接著他示範手鋸的用法給我看，接著我才費了一丁點力氣就把要做的事做完了。

同樣的道理，現狀與願景之間的落差造就了結構性張力之後，你可別逼自己**試著去化解**那一股張力，而是讓結構性張力發揮它既有的功效。身為一位創造者，即使置身於你不喜歡的情境裡，你還是可以**學會建立**結構性張力、把它維持住，直到它在有機的過程中自行化解。

創造歷程與倫理標準

在創造取向中，你**絕對不可能**會違反自己的道德、精神或倫理標準，因為當你轉移到這個取向的時候，你所創造的成果之一就包括了：「遵循內在的最高價值」。

前述那一位高層主管在創造他想要的亮麗銷售成績單時，他不只是會建立起一套有效的程序，還會讓一切都在忠於自我的架構裡進行。他絕對不會為求目的而不擇手段，因為正當的手段（與人類崇高精神相符的手段）才是最有效的手段。創造的結構會以有機的方式衍生出那些正當手段，它們會讓你得以踏上最小阻力之路，達成你想要的成就。

事實上，只有處於反抗—順應取向之中的人才會使用**違背**自身道德或倫理標準的手段，因為那是一種讓人充滿無力感的取向。有時候，這些人會為了補償自己的無力感而妥協，「一切都是因為環境的需要」。

時時刻刻我們都有可能**實現至善**的理念。這種潛能根本**不是**態度問題（例如，這跟你能不能進行正向思考無關），重點在於：**創造行動本來就會激發人性中至善的一面。**

因此，你的**生命無時無刻都充滿了**偉大的創造力——特別是那些看來充滿困難、麻煩、問題或無助的時刻。實際上，那些「困難而問題重重」的時刻，就是能夠幫你**完成**創造歷程的策略性時刻。

第 十 七 章

完成期

當你認可自己創造的東西，一股完成期的特有能量就
會因此爆發出來。這股能量的功能之一是驅使你邁向
下一個創造循環的萌芽期。每當你完成了一次創造活
動，你都會讓一股生命力聚積在一起……

創造週期的最後階段

完成期是創造週期的第三個也是最後一個階段，你想要創造的成就將會在此時圓滿完成。你的願景會在此一階段告終時**順利落實**。

「囚徒症候群」

囚徒於出獄前通常會失眠、焦慮、失去胃口，還會產生一堆不舒適的感覺。弔詭的是，經過多年的期待後，等到真正要出獄時，他們居然出現了這種經驗。

對於許多人而言，這種因為期待而造成的焦慮有可能出現在另一個更為微妙的層次上。例如，某些人想要好好談一段感情而產生結構性衝突，他們越是接近自己想要的結果，一股想要把他們往另一個方向拉的拉力就越強。最小阻力之路往往會帶他們遠離自己想要的感情。結構性衝突導致**來回擺盪**，他們總是傾向於**遠離**自己想要創造的成果。

完成的體驗

當自己想要的東西快到手或是任何成果即將完成時，人們最常體驗到的感覺有兩種：

一種是充實與滿意。

小說家維吉妮亞·吳爾芙（Virginia Woolf）曾經這樣描繪她的書即將完成時的體驗：

在這剩餘的短短幾分鐘裡，謝天謝地，我必須把《海浪》（*Waves*）即將完成時的體驗記錄下來。十五分鐘前，我寫下了

「喔,死亡」,在那之前,寫最後十頁的那段時間裡充滿張力與陶醉,宛如行雲流水一般,我的手似乎只能在後面追趕我的聲音⋯⋯總之,書完成了;我在那裡坐了十五分鐘,感到如此榮耀與平靜,流了一點淚⋯⋯勝利與寬慰的感覺是如此具體啊!無論它是好是壞,我都寫完了;而且最後我的確不是只有一種寫完的感覺,而是圓滿結束,大功告成,言無不盡──但我也知道我寫得有多匆促,多零碎。

另一種常見的體驗是**憂鬱與失落**。憂鬱隨著完成而來,例證之一是婦女生產後偶見的所謂「產後憂鬱症」。維吉妮亞・吳爾芙在寫完小說時也曾感到滿意,接著便體驗到驚慌與絕望的時刻。她用日記來描繪完成另一本小說時的體驗:

我很少像昨天晚上六點半時那樣悲慘,當時我正在閱讀《年華》（*The Years*）的最後部分。它看來像是多麼屏弱的廢話──多麼模糊的絮語;我真是在誇耀自己的衰老,如此冗長。我只能把它丟在桌上,帶著發燙的雙頰衝上樓找李歐納〔她丈夫〕。他說:「這是常有的事。」但我覺得不是這樣的,從來沒有這麼糟過。我特別把這件事記下來,以免以後又寫出這樣一本書。現在,到了早上,我又仔細閱讀它,看來卻完全相反,是一本充滿活力的書。

因為許多人都提到完成作品時曾體驗過不安的情緒,他們不但想要避免這種不安的情緒,甚至也常想要避免完成作品。

在創造週期中，完成期是**獨特**而**獨立**的階段，有些要求必須熟悉遵守。

接受的力量

創造活動的最大力量之一就是**接受成果的力量**。

幾年前我意識到自己這方面的力量還有待開發。我已經開始在某些方面有所成，其中一部分是多年努力的結果。我非常滿意我與我在意的人之間的人際關係，「創意科技」課程越來越成功，DMA 公司也開始蓬勃發展，我所開發出來的成長與發展方式對許多人產生了直接的效用，我所居住的城市是我從青少年時期就開始夢想要居住的。儘管我樂於看到這些創造活動的存在，但不知為何我有一種**奇怪的感覺**。我的成就越多，奇怪的感覺就越強烈。

我仔細觀察這是怎麼一回事，發現一件令自己很訝異的事。我還沒有學會如何去接受，我還沒有**徹底允許**自己去**接受**努力多年而創造出來的成果。

一旦我意識到自己無法完全接受那些成就，我立刻決定要**學會接受**，完完全全地接受成果，因為我能看清接受其實是創造歷程的關鍵環節。

接受是一個很簡單的過程。當優比速快遞公司（United Parcel Service）把一件包裹送給你的時候，你從快遞員手裡接過包裹、把它收下。但是直到你把它接過來以前，包裹都還不是你的。

如果你無法接受你正在創造的東西，你的完成期就是**功虧一簣**的。在你能夠徹底接受成果、讓它融入你的人生之前，那些成果的創造歷程就還不算完成，因為包裹還沒到你手裡。

與我合作的許多人都有**為人服務**的自然傾向。就某方面來講，他們都是服務的專家。然而，他們通常都有**接受能力不足**的問題。

　　許多畢生致力於幫助別人的人都沒有培養出自己的接受能力。如果你是這種人，你的接受能力差勁，並不表示這是對別人有利的，因為沒有人因為你的接受能力有問題而獲得了更好的服務。如果這件事有何影響的話，它也只是告訴你服務的那些人，不應接受你所提供的服務。

反向的煉金術

　　古代的煉金術士嘗試把鉛鍊成黃金。許多人則是擁有一種叫做**反向煉金術**的本領：**把黃金變成鉛**。他們總是把美好的關係變棘手，把一個融洽的晚宴化為冷戰，把成功變成失敗。有些人就是不願**正面**看待人生。

　　一旦你進入創造取向後，結構性張力將會**超越**結構性衝突，你也會自然而然地**接受**自己創造的成果，沒有違和感。擁有你想要的東西之後，一開始你也許會覺得不尋常與不熟悉。然而，一段時間過後，你就會覺得擁有自己想要的東西是**相當容易接受**的一件事。

　　就算是最糟糕的環境，我們還是可以逐漸忍受：戰爭、衝突、困苦、寒冷、饑饉與瘟疫，而且人們也可以逐漸忍受自己擁有了想要的東西。你可以**學會**如何接受這種情況。

完成與認可

　　根據《聖經》篇章〈創世紀〉所反映出來的猶太－基督教傳統，上帝依照自己的形象創造出了人類。因為《聖經》中第一個描述上帝的段落是把祂當成創造者，照理講依照他的形象創造出來的人類也應該是創造者。

　　〈創世紀〉不只暗示我們是**創造者**，上帝創造世界的故事也反映出創造週期的**普遍結構**。

〈創世紀〉說上帝在七天內創造出世界，七天可以被區分爲**萌芽**、**同化**與**完成**等三大階段。

萌芽期開始時，上帝做了一連串的選擇：「神說：要有光」，「神說：天下的水要聚在一處，使旱地露出來」等等。

等到宇宙的各個部分把自己塑造出完整的風貌，就像〈創世紀〉所描述的那樣，就進入了**同化期**。

至於**完成期**，則是上帝宣稱祂所創造出來的一切都很好，例如：「神看光是好的」，還有另一句重覆的宣言，「神看著是好的」，這是**認可**之舉。

創造活動的每一天都需要獲得認可。在創造歷程中，你不只要爲了達成目標而採取行動，還要認可那些行動，這是完成期的重要舉動。〈創世紀〉裡寫道：「神在第七日安息了」，這則是認可了整個創造歷程已經完成。

認可你創造出來的成果

認可你的成就並不同於接受你的成就，將它納爲你生命的一部分。

接受是一種由外而內的行動：你接受你創造的東西，讓它成爲你生命的一部分。

認可是一種由內而外的行動：你用你的判斷力來評斷創造成果。透過你的判斷力，你認定那些成果是完整的。當畫家在畫作上簽名，就是認可了那一幅畫，認定它已經完成了。他的評斷是：**這一幅畫完全符合我對於這一幅畫的願景**。

從結構性張力的觀點看來，當你認定成果已經完全或者部分達成，你等於是認定了**自身現狀**的一個重要面向：**創造活動的現狀是不斷變動的，而且朝著落實你的創造願景邁進**。

此外，如果你能認可自己創造的成就，也可以**確認**與**強化**你已經進入完成期的事實。

當你處於反抗—順應取向之中，也許你常常忽略了認可這個步驟。你對於成就的認可並無太大意義，因為你認為造就成就的是環境（運氣），而非你自己的創造歷程。因為成就取決於**環境的運氣**因素，你幾乎無法居功。

當你在進行創造活動時，能夠宣布成就已經達成的，只有你一個人，因為**唯有你**能夠決定現狀是否與你的願景相符。

以黑白電影的上色為例：顏色改變了電影的世界。當年，國會議員曾考慮要立法禁止將黑白影片上色，但是他們忽略了來自於電影圈的呼聲。當你創造出某個東西後，所有權屬於誰？這是一個重要議題。如果你創造出一個符合自己願景的作品，**其他人**有權改變它嗎？

因為**評斷**是創造歷程的關鍵環節，所以創造是否已經完成，只能由**創造者**來評斷。

如果你創造的是一幅畫，何時才算是畫完了？這是個重要的問題，因為任誰都可以用各種方式在畫面上增添細節或進行改變。而你評斷作品完成的方式，則是認定它符合你的願景。換言之，**現狀**與你對於成果的**願景**相符。

相似的，如果你正在寫一份報告，到什麼程度才算寫完？因為你永遠有可能以其他方式為報告增添細節或者改編它，能夠決定寫完的，只有你自己。而你評斷報告完成的方式，也是認定它符合你的願景。

在創造取向中，這種評斷是**關鍵**的。

最近流行起來的一個觀念是：人們應該避免評斷任何東西。然而，**如果你評斷的是成果的狀態，評斷就成為創造活動的必要環節。**

就像美國作家柯翰默（Charles Krauthammer）在《時代》雜誌上一篇敏銳的文章所說的：

> 也許語言的狀態是最容易造成道德誤解的：也就是那種全無道德評斷，中立而沒有價值取向，「完全不做任何評斷」的語言。如果真有那麼一回事，道德論述就變難了，道德評斷也不可能了，道德爭辯也變成難以想像的。……就算是立意良善，模糊道德評斷也是會帶來問題的：那會變成一種習慣。那是一種我們承擔不起的惡習，因為現代人對於道德評斷的容忍度已經在下降了。許多嚴肅的概念被拿來亂用，用於為各種各樣的理念服務，以至於它們已經失去了力量。例如，每當發生不公不義的事件，我們就用「種族滅絕」一詞來描述，無論是越戰、情色文化或者第三世界的生育控制。我們必須用「大屠殺」這個新詞來取代它。但是，這個新詞應該再過不了多久又會變得瑣碎淺薄。上個月才剛剛有一位公共電視台的財經評論員提到某次股市崩盤，說那是 1981 年的大屠殺。結果主持人連眼睛都沒有眨一下。

處於反抗─順應取向中的人們之所以傾向於**避免**進行區別與評判，是為了避免**發生衝突**的體驗。在創造取向中，進行評判是關鍵的，而且進行重要區別的能力更是創造歷程的先決要件。

對於評斷的評斷

有時候我覺得小說家喬治・歐威爾（George Orwell）真的是講到重點了。儘管這世界上並非真的有所謂老大哥（Big Brother）或者思想警察

的存在，甚至也沒有雙向的電視監聽著我們的對話，但我們的確有新語
（Newspeak）這種東西。根據歐威爾的預示，新語是一種思想控制的方式。
語言的功能就是**區別**。如果沒有做出區別的話，我們就沒有思想可言。以
下這段文字引自歐威爾的文章，是他爲他的小說《1984》寫的附錄：

> 新語的功能並不只是用來表達一種世界觀以及所謂「英社」
> （Ingsoc，英國社會主義）支持者們特有的思想習慣，它也可以
> 消滅其他任何思想模式。我的意思是，當人們往後一律採用新語
> 之後，舊語（Oldspeak）就被人遺忘了（舊語是一種異端的思想，
> 也就是一種背離英社的思想），變成幾乎無法想像——因為思想
> 必須依賴語言才能存在。透過新語的種種措辭，黨的成員都可以
> 適切地進行精確與通常很微妙的意義表達，同時也排除了其他所
> 有意義，斷絕了用其他間接方式傳達其他意義的可能性。做法之
> 一是透過發明新字彙，主要是藉由把不受歡迎的字眼刪掉，仍然
> 保有非正統意義的字彙也會被排除，還有任何可能有歧義的字眼
> 也一樣。

《1984》出版於一九四八年，小說中用來操控與壓迫人民的方式之一，
就是藉由發明新字來模糊區別，以法律禁止某些能夠做出區別的字。

現在我們也沒什麼兩樣：有一些新的詞彙就是發明出來模糊區別的。
許多能夠清晰表達區別的字眼幾乎已經形同被禁止了。這是一種社會上的
普遍風氣，許多科技用語、官場用語、心理學用語與社交用語等等都是例
證。

艾德溫‧紐曼（Edwin Newman）在他寫的《嚴格來講》（*Strictly*

Speaking）與《爲民喉舌》（*A Civil Tongue*）裡面就曾指出此一荒謬的風潮。他舉例，有一家企業在財報裡面向股東表示他們的新產品包括：

……經過改良的大跨度建築用壁板結構，可以用來強化外觀與改善風化損害。

幾位市政府員工在領取薪水支票後被搶劫，一位官員出面說明政府採取的一連串預防措施，其結論是：

這些預防措施看來已經順利嚇阻那些可能意圖行搶的人。

但是最愚蠢的莫過於所謂「新世紀運動」的思維。畢竟，我們不難理解某些官員爲何要發明一些字詞，讓**簡單**的工作看來很**複雜**。藉此他們想要營造出自己是不可或缺的假象，儘管他們的地位無足輕重，但想要讓自己**顯得很重要**。

但我們在「新世紀運動」中所看到的，卻是一些愚不可及的行徑。他們把名詞濫用爲動詞（例如「語言」一詞可以由 language 變成 languaging），刻意不用那些眞正可以定義行動的動詞。語言被動結構變得無比重要（例如「我生氣了」這句話可以由 I am angry 變成 I have anger）。這意味著人類是承受行動的**對象**，而非行動的**主體**。

有時候許多「新世紀運動」人士想要成爲「承載自身經驗的媒介」。（聽起來很厲害，對不對？）無論是靈性的、情緒的、心理的或者超自然的經驗，這些承載者都是扮演接收站的**被動角色**，只負責「承載經驗」，不會添加任何個人色彩或意見。

如果說「新世紀運動」也有所謂「新語」，評斷就是他們禁用的字眼。我們常常聽見「新世紀運動」人士語帶抱歉說「我有了評斷」（I have judgments）為什麼要抱歉？因為說話的人有意見，有意見就等於對某件事提出批評。「新世紀運動」不容許人們對任何事物提出批評，所以說「我有了評斷」的人的口氣才會如此自責，因為他們覺得自己修行不夠。儘管他不希望做出評斷或者表達批判的意見，但是會說出那一句話（或者是說「我有了批判的評斷」），實際上並不是他的錯，因為意見是**自然而然**浮現的。

這讓我們想起了一九五〇年代晚期到一九六〇年代初期，當時也有一批被稱為「假知識分子」（pseudointellectuals）的人做出類似的指控：「這是個價值評斷！」那是一個**不准**提出價值評判的年代。如果逾越此一分際，等於是犯了知識份子的大忌。

堅守這些座右銘的人可能一點幽默感也沒有，當然也不懂得反諷是怎麼一回事。但諷刺的是，他們要求別人**不能**做出價值評判，難道這就不是一種價值評斷？他們說有意見是錯的（特別是否定的意見），難道這就不是一種評斷？難道他們不是罔顧真相嗎？「有意見」這個事實極其簡單，就算他們想要混淆視聽，還是無法改變事實。不管他們是否願意接受這個事實，**只要是人，就一定會有意見的。**

此外，「新世紀運動」的「新語」還犯了用語混淆的毛病。例如，**評斷**與**偏見**是截然不同的，但許多人卻認為兩者可以交替使用。但是所謂評斷，是在觀察事實**之後**形成意見。偏見則是在觀察事實**之前**就形成意見。偏見是一種先入為主之見，讓我們無法做出正確的評斷。

在這不鼓勵批判評斷的時代裡，許多人已經逐漸失去**合理評斷**的能力。不善於形成己見的人常常把模糊的印象拿出來當作深思熟慮的意見使

用，有助於形成意見的種種區別也被**模糊**掉了。

在達許‧漢密特（Dashiell Hammett）寫的偵探小說《馬爾他之鷹》（*The Maltese Falcon*）裡面，大反派凱斯伯‧古特曼（Kasper Gutman）問男主角山姆‧史派德（Sam Spade）的口風緊不緊。史派德搖搖頭回答：「我喜歡講話，」，古特曼聽了很高興。「我不信任口風緊的人。這種人通常都會挑錯時間講話，而且會講錯話。」古特曼表示：「若是不一直練習講話，講話時就沒有辦法不出錯。」

批判的評斷也跟講話一樣，唯有**練習**才能做出好的評斷。評斷是應該**鼓勵**的，不該禁止。因為沒有多少人教小孩怎樣做評斷，這也難怪孩子們往往會嗑藥、亂搞性關係，迷失了方向、價值與人生目的。

在藝術領域裡，批判的評斷是創作時的先決要件。不管是視覺藝術、音樂、電影、舞蹈或雕塑，都是需要**學會批判的評斷**之後才能創作的：鼻子要畫多大，和弦應該多大聲，還有要在空中跳多高。

進行創造時，你必須評斷創造歷程的現狀。你距離你要創造的成果多近了？你採取的行動有沒有成效？創造活動的現狀是好是壞？

如果我們不去做區別，本來就很難了解自己的人生處境，還有什麼對自己而言是重要的，以及我們為什麼而活。當你避免做區別時，一切看來都是那麼任意隨興。當所有東西的價值都相同，似乎沒什麼是重要的。

世界各地美術學校繪畫課教給學生的重要基本課程之一，就是**價值研究**。在畫中，美術學生把某些物體畫得比其他還要暗。相對暗度與亮度定義了畫中物體的空間，在二度空間的平面上創造出一種三度空間的印象。明暗之間的關係被稱為價值。

藉此我們所有人也都能學到東西：生活中哪些東西的價值較高，哪些較低，都是由我們**自己決定**。價值的高低等級是我們創造出來的，我們決

定我們要不要**主導**自己的生命能量。

然而，如果你採取一種避免進行批判性評斷的態度，就會發現自己**很難**朝某個特定的方向去創造想要的東西。這並不意味著你不在乎自己想在生命中擁有的東西，只是你**創造不出來**而已。

幾年前我把幾本裡面有許多藝術家訪談內容的書給了我朋友。令他感到訝異不已的是，為什麼那麼多人對於一切都有那麼多看法。他來自於學術界，而學者向來就不會對任何東西有強烈的意見，至少在表達時不會讓人覺得他們堅持那些意見。他之所以能夠獲得博士學位，理由之一是因為他學會了在面對議題時**不堅持**反對某種看法。但是那本書裡面卻有來自各個不同時代的藝術家，他們總是自由地表達想法，該給意見時從不迴避。這只反映出職業上的差異嗎？

如果藝術家想要達到藝術表現的高峰，該給意見時他們就**不能**迴避。在藝術的傳統中，他們不只必須進行**各種評斷**，也該**真誠地表達**。藝術家學會了正視自己的願景與現狀，毫不妥協。如果他們做不到，就沒辦法創造出真正的藝術作品。

當你在練習與學會善用**批判性評斷**時，你會變得對越來越多觀點保持開放的態度。事實上，面對一個議題時，如果你已經有一個穩固的基礎可以形成自己的意見，了解別人如何考慮也是很有幫助的。有些人之所以試圖拒絕評斷，是因為他們誤以為這樣叫做對不同觀點**保持開放態度**。但他們並未保持開放態度，因為拒絕評斷已經變成一個他們要求別人遵守的嚴格教條。

尋求「認同」

許多處於反抗─順應取向中的人在有所成之後老是喜歡尋求「認同」或讚賞。他們希望能獲得確認，藉此對自己與自己所做的事感到安心，他們通常要藉由**別人的贊同**才能知道自己是否成功了。這與我們先前所討論的那種認可截然不同。就像貝多芬說的：

> 這個世界是國王，所有國王在支持別人之後都希望能夠換回阿諛
> 奉承；但真正的藝術是自私而剛愎的──它無法屈服於阿諛奉承
> 的框架中。

在創造取向中，你怎麼創造向來不是重點，重點是你的願景（**你想創造的東西**）距離最後完成之時有多近。

創造出某個成果後，可能會有一千個人讚賞你，但如果它不能滿足你的願景，你也不會**願意**承認它是已經完成的。話說回來，可能也會有一千個人批評你創造出來的東西，但如果你認為它落實了你的願景，你將會**樂於宣稱**：「它已經完成而完整了。」

只有**你**有權力承認與確認你創作的東西是否完整了。

完成期的能量

當你認可自己創造的東西，一股完成期的**特有能量**就會因此爆發出來。

這股能量的功能之一是驅使你邁向**下一個創造循環**的萌芽期。每當你

完成了一次創造活動，你都會讓一股生命力聚積在一起。而且，因爲「生生不息」的原理，這股能量將會透過一次新的創造活動來自行增強與擴大。進入完成期之後，你的靈魂又準備好要進行下一次創造了。

畫家蘿莉·薩根（Laurie Zagon）如此描述她自己的創造活動完成期：

> 我覺得越來越興奮，因為我的願景出現了。此刻我加快手中畫筆，信心陡然增強，對自己說：「現在妳做到了！」接下來要完成就容易多了。可能還會有一些微幅修正，但整體來講，我心裡知道它已經完成了。

> 過去，每當一件作品完成時，我都會坐下來看看它，慢慢開始創作另一幅畫。但近年來，我的畫作比以前都還要多，因為在完成之際，我都會拿起另一張畫布，用畫筆在上面隨便畫幾筆，藉此保持動能。透過這種創作方式，近年來我的作品已經增爲兩倍。

你可以把你的人生變成一連串生生不息的創作活動。

創造是一種本能

每當我到任何一個城市閒逛，無論當地犯罪率多高，政客貪汙的情況多麼嚴重，或者是否有人口過剩與環境汙染問題，令我感到震驚的是，用於**提升文明水準**的人類力量總是**多過**於用於別處的力量，而這些創造活動與事件大多數不會被新聞節目報導。爲什麼？因爲它們不是新聞，就像垃圾獲得妥善處理、電力照常運作、新聞節目按照時刻表準時播出一樣，都

不是新聞。但如果只看電視新聞，你所了解的現狀是經過**扭曲**的。大部分新聞所報導的都是對於環境所進行的**反抗與順應**行為。為了讓主播的差事看來了不起一點，新聞越**戲劇性**越好。

　　人類是一種會進行創造的生物，我們的**天性、慾望與傾向**都是趨向於創造。不管是東方或西方文明，一般的抱負都是自然而然地想要去興建、創造、構築、發明、型塑、改善、組織與形成某種我們真正想要的東西。我們對於這個世界的影響力已經來到了地球歷史上的最高點。這股力量只有兩種使用方式，就像宛如先知的甘迺迪總統在就職演講裡面所說的：

　　　　如今時代已經不同，人類手中握有的力量可以用來摧毀各種人類
　　　　的慘況，也可以用來結束人類的性命。

　　這是一股不需別人允許就能取得，而且別人也不能將你剝奪掉的力量。**唯一能夠剝奪這股力量的，只有我們自己。**

人類的命運與目的

　　每個人是否能夠善用自身的創造力，最終都要由他**自己**來決定。因此**你的命運就掌握在你自己的手裡。**

　　無論你宣稱自己的處境有多艱難，總是有處境比你更為艱難的人得以開創自己的人生，造就自己真正想要的東西。

　　克里斯蒂・布朗（Christy Brown）是一個只能控制幾根腳趾與嘴巴的四肢麻痺症患者，但他卻成為一個很棒的畫家兼作家。貝多芬也許可以說是歷史上最偉大的作曲家，他在耳聾之後，仍然持續作曲。達文西畢生都

苦於閱讀障礙。史蒂芬・霍金（Stephen Hawking）是二十世紀最了不起的理論物理學家之一，但過去二十幾年來他一直都患有漸凍症。他的體重只剩下不到一百磅，幾乎無法動彈，聲帶也失去了作用。然而他仍然在進行物理學史上最重要的研究工作。二十世紀初期的畫家丹尼爾・烏拉比耶塔（Daniel Urrabieta，因爲他的母親姓 Vierge 有處女之意，繪畫界都稱他爲「處女」）則是本來用右手作畫，因爲患了嚴重的腦中風而被迫改用左手。他的技藝超群，後來成爲多本重要法國期刊的知名插畫家。

你的環境不曾有辦法迫害你。在你的創造歷程中，這些環境因素只是一些**創造元素**而已。

學習創造是很自然的事。但是，因爲大家都不把創造當成重要的生活方式，社會上沒有多少人善於創造。就連小孩也有創造的本性與能力，但卻都未獲鼓勵與培養。

可變波長染料雷射技術的發明人瑪莉・史派斯（Mary Spaeth）被問到她早期的創造歷程，她的回答是：

> 人們總是無時無刻在創造。小時候，我會把麥片的盒子拿來切割。每當家裡買了麥片，我總是會把盒子仔細割開，割出一些溝槽、小洞與縫褶，如此一來我才能把那些縫褶摺回去。如今所有麥片盒子出廠時就是像我割的那個樣子了。如果我八歲的時候聰明一點，我大可以把自己的構想賣給麥片公司。

創造的本能是**永遠不會消失**的，它總是在尋找表達的機會。當你在創造時，你所善用的是你最自然的一種特長。如此一來，許多人生的難題若非隨之消失，就是會變成無關緊要的問題。如果你想善用你自己的這種特

長，你該做的不是「解決問題」，而是試著去創造你**覺得最重要**的東西。

在創造取向中，你內在的**身心靈**與**情緒**面向都會進行自我創造，協調地配合合作。藉著此一合作關係，生命的最小阻力之路將會引領你實現你在這世界上最深刻與深沉的**生活目的**。

第3部

登峰造極

身為人類文明的一份子，如果我們每個人都能從反抗—順應取向轉移到創造取向，全世界一起邁向超越之道的可能性就會越來越高。

第 十 八 章

當下及未來的趨勢

在邁向二十一世紀的路上，文明的本質已經發生劇變，對地球上的每個人都有所影響。未來，每到世紀交替之際，總是會有新的可能性出現，新的做法廣為世人接受，新的生活哲學流行起來，還有新的領導特質足以促進新世界的誕生……

許多人認為這個世界已經大難臨頭。擁有核武的國家越來越多，不穩定的生態導致地球的平衡改變了，激進分子日益猖狂，愛滋病四處流行，世界經濟體系充滿**不確定性**，因此他們的確有充分的理由可以擔心。

然而，未來卻不會讓我感到恐懼。也許我太天真了，也許是我的智慧稍長，或是以上兩者都有。我**並不認為**地球已經走到了自我毀滅的邊緣。

以前人類不也都經歷過這些？黑暗時代、黑死病、暴君統治、人民受到壓迫、奴役與剝削、種族滅絕、不公不義、戰爭與酷行。

當時與現在的區別在於，**現在**我們的確可以幫地球做點事。隨便按個鈕，整個世界可能就會灰飛煙滅。這是有可能的，但我不認為真會發生。

令人覺得最諷刺的是，世界就是因為反抗—順應的思考模式才會走到這步田地，擔心世界末日的人還是用同樣的模式在思考。如果一根手指就能毀滅世界，還有任何行動能夠確保世界的最終安全嗎？也許這只是或然率的問題，潛在的危險越少，危險就越少。這的確有道理，但我們是怎樣**陷入困境**的？導致歷史發展到此一地步的，是哪一種**思維方式**與**取向**？無論這世界上有多少核彈，有多少雨林正要被消滅，同樣的**取向**能夠讓潛在危險變少嗎？

兩種故事

歷史洪流裡有兩種故事：其中一個是**反抗—順應**取向的世界，所有影響人類生活與文明至深的事件都是對於既存環境的順應與反抗行為；另一種則是由**建設者、探索者與創造者**所寫出來的。構成這部分歷史的事件反映出另一種**人性面向**：也就是人性中進行開創未來、進行創造與探索未知的面向。這種本能向來是重要的力量。

這兩個部分向來是彼此**獨立**存在運行的。有時候發生衝突，也有時候彼此合作。發生戰爭時，通常既**衝突**也**合作**。

這兩種故事向來以不同的方式主宰著人類。即便大戰頻仍，政局不斷變遷，陰謀不斷，經濟上的持續操控以及政治傾軋，**開創**與**創造**仍是文明發展過程的主宰力量。

但是，儘管為了開創文明付出許多努力，人類仍然處於黑暗時代裡。大部分人類從小接受的就是反抗─順應取向的教育。政治與教育的**大部分**作為仍然是對於**既存環境**的反抗或順應。

畢竟，身處黑暗時代的人**並不知道**自己身處黑暗時代。他們不會說：「現在是黑暗時代。接下來有中世紀，然後是文藝復興，再來依序是啓蒙時代、浪漫時代、工業革命時代、原子時代、核子時代與電腦時代。」而是會對彼此說：「這就是現代。這就是高科技！」

只要想到這世界上還有那麼多人的行動與策略都是為了**操控**衝突、操控意志力，或者是讓衝突維持在可忍耐的範圍內，我們甚至會開始質疑人類真的進步了嗎？我們在進行影響最深遠的抉擇時跟六世紀甚至十二世紀之前的人類真的有兩樣嗎？儘管科技比以往先進許多，人類真的已經進步了嗎？

一大改變

與過去相較，現在**權力**與**個人**之間的關係大幅改變了。權力出現了逐漸**去中心化**的傾向，而且人們能夠取得的資源也越來越多。現在已經不是一個由偉大領導者主宰的時代了。甚至不是一個群體的時代，儘管那曾經是許多人在一九六○年代時所期盼的。水瓶座時代（Age of Aquarius）也

就是新世紀運動的時代，曾被人認為預示了個人區別的**消弭**以及整個地球村興起了一股**群眾**意識。但是隨著歷史鐘擺的震盪擺盪，群體價值在充滿理想色彩的一九六〇年代與一九七〇年代初期曾是主流，但是到了一九七〇年代晚期與一九八〇年代初期，也被**個人**與**自我**的價值給取代了。嬉皮變成了雅痞、政治立場左傾的六〇年代激進主義者生出來的小孩變成保守的共和黨人，在政黨政治不斷嬗遞輪替的過程中，對於民主的追求已非重要價值了嗎？

　　並非如此，但民主不是一種政治體系，而是一種理念。簡單來講，它是一種主張**個人自由**的理念。一旦這種理念普及後，不管是政府體系的設計，政府對於社會組織的安排，全都是以促進**個人自由**為目的。當個人獲得自由時，為了促進彼此的幸福，為了提倡共有的理念，或為了保護、發展與擴張共有的欲求，也許仍會與其他個人結合在一起。隨著自由而來的，是一種**渴求秩序**的天性。

　　過去，自由被視為政府與政治的基礎。然而，我們卻首先聚焦在**政治體系**上。在此一取向中，自由必來自於政治體系。政治體系**並非**被創造出來支持自由的理念，自由變成政治體系所衍生出來的。但這絕非任何體系可以辦到的。

　　當體系（無論政治體系、企業體系或社會體系）失去了為某個理想而服務的功能時，它就會變成只為**自己**服務。我們選出立法者，其職責是制定法律。每年都有越來越多的法律被制定出來。大部分舊的法律仍保留了下來。這導致我們需要更多律師、更多法律「專家」，而不是**維護正義**的人。當自由、正義、公理、群眾幸福與憐憫等理想變成**官僚**管理的事務時，就失去意義了。體系可以自主地運作，體系裡出現不用心的人，接著會有更多不用心的人出現。因為越戰、水門事件與各種政治詭計，在上位者已

經失信於民。這種改變是非常戲劇性的,我們不再期待政府能夠像過去一樣推行新政、開拓新的疆土,或是建構偉大社會。大多數人都認為政府或政客再也無法展現足以激勵人心的領導風範。

　　此時,真正的領導風格都是從**民間**崛起,政客通常是**最後**趕上風潮的一批人,只有極少數例外。政治已經變成昨日黃花。這就是為什麼很少**真正**的人才繼續留在政界與政府的理由之一。總之兩者都**不是**發起行動的場域。

　　這也是權力已經**去中心化**的理由之一。對於習慣中央集權的人而言,可能覺得去中心化是讓人迷惑的現象,但他們的小孩可不這麼想。

　　個人自由是可以企及的嗎?當個人身陷**結構性衝突**時,他們的行動都是取決於結構的傾向。無論政治環境如何,人們真能獲得自由嗎?

　　可以,前提是個人必須擁有**改變結構**的能力,而且用雙手促成改變。如果人們只是結構、制約或心理學的機械式產品,就**無法**獲得自由。只有一小群人認為人類是無法自由的,但他們絕非藝術家,因為藝術家深知,人一方面受環境決定,但一方面仍有辦法進行**選擇**、**判斷**,並且**接受後果**。

　　體系可以**支持**個人的自由,但個人自由絕非體系能創造出來的。就像羅伯·佛洛斯特(Robert Frost)在詩作〈當決定在你手裡,也取決於環境時,想不當國王有多困難〉(How Hard It Is to Keep from Being King When It's in You and in the Situation)裡面說的:

　　對於群眾的自由
　　藝術家之所以沒多少興趣
　　是因為後來他們已經覺得自己需要的那種自由
　　是沒有人能給的——他們也幾乎無法獲得——

也就是他們自身材料的自由

在創造歷程中，選擇的自由是個基本概念，它是一種**深具影響力**的民主化力量——特別是當所謂的民主已經不再只是關乎政治的時候。事實上，如今我們可以看到各種民主的力量崛起，它們並非源自於政治，但是卻能對我們的政治體系造成深遠衝擊。

現在我們所目擊的是一場革命。

真正的革命

革命終於來臨，此時有更多的權力最後終於掌握在「人民」手裡。

但是政治圈幾乎沒有人注意到這一場革命，可能是還沒有人跟他們說吧！政界人士仍然認為，只要改變政治體系或改變政治性格就能驅動整個世界，撼動權力結構的基礎。但是他們根本沒看到革命現場，因為他們搞錯地方了。

這是一場在光天化日之下發生的寧靜革命。它從一顆小種子開始，成長為一股龐大的文明力量。它改變了人們思考、工作、玩樂與看待事物的方式。它讓更多人能夠取得更多的資源，這是史無前例的，權力因為它而去中心化。許多人已經把它當成一種生活方式，未來的許多世代也會如此。

這就是所謂的**個人電腦革命**。

個人電腦？民主的力量？

亨利・福特（Henry Ford）在二十世紀初就預示了這一場革命。此時大多數人都幾乎無法想像福特出現前的世界是怎麼一回事。福特讓大眾都

能取得個人交通工具，在這之前，只有有錢人才能開汽車。福特先改變了美國，繼而改變全世界。人們突然間有辦法前往一個畢生從未去過的廣大世界。他們可以搬離城市。他們可以去很遠的地方。他們可以**擺脫**許多過去在交通上的限制。

　　如今，發起這一場革命的先鋒是賈伯斯（Steve Jobs）與他公司裡的許多年輕男女，他們一起開發出麥金塔電腦。他們決心發明出一台能在社會上普及化的電腦，讓人們不再只是像過去那樣，只有在電話帳單出錯時才與電腦建立起一種死板板的關係。我們大多數人來自於一個厭惡電腦的年代，因為它足以代表科技中最令人討厭的部分：一種體制化的官僚心態，而這種心態之所以會如此膨脹，都是拜沒有姓名的電腦之賜，事不分大小都由它決定，人類被**簡化**成數字。

　　麥金塔電腦不只是「易於使用」而已，它是一種**蘊藏龐大創造力**的機器。它與人的溝通介面雖然是平面視覺，但卻能輕易導向立體思維，也就是一種能夠同時處理各類資訊的能力。這種電腦幫助人們熟悉複雜的「整體與部分」關係。這與典型的 IBM 電腦形成強烈對比，因為 IBM 電腦雖然是一種很棒的商務用機器，但卻只能進行**直線思考**。IBM 電腦是一部出色的計算機，它可以處理重複性的工作且效能驚人。但是麥金塔的運作方式宛如我們在創造歷程中的思考方式，只是**能力更強，範圍更寬廣**。

　　麥金塔電腦硬體所搭載的軟體與過去大多數人用過的軟體也都截然不同。它的軟體讓人們可以創造動畫、草稿、插圖、音樂與字型，進行排版、寫報告、模擬飛行、時間管理、專案管理、電腦藝術等工作，還有設計電玩。

　　幾年前有人介紹我用麥金塔。在那之前我沒有使用電腦的經驗。我到亞特蘭大去開一場座談會，那位善心人士帶著一台麥金塔與一個音樂軟體到飯店房間去給我。他教我一些基本的操作方式，然後就離開了，讓我自

己玩電腦。一開始我感到害怕。但是麥金塔感覺到我的驚慌失措，安撫了我。畢竟它是一台很能幹的電腦，設計時就是想到要讓我這種新手使用的。大概在十五分鐘內，我就在那一台小小的電腦裡面寫了一段四個部分的對位旋律。接著讓我意想不到的是，它還能把我寫的東西播放給我聽。

　　回家後我就買了我的第一台麥金塔。後來我還在家裡設置了一個設備完整的電子音樂 MIDI（樂器數位介面）工作室。多年前人們還認為電子音樂只能發出一些嗶嗶噗噗的聲音，他們也沒有錯。但是新科技造就了改變。如今大多數電影配樂都是用電腦與電子樂器創作出來的，就像我們在電視影集《邁阿密風雲》（*Miami Vice*）裡面聽到那種融合靈魂與放克的曲風。

　　DMA 公司使用兩種電腦，IBM 電腦是我們的商用電腦（用來做會計與管理郵件發送清單等工作），而麥金塔則是我們的創作型電腦（用來寫作、設計、研發課程、畫插畫、處理影像、剪輯與編輯排版）。我們公司在這方面很典型，跟其他大大小小的公司一樣都已經依賴電腦工作，就像過去我們依賴打字機與影印機一樣。近年來，因為這種新科技，越來越多人已經有辦法取得更多資源了。

　　電腦已經變成一種重要的民主化力量。最近我在搭機從洛杉磯飛往波士頓時，鄰座的男乘客是模式辨識（pattern recognition）技術的創始者之一，今天許多最先進的電腦都用得到，同時它也是一大部分人工智慧研究的基礎。我們討論東西方在電腦科技方面的進展。先前我看到一個很棒的電視節目介紹電腦在蘇聯的使用狀況，該國政府似乎對個人電腦抱持猶豫的態度，甚至也不太讓學生用電腦。結果，大多數蘇聯人民都還不會用電腦。我問鄰座旅客：「為什麼蘇聯在這麼重要的領域落後了？」他說：「他們知道電腦的力量，他們還沒有準備好讓群眾擁有那一股力量。電腦將會

創造出一股**自由**的力量，進而威脅政府體系的核心。」

我那年方十四歲的兒子伊凡最近幫他的 Commodore 64 電腦裝了一台數據機。只要撥打一個當地的電話，他就可以跟全國各地的人通話。突然間他的房間變成了一個全國通訊網路。他用電腦玩遊戲、聊天、分享笑話、與十五歲的女孩調情、和筆友見面，和來自全美各地的人交朋友。在那熟悉而舒適的臥室裡，他見識到一個寬闊的世界，也開始培養世界觀。

這一切代表什麼意義？世界正在改變。過去有人認為科技會剝奪掉我們的力量，如今科技以另一個面貌出現——它變成我們的朋友，了不起而充滿力量，非常能幹，陪著我們一起從發想邁入創作的領域。如今我們所看到的只是一種全新創造力來源的冰山一角，只有我們的孩子才有幸把那種**創造力**視為理所當然的。

個人電腦風潮的好處之一，就是我們可以**事半功倍**。這可以說是創造原則「數小便是美」的極致表現。電腦價格逐漸下降、記憶體變大、運算能力增強，而且也越來越有辦法進行複雜的工作，與其他電腦的連結性也越來越強，軟體也有辦法與其他電腦連結。隨著新一代程式持續拓展新的疆界，軟體也正在**革命**與**演化**。

科技時代與工業化時代最大的差異之一就在於**權力的所在地不同**。在工業化時代，權力集中於少數人手裡。許多人必須重整自己的生活，藉此配合工業。人們住在工作場所附近，工廠與工人支撐著當地的經濟體系，工人、管理階層、當地店主、政府的服務還有國內外經濟趨勢之間形成了種種複雜與微妙的關係。

在這新的科技時代，權力已經掌握在越來越多人手裡了。這導致選擇越來越多。像是要在哪裡工作、如何工作、在哪裡居住、如何教育我們的孩子以及如何組織我們的社群。

　　儘管我熱衷電腦，但並未把它當成我們這個時代的救世主。它也有可能是一條死巷，或者終歸而言並不重要。如果電腦是這個時代的唯一要素，我們就比較沒有理由把它當成一種文明力量了。但是具有深遠影響力的還有其他力量。

另一種力量

　　不到二十年前，中華人民共和國還是這世上最專制的共產國家之一，但是什麼力量有可能把它變成一個越來越趨向個人自由的有趣範例呢？日本的成功。隨著日本變成世界經濟強權，日本人已經向中國證明了**自由企業**的力量。自由企業本身只是一種經濟體制，但是自由企業將**會引導**出其他對於各種自由的要求。各個共產國家已經開始在進行程度各自不同的經濟實驗，人民對於言論自由、媒體自由、宗教自由與思想自由的要求也隨之逐漸興起。某些國家的大多數人口一輩子都生活在共產主義的統治之下，但他們欲求自由的**本能**仍然存在。如今日本在亞洲已經是具有主導影響力的國家，其他國家——甚至連那些所謂「竹幕」後面的亞洲共產與社會主義國家也開始實驗自由企業體系與其他不同形式的自由。美國戰後大多數的外交政策制定者都沒有預測或想像到此一種風潮。

　　中國有悠久的**自由企業傳統**，這也反映在那些精明而勤奮的中國移民身上，他們把自己的能量投注到世界各地的商界。但是如今中國龐大人口只知道共產主義與共產體系。

　　毛澤東是發動政治革命的大師。中國的命運似乎在一九四九年就注定了，其未來不難想像。過去我們在學校所受到的教育都是把中國當成一種威脅，整個亞洲將會臣服於毛澤東的教條下，這就是所謂的**骨牌理論**。如

果中國赤化，印度支那也會跟進。如果印度支那（向來有亞洲糧倉之稱）赤化，印度也會跟進。韓國，接下來是寮國、越南、柬埔寨，泰國也會陷落。然後是菲律賓與印度，甚或日本與澳洲。就是因為這個理論，許多無辜性命才會犧牲──而且也許是白白犧牲了。這讓一齣悲劇更為悲慘了。

儘管毛澤東深諳如何發動革命，但卻不知如何治理全世界人口最龐大的國家。他試著把他的政治價值灌輸給人民，但是卻節節敗退。所以他做了一件很有趣的事：他在他已經藉革命贏得的國家又發動了**另一場革命**。文化大革命是毛澤東典型的手法：他把全國所有的藝術家、教師、思想家與知識份子全都消滅掉。把他們打成農夫，讓他們了解馬克思主義與毛澤東主義的最大差別：前者強調「工人」的價值，後者則是「農民」。就某些方面來講，文化大革命比先前共產黨發動的中國革命更戲劇性，也更嚇人。

過去，中國有兩個陣營。一方面是蔣介石的專政，另一方面則是毛澤東。對於大多數中國人來講，選擇國民黨與共產黨好像沒什麼差別。文化大革命期間，毛澤東沒有「蔣匪」之類的敵人。蔣介石是前一場革命的完美敵人，把他趕下台看來是某種進步的作為。但是，不到二十年後，文化大革命於一九六六年發生時，已經沒有完美的敵人了。

結果他們把**個人主義**當成新的敵人，因為個人主義已經與腐敗畫上了等號。只要是任何可以被打成腐敗的東西，任何與所謂農民價值不一樣的東西，就是革命要顛覆的對象。

比較一下當時與現在。最近我看到一齣有關現代中國的電視節目。自由企業已經變成一股興起的風潮，特別是在「農民」之間。「腐敗」無所不在，從來自日本的音響，到仿製美國的藍色牛仔褲。年輕人聽的是美國與英國的搖滾樂。他們開始留起了西式的髮型。他們變成了所謂的個體戶，

有錢可以花。難道這就是文化大革命的最後成果嗎？搖滾樂與牛仔褲？企業家與音響？毛澤東一定在他的墳墓裡打滾。

那個電視節目訪問了一位年輕中國人，他說他新買了一台收音機，平常最愛聽搖滾樂。「毛主席聽到這之後會覺得怎樣？」有人問他，他的回答是：「誰？」訪問他的人說：「毛澤東。」年輕人若有所思地回答：「喔。我也不知道。」

導致中國發生這些改變的因素很多。但我想日本的自由企業成功範例是關鍵因素。如果日本可以那麼成功，全亞洲都應該特別注意——包括中國。

甘迺迪總統的「精神遺產」

我快要二十歲時，約翰·甘迺迪成為美國總統。我們很容易就會遺忘美國在一九六〇到六三年之間發生的那些事。因為後來發生了很多讓我們的記憶模糊掉的事情，因而忽略了甘迺迪所遺留下來的真正遺產，一直以來大多數史家、記者與傳記作家在這方面都有所誤解。他們都聚焦在那個年代的事件，試著在一個狹小的框架裡評價他的政治成就。他們不了解甘迺迪的真正遺產是一種**精神**，一種追求人性**崇高價值**的精神。這種精神是不能透過事件與成就來解釋的，就好像我們不可能單憑聆聽貓王的唱片與欣賞電視表演片段就了解貓王（Elvis Presley）對於搖滾音樂史的影響。

甘迺迪曾這樣對全國民眾表示：

我深信我們這個時代需要的是發明、創新、想像與決斷。我要呼籲你們每一個人都能成為那個新疆界的先鋒。我所籲求的對象是

擁有一顆年輕的心的人，無論年紀大小，是懷抱勇敢精神的人，
不分黨派，是所有願意遵奉《聖經》上這一句話的人：「你當剛
強壯膽；不要懼怕，也不要驚惶。」

　　甘迺迪總統遭暗殺時，是二次大戰結束後最讓美國與全世界震驚的事
件之一。就像一團充滿**希望**、**理想**與**冒險精神**的火光突然滅掉。一九七○
年我曾去過馬德里，與一個義大利電影製作人聊天時他說：「我想念甘迺
迪就像我想念我媽媽一樣。」因為這個世界是那麼愛他，他的死讓許多人
都感到哀痛欲恆。當詹森總統（Lyndon Johnson）以繼承甘迺迪的遺志為
名，揮軍深入越南，美國的年輕人都知道世界的權柄又回到了笨蛋手上。
甘迺迪那消逝的願景講求探索、創建與創造，與繼任者形成強烈對比，幾
乎我認識的每一個人都對此一強烈對比感到無比氣餒，無比失望，但氣餒
也是一股力量。它可以把**天眞**與**便宜行事**的**理想主義精神**改造成恆久的決
心。

　　如今我們談的都是關於甘迺迪的枝微末節，特別是媒體都認為他充滿
風格與領袖魅力，是個僭取權位的英俊年輕人。甘迺迪之所以變成如此平
凡，是因為許多政客試著**模仿**他的風格與習性，記者們更是樂於進行比較。
許多後來的政客都讓我聯想到貓王與貓王模仿者之間的差別。許多記者跟
許多樂評一樣，就是看不出本尊與分身之間的差別，他們看不出本質。而
重點並不是風格、魅力與英俊外貌。

　　甘迺迪曾對世人呼籲：

所以我們都是理想主義者。我們都懷抱著願景。不要讓人說我們
這個大西洋世代把理想與願景都遺留在過去了，也別因身處逆境

就忘卻目的與決心。既然我們走了那麼久，犧牲了那麼多，我們就不該輕忽未來。我們永遠都應該記得歌德說的：「人類曾經領悟過的最高智慧，就是只有每天征服自己的人，才能獲得自由與存在。」

甘迺迪說出了他對世界懷抱的希望，美國的年輕人也都聽到了。他掌握到**美國精神**所想像出來的一種深沉而潛在的利他主義：身為世界史上國力最強大的國家，美國應該用其國力來創建、探索與創造。我還記得一件在他成立和平工作團（Peace Corps）後，發生在學校的事情。全年級最高大的男孩之一本來很喜歡搞笑，是大家的開心果，結果似乎變了一個人。「你怎麼啦？」我問他。他悄聲說：「我剛剛加入了和平工作團！」

甘迺迪先是本人遭到暗殺，接著連他的精神也被暗殺了，因此人們設法來撫平自己的失望、悲傷與痛苦，尋回失去的天真與希望。然而在我們的內心深處，在我們的高貴靈魂裡，有個簡單的真理是我們未曾忘記的：**命運就掌握在我們自己手裡**。我們想要的是一種崇高的文明。我們關心地球，也關心子孫的未來。曾受這些理想啟發的人如今都已經位居津要，這些理想將會以新的表達方式，新的目的與新的行動展現出來。

甘迺迪時代的政治局勢早已告終。美國人心裡的痛逐漸變淡。新世代未曾有過站在命運的十字路口，還要保持鎮定的經驗——他們連那是什麼滋味也不知道。**公然表達**利他主義精神已經不是受歡迎的做法，沒有人想要再「上當」，也不想體驗那種真心付出但隨後因為失去而悵然的心情，就像當年我們失去甘迺迪一樣。但是甘迺迪時代的真正遺產是一股**深沉的力量**，只要被喚起，仍有死灰復燃的一天。

在歷史上許多的探險家、創建與創造者裡面，甘迺迪是個領袖，因此

他的遺產並非政治性的，那是一種取向。他的願景是一個為了創造新文明而攜手合作的世界——雖然他已經去世，但即便是深具影響力的反抗—順應式歷史潮流也無法淹沒他的願景。甘迺迪在這段話裡說的事實上就是**創造**取向：

> 當權力使人自大時，在詩歌的提醒之下，他就能記得自己的種種侷限。當一個人因為權力而變得視野狹小，詩歌也能讓他記起自己的經驗有多豐富與多樣。當權力腐化時，詩歌有淨化的作用。因為藝術可以樹立人類的基本真理，而真理就是判斷力的試金石。藝術家忠於自己對於現實的願景，因此他們是個人心智與鑑賞力的最後擁護者敢於挺身對抗社會的打擾與國家的侵犯。

　　在甘迺迪的時代，政府曾經短暫地與創造取向結合在一起，如今早已消逝。但是當年的成效仍在。

創造者的文明

　　就像電腦是一種民主化的力量，創造歷程的科技也是。創造歷程也以相似的方式蘊含著許多關於**創造新世界**的深意。過去幾世紀以來，知道如何創造的人口只佔地球上的一小部分，深諳創造歷程之道的人也沒有把創造的原則應用到生活上，而是只用於他們專注的領域裡，通常包括音樂、繪畫、寫作、跳舞、科學、發明與建築等等。

　　仔細想想，雖然世人對於創造歷程是如此欠缺經驗，但是卻已經能有那麼好的表現，這實在令人驚訝。

五百年前，世界上大多數人都是文盲。如今若你去參加工作面試，閱讀與書寫已經被視爲是基本要求。將來人們一樣也必須熟悉如何利用創造歷程，工作面試時土考官會問：「你知道怎麼創造嗎？」這也會變成一種基本要求。**創造能力**有可能會變得跟識字一樣普遍，或者是使用電腦的能力。

如今，已經有越來越多的人能掌握創造歷程了，這實在是一股不可思議的文明力量。等到有一天，一般的教育體制也教學生如何**創造他們想要的東西**，眞不知道這世界會變成什麼樣了。這種力量比任何一種炸彈還要更有威力，力量也勝於任何一種政治運動。

在邁向二十一世紀的路上，**文明的本質已經發生劇變**，對地球上的每個人都有所影響。未來，每到世紀交替之際，總是會有**新的**可能性出現、新的做法廣爲世人接受、新的生活哲學流行起來，還有新的領導特質足以促進新世界的誕生。

我已經開始看到二十一世紀的面貌慢慢浮現，就像番紅花在春天冒出來一樣，它們鑽過硬土，從一層層枯死的樹葉之間穿越而出。一開始，與充滿敵意和容不下它們的環境相較，它們看來微不足道，然而在幾週之間番紅花卻變成一種先知，它們預示了整個大自然**生長、改變與新生命的奇蹟**。

透過我們對這個時代的觀察，可以看出一些極端的新發展正在開始萌芽，它們足以展現人類最爲崇高的精神。與這個被困在過去，顯得如此嚴酷、痛苦與漠然的世界相較，那些新發展一開始看來是如此微不足道。然而，我們也可以看出那些新發展所蘊含的固有力量與**生命力**開始破土而出，它們是同時反映出未來與過去的徵兆。

第 十 九 章

超越的力量

生命本源與本我這兩種力量之間會互相吸引，而且兩者之間的這種關係本身就是結構性的，它衍生出的最小阻力之路會終究會讓兩種力量結合在一起……

決定性因素

許多人都覺得被**困在過去**。他們認為，童年發生的事讓他們注定不幸。

有些人把自己的出生想像成一椿悲劇，人生就此**注定**了；他們覺得自己最大的問題就是誕生在這世界上。有些人相信他們是環境或父母教養方式的受害者；這是**預先決定**他們一生的主要因素。

也有些人認為自己是身上基因的**擴大**延伸，因此他們畢生的經驗主要取決於**基因碼**。

其他人則是把**星座**與**命理**視為決定性因素。

除此之外，還有人把一生際遇歸因於**社會**、**族群**或**種族背景**。

另外一種人則是認為命運主要取決於**性別**。

理論有許多種，但它們主要都構築在反抗—順應取向這個假設上，主張我們基本上都脫離不了一個生命模式。如果真能改變，也必須先面對**天生的先決本質**。

各種理論面對先決本質的方式不一，但不外乎了解、克服、否認、操弄、體驗、接受、壓抑、服從、與之對話、讓步或是合而為一。

處於反抗—順應取向的人認為「決定性因素」的概念非常具有吸引力，因為它把一切歸因於人們無法直接控制的**環境**。

轉移到創造取向後，你等於走上了**學會善用影響力**之路。你變成了自己生命中的一股主宰影響力，人生處境中的一切是如此自然而宜人。

促成轉移的都是一些主要的力量，像是**基本**、**首要**與**次要**選擇、**結構性張力**、對於真實價值的**渴望**以及**忠於自己**。這些力量具有**優先**地位，至於其他力量，例如操控意志力、操控衝突與結構性衝突，都是**次要**的。

創造取向中的另一個固有力量甚至比因果影響力更具優位性，我稱之為**超越的力量**。

超越之道

超越是一種**重生**的力量，讓我們得以重新開始、開創新局、砍掉重練，進入一種獲得救贖的狀態，有了第二個機會。

超越之後，一切再也與過去無關，無論你昔日戰無不勝，或者是個常敗將軍。超越過後，你得以創造新的人生，再也不用因為過去的勝敗而有所負擔。

所謂超越並不只是真切體悟到過去已經結束。**你必須把你的每一個面向跟生命本源重新結合在一起。**

狄更斯（Charles Dickens）的小說《聖誕頌歌》（*A Christmas Carol*）裡面的小氣財神（Scrooge）一角就就足以用來說明超越的力量為何。在一批聖誕鬼魂的帶領下，小氣財神才得以回首過往、檢視現狀與預見可能的未來，獲得重生的機會。小氣財神於聖誕節當天醒來後獲得了一個禮物：他還活著，得以實現許多新的可能性，其中包括一種過去似乎可能性不高，甚至根本不可能的生活方式。

故事中的另一個要角是跛腳多病但卻聰明透頂的幼童，小提姆（Tiny Tim），他象徵著人類的善良天性。在被聖誕鬼魂糾纏的那一夜，小氣財神與小提姆建立起一種特別的關係。當小氣財神問那一位帶他重新檢視現狀的聖誕鬼魂，小提姆能不能存活下來時，鬼魂給的答案是：「如果這些慘況仍未改變，我可以看得出壁爐邊只剩一張空椅。還有一根主人已經不

見，但被完好保存下來的拐杖。」

　　小氣財神對小提姆伸出援助的手，小提姆也幫了小氣財神，兩者都促成了小氣財神的超越。事實上，藉由此一超越的力量，小氣財神才有辦法解救小提姆的性命，而小提姆也一樣救了小氣財神一命。小氣財神在自己身上找回了小提姆所象徵的那種**人類本有**善性，藉此救贖了自己。

　　當你找回那種善良天性時，你就能實現崇高的自我價值，重獲新生。

　　從那年聖誕節早上醒來後，小氣財神的餘生徹底改變了。改變的不只是**表面**的行為，而是他的**整個**人生取向。小氣財神領略到人生的時時刻刻都珍貴無比，而且他在每一個當下都有辦法發揮人性中的至善。

　　假使小氣財神只是體驗到某種「高峰經驗」（peak experience），他的人生取向就不會產生本質上的改變。儘管高峰經驗可以暫時改變他的行為，過沒多久，他還是會回歸到往日那種吝嗇的嘴臉。

　　因為小氣財神所歷經的是**人生取向**上的改變，他才獲得了宛如新生的全新自我。從那個時刻開始，他的過往就再也不重要了，種種改變在他餘生的每一天隨時隨處可見。

　　並不是改變了人生取向就能獲得超越的力量——即便那些令人滿意的取向也是如此。你有可能改變了人生取向，但是卻仍然生存在一個被**因果關係**決定的線性系統裡，而超越之道是外在於這種系統的。超越之道所召喚的是一種**從零開始**的力量，外在於先前所有因果事件具有影響力的領域。因為超越是一種**全新**的存在狀態，一旦進入那種狀態後，每一個新的時刻你都能活出嶄新的可能性，實現過去似乎不可能的一切。

超越之道與創造行動

　　透過創造行動，你所超越的是你自己、你的身分，還有你的人生，因
為你已經懂得如何善用兩種法則：**因果律**與**超越法則**。

　　首先，當你進行創造時，你所增強的是一種利用「因」來創造「果」
的能力（因果律有時候也被稱為「業力法則」law of karma）。但這種法則
並非創造歷程的主要力量。

　　其次，當你在進行創造時，你超越了時空的**連續體**與其種種**因果現象**，
你所體驗到的是一種**超越法則**。在此一領域裡，你不會受到過去種種因果
要素的影響。當你開始使用另一張畫布，或者開始進行任何創造活動，從
那一刻起，過去就可以算是結束了。當你鎮定地站在一張空白樂譜紙或一
塊尚未切割的大理石面前，這全新時刻所衍生出來的**全新可能性**是你過去
也許完全沒有想像過的。

　　身為一個創造者，你不再受制於過去的因果。你進入了**超越**的狀態，
因為在那一刻，任何事都有可能發生。你不會被自己過去所採取的任何行
動困住。你不用被迫擺脫自己討厭的情況。

　　當然，「過去」在創造取向中的確也有其功能。它能幫你學會如何**善
用因果律**，而這也是創造歷程的重要面向，因為進入超越的狀態後，你一
樣要用新的原因來創造結果。過去你在學校或透過其他學習經驗學到的一
切絕對不會侷限你的願景，阻礙你的成果。過去只會對你有**幫助**而已。

　　在創造取向中，善用因果律將能促使你體驗到超越之道，這讓你得以
把超越的經驗**落實成真**。透過創造活動，你所落實的就是你自己的**生命力**。

　　超越之道並不是某些人口中所謂的「我只是乘載經驗的媒介」，或者

「我只是上帝旨意的工具」，這種說法其實是**誤解**了你與創造活動中那特殊時刻的關係。此一觀念認為我們的行動在創造歷程中並不重要，這其實是扭曲了人類精神蘊含的那種充滿**力量**、**美感**與**獨特價值**的個體性。

若無人類的選擇與行動，許多偉大成就絕不可能問世。當貝多芬在創造九大交響曲時，也許他的確受到了自身某種更高直觀知覺的影響，**但終究有勞貝多芬動筆作曲。那是貝多芬的創作，若是他不寫，那些音樂也不會存在。**

因為你在這世間的存在，許多原本不可能的創造活動才得以成真。它們之所以能夠成真，都要歸因於你的概念，你過去的學習經驗，你的各種嘗試，你過去的一切，還有你的抱負。

我認為，這世間**最神聖**的事物莫過於創造行動。在創造歷程中，你自身存在的**無數面向**將會於某個持續的時刻**全部匯聚融合**在一起。

浪子回頭的故事

另一個得以充分說明**超越**原則的，是一個關於浪子回頭的寓言。

故事裡，某位父親有兩個兒子。其中一個離家後誤入歧途，而另一個兒子則是「好孩子」，留在家裡跟父親一起工作。

某天浪子想起了他家，決定回去找父親，但並沒有想過自己可能會有何遭遇，或者家人會如何對待他。

到家時，本來以為兒子死掉的父親**欣喜若狂**，以一場盛宴來慶祝兒子返家。父親不但讓回頭浪子保有人子的所有權利，而且如果他不曾出走，好像還得不到父親的那麼多關愛。

父親接受了浪子，欣喜若狂的表現讓多年來都待在家裡的「好兒子」

感到憤憤不平。當「好兒子」去找父親抗議時，父親試著解釋，跟他說：「你看看，我以為他死了……結果他還活著。我以為他死了，結果他還活著。」

這位父親與兩個兒子分別代表你自己身上三種截然不同的個別面向。父親代表你的**生命本源**；好兒子代表的是你身上已經與生命本源**融合**在一起的部分；浪子則是**並未**與生命本源融合的部分，這一部分的你並未忠於自己，忠於自己的最高價值。

你身上那如同浪子一般**反抗**與**叛逆**的部分總有一天會想起生命本源，想要回歸，就像寓言裡的回頭浪子。

此外，就像在故事裡一樣，你的生命本源也渴望與你的全部團聚，因此對你伸出雙手，就像父親伸出雙手，接受浪子一樣。

但是你身上「好」的那一部分，多年來始終試著循規蹈矩，忠於自己，只會做好事的那一部分卻**拒絕**與另一部分團聚。

拒絕讓你身上各部分自我融合在一起的，不是原本浪蕩的那一部分，而是一向逆來順受，試著當好人的那一部分。

我們之所以無法與崇高的自我，也就是與我們的生命本源重新團聚，大多數人認為都是因為我們身上有叛逆的部分──包括我們的輕率、失敗、妥協、說謊、不誠實、投機行為、自私、憎恨、偏見、忌妒、卑鄙、貪婪、自我主義、懶惰、毀滅性格、消極負面與反叛。

與此看法相反的，你身上叛逆那一部分本來就有「回歸」生命本源，與它結合在一起的**天性**。

你之所以不願原諒自己，不是因為你身上有叛逆的那一部分，而是那「好的」，逆來順受的部分**拒絕**了回歸生命本源的強烈渴望。

當浪子想起可以回家時，不會有任何**預期**──也就是**不會有任何保留**。

當你渴求**完整自我**的慾望覺醒時，你在回歸自我時不會有任何要求，不會有任何期望，不會設下任何條件。相似的，就像父親因為浪子回頭而欣喜若狂，你的**生命本源**也會歡迎你的自我回歸，不會設下任何條件，也不會測驗你的自我是否真誠，而且也不求悔改、解釋或補償。

超越經驗之所以能夠成真，全都是因為父親（生命本源）懷抱著**無條件的愛**，渴望自我回歸。「我以為他死了……結果他還活著。」

一廂情願

為了讓浪子回歸的過程完整與完滿，兩個兒子必須和解。然而，這個故事裡有一個轉折。寓言一開始，父親與留在家裡的好兒子是融合在一起的，浪子則與父親**失去**融合。但是在浪子返家後，反而是好兒子與父親不和了。怎麼會出現這種改變？

好兒子對於父親的付出可說是所謂的「一廂情願」。這就是反抗一順應取向中的典型作為：他以為他只要「做對的事」，「循規蹈矩」，並且「聽命行事」，就會獲得父親的獎賞。眼見這一位「未循正途」的兄弟備受歡迎、表揚與稱讚，他感到非常震驚。

許多人也常這樣一廂情願。最常見的是，某個人**以為**自己只要做某些事，其他人（甚或整個宇宙）就必須有所**回報**。

若把付出視為一種交易，另一方其實**未曾同意**交易，通常甚至**根本不知**道有交易這回事。

典型的一廂情願行為常見於男女關係的初期，其中一方單方面決定不再與任何其他人約會，心裡也暗自要求對方照做。如果對方未曾同意要求，那就是一廂情願。

　　有人是因為和這個世界進行了這種一廂情願的交易，才會試著「好好過活」。他們認定，如果他們「好好過活」，這個世界就會有所回報，善待他們。問題在於，這個世界並未同意此一交易。

　　在浪子回頭的寓言裡，好兒子的行為就是一廂情願，他是因為**期待**父親的獎賞而當好兒子的。但父親並未就此與他達成協議。

　　如果好兒子是發自內心想當好兒子，而不是期待父親的獎賞，他的行動本身就會是一種獎賞。然而，此一寓言蘊含的深意是，好兒子是為了別有居心而當好兒子。**這就是典型的反抗—順應取向行為模式：好兒子認為自己必須當個好兒子，但那並不是他真正想要的。**

　　如果你也與自己做出一廂情願的交易，你也會變成那個好兒子一樣。若是你發現你為了過去並未忠於自我而**難以原諒自己**，理由之一也許就是你做了這種交易。

當個完美的人

　　許多人對自己與別人都力求完美。但我們活在一個不完美的世界裡，諷刺的是，唯一能夠百分之百確定的，就是**沒有任何人事物是完美的**。

　　維克多‧弗蘭克（Viktor Frankl）在《活出意義來》（*Man's Search for Meaning*）一書中指出，聖人並非因為試著追求完美而成為聖人。

　　與在座談會上認識的許多人本來都抱持著必須追求完美的觀念。接著他們因為辦不到而自責，因為「犯了許多錯」而**拒絕**原諒自己。

　　能夠原諒你的，就只有你自己——甚至你也該原諒你內心那一部分像「好孩子」一樣的自己，原諒自己為了追求完美而一直不肯原諒自己。

　　當你不懷抱任何期待、要求，並未別有居心或一廂情願，只是想要找

回完整的自己時，你生活中的**潛藏結構**就會出現一個**關鍵改變**。生活的最小阻力之路會引領你走向超越的狀態，你一定能夠找回完整的自我。

在反抗—順應取向中，「順應」是一個不可能達成的完美目標，但若是在創造取向裡，超越卻是一種自然的傾向。

生命本源的力量與本我的力量

超越的力量之所以有辦法凌駕於因果的力量之上，是因為在一個各種結構交互影響的結構裡，超越的力量是**主要**的力量，它跟其他主要的力量一樣，擁有較為**優越**的地位。

沒有任何東西比你的生命本源更有力量。

你的生命本源總是會努力透過**你**來進行自我表達。生命本源與那位父親的無條件的愛類似，兩者都充滿龐大的力量。這種力量有一種**尋求完整自我**表達的自然傾向，所以在寓言裡，那位父親也渴望把無條件的愛徹底展現出來。因為這種愛是無條件的，所以不求任何回報。

在此同時，你的本我也**渴望**與生命本源團聚，就像浪子渴望返家一樣。在此，所謂本我的「本」（primal），並不像在某些心理學體系裡，具有貧乏、自私、痛苦、憤怒、色慾或幼稚等特性；我所採納的是猶太靈修卡巴拉的說法，那是「想要行善的本心」。在此一脈絡中，所謂「本」，是人性中想要**回到生命本源**的最深沉渴望。

有時候這種渴望被稱為**靈魂衝動**（soul urge），因為它位於比心理層面更深的地方，比我們的意識與直觀知覺都更為深沉，甚至也比那些能主宰人生的結構還要深。聖奧古斯丁（Saint Augustine）之所以會說：「除非安歇主懷，否則人心永遠不安。」就是因為他深深了解這種渴望。

超越的結構

　　生命本源與本我這兩種力量之間會**互相吸引**，而且兩者之間的這種關係本身就是**結構性**的，它衍生出的最小阻力之路終究會讓兩種力量**結合**在一起。

　　因爲這兩種力量都是**獨立**於時間之外而存在的，它們在任何時刻都可能結合，甚至在照理說來似乎不適當的時刻也不例外。

　　在因果的結構中，事件依序發生，前者爲後者的結果，因此在這因果序列中，每採取一個新行動之後唯一可能的，就是接著採取另一個行動。正因如此，若是與既存因果序列無關的，似乎就**不可能**發生改變。

　　然而，你還是可以超越自己的環境、歷史與生活的主宰結構，超越過去與現在的一切，儘管這看來像是個奇蹟，甚至超脫了一般的因果關係。

　　你可以回歸到你的自我。

文明的超越之道

　　超越不是一種個人的原則；**整個人類文明也能走向超越之道。**

　　當我們回顧歷史上那些發揮影響力的因果關係，也許會得出一個結論：此刻人類文明可能會在未來走向毀滅、衰敗或瓦解。然而，地球上的每個人都深深渴望能夠**追求崇高的自我**。因此，身爲人類文明的一份子，如果我們每個人都能從反抗—順應取向轉移到創造取向，全世界一起邁向超越之道的可能性就會越來越高，因爲**超越之道是創造取向的常規**。

　　綜觀世界史上的歷史人物，他們大多是處於**反抗—順應**取向中，受限於**結構性衝突**的框架，最小阻力之路把他們帶往一個又一個環境，他們的

作爲大都是受到**環境**的驅使，幾乎不可能構思願景，進而創造出自己想要的東西。

　　但是，歷史發展到了此刻，因爲**願景**的驅動、因爲人類**胸懷抱負**、因爲**現狀**的種種固有因素、因爲每一次**創造行動**的促成，我們看見一扇通往新時代的大門已經敞開，那是人類文明得以邁向超越之道的時代。

　　隨著大家都學會善用自己的創造歷程，每個人都有**潛力**成爲主宰自己人生的創造力。

　　就組織而言，因爲每個成員都善於進行創造，藉此得到自己最想要與最愛的東西，因此將會出現一種新的領導者，他們是創造者，他們帶領著個人進行**集體創造**，形塑出**前所未有**的人類文明。

　　當有人問及史學家席奧多・懷特（Theodore White），什麼是形塑歷史的主要力量，他的答案是：「理念」。

　　目前開始廣爲流傳的理念是一個已經成熟的洞見：影響我們這個時代最深的原則是，**每個人都能夠成爲主宰自己人生的創造力**。

　　一旦你自己發現了此一原則，你就再也不會走回頭路了。你的人生風貌將會從此不同。

最小阻力之路
應用創造者思維，跳出「每天重複解決問題」的無力迴圈

The Path of Least Resistance
Learning to Become the Creative Force in Your Own Life

羅勃・弗利慈（Robert Fritz）———— 著

陳榮彬———— 譯

大寫出版 ■ 知道的書 Catch-On! 書號 ■ HC0048R
著　　者◎羅勃・弗利慈（Robert Fritz）
譯　　者◎陳榮彬
特約編輯◎許瀞予
行銷企畫◎王綬晨、邱紹溢、陳詩婷、曾志傑、廖倚萱
大寫出版◎鄭俊平
發 行 人◎蘇拾平

發　　行 大雁文化事業股份有限公司
　　　　 台北市復興北路 333 號 11 樓之 4
　　　　 電話（02）27182001
　　　　 傳眞（02）27181258
　　　　 大雁出版基地官網：www.andbooks.com.tw

二版一刷◎ 2023 年 7 月
定　　價◎ 500 元
版權所有・翻印必究
ISBN 978-626-7293-03-4
Printed in Taiwan・All Rights Reserved
本書如遇缺頁、購買時卽破損等瑕疵，請寄回本社更換

國家圖書館出版品預行編目（CIP）資料

最小阻力之路：應用創造者思維，跳出「每天重複解決問題」的無力迴圈 /
羅勃・弗利慈（Robert Fritz）著；陳榮彬譯｜二版｜臺北市：大寫出版社出版：
大雁文化事業股份有限公司發行，2023.07
352 面；14.8*20.9 公分 --（知道的書 Catch-on!；HC0048R）
譯自：The Path of Least Resistance : Learning to Become the Creative Force in Your Own Life

ISBN 978-626-7293-03-4（平裝）

1.CST：成功法 2.CST：自我實現 3.CST：創造力

177.2　　　　　　　　　　　　　　　　　　　　　　　112003693